創造性と論理性を育む図形教材の開発とその指導
―教材のストーリー化―

坂井 裕 著
Yutaka Sakai

教育出版

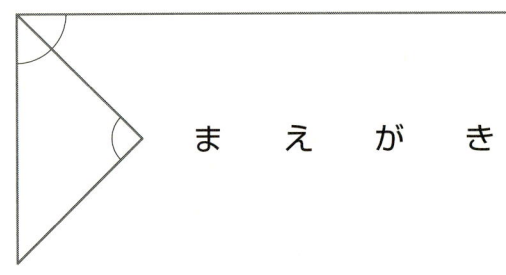

まえがき

　創造性と論理性は，いかなる時代いかなる社会においても必要とされる大切な資質である。学校教育において，これらの資質を培うことは重要な目標の一つにもなっている。創造性の育成と論理性の伸張を図るためには，特に図形，初等幾何の内容が優れていると考える。図を見ながら論理を追うことにより，右脳と左脳の調和のとれた活動を促すとも言われている。本書で扱う内容の基本は，中学校，高等学校で扱えそうな平面図形に関する内容であり，そこから発展する内容でもある。また，基礎的な内容からさらにそれを発展させる過程そのものも本書の内容で，そこに特色があるともいえる。

　図形の授業に対して，よく分からない，いつも証明ばかりさせられる，つまらないといった印象を持っている中学生，高校生も多いのではないだろうか。教科書に盛り込まれている内容をそのまま教えることが悪いわけではないが，生徒にとっては，基礎・基本の説明を聞き，証明を考えるといった，いわば受動的な学習においては図形教材の面白さを主体的に感じ取ることはできにくいであろう。さらに，練習や応用に使用する問題も基礎的な性質の適用練習であり，性質同士のつながりが見えないことも多い。その結果として，面白くない，わからないなどの印象を生徒に与えているのではないだろうか。本書では，基礎的な性質から新しい性質を発見しながら，性質同士のつながりを創る学習ができる題材を提供する。そこに図形教材の面白さが見い出されるのではないかと考える。これまでにもよく知られている性質や内容について，新たな視点で見直しをして，オリジナルな内容も多く盛り込んだつもりである。その点においても内容の新鮮さがあると考える。これらは，通常の授業の内容をより豊富にするために活用できるものと考える。

　次に，本書では図形教材の研究のあり方についての提言をしたい。教科書の内容の指導だけに縛られるのではなく，そこから少しだけのりしろをつけたところでの研究が必要であると考える。最近では平面図形についての知識は，中学校で学んだ後に学校教育で学ぶ機会が少ないため，教科書の内容をどのように工夫して教材化して生徒に与えるかの教材研究ができにくい現状があるのではないだろうか。もしそうであるとするならば，その改善のためには，教材と指導方法の研究をいかにすべきかを知り，これまでの教材観や指導観の意識改革を促すことが必要である。本書ではそれを目指して「図形教材のストーリー化」と称する新しい教材研究の方法を提供する。

　平面図形は，やさしい内容から難しい内容までがそろっていることの利点がある。難しい高度な内容は避けて，できるだけやさしく，これまでにもよく使用されている内容をもとに，その指導にとどまるのではなく，創造性と論理性を育むという観点から，その活用の仕方を具体的な教材の形にして示したいと思う。それによって，平面図形は創造性と論理性を育むために

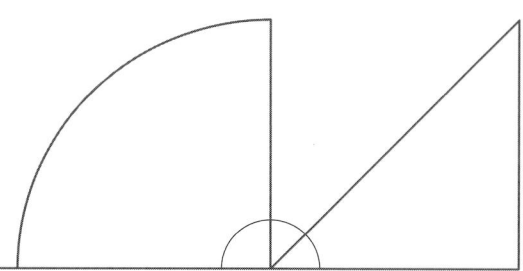

　適した教材として，これまで以上に活用できることを強く主張したい。本書では，図形に関する内容を題材として扱うが，それらの内容とともに後に第2章で取り上げる内容である創造性の基礎を培うための「意図的な考え」と，その考えにもとづく指導内容とを一体化して掲げて，新しい教材づくりの研究のためのヒントになるようにした。

　創造性の基礎を培うことは，平成15年度から施行された高等学校の学習指導要領の数学科の目標にも盛り込まれ，さらに平成25年度から実施されることになっている高等学校の学習指導要領にも盛り込まれている。創造性の基礎を培うことは，高等学校だけに該当するものではなく，中学校においても文言としては明示されてはいないが，当然指導のねらいとされるべきことである。特に中学生や高校生の教育に携わる方々には，平面図形に関する指導内容が，中学校に次いで高等学校においても取り扱われることから，創造性の基礎を培い，論理性を育むために本書に盛り込まれた内容を，必須の内容に付け加えて活用されることを期待したい。

　本書の刊行にあたっては，終始誠意をもって対処していただいた教育出版秦浩人氏にお世話になった。ここに記して感謝の意を表したい。

2012年 12月

著　者

目次

まえがき

第1章 図形教材のストーリー化 ……… 001
はじめに ……… 001
1. 図形教材のストーリー化の意味 ……… 002
2. ストーリー化した教材による指導の効果 ……… 010

第2章 ストーリー化するための意図的な考え ……… 012
(1) 仮定をより一般の条件に置き換える ……… 012
(2) 結論を，同時に成り立つ他の結論に置き換える ……… 015
(3) 仮定を類似の条件に置き換え，できた図から類似の結論を探す ……… 016
(4) 仮定を同等の条件に置き換える ……… 018
(5) 仮定を結論とする他の性質に置き換える ……… 018
(6) 図に線や円を追加し，できた図から結論を探す ……… 019
(7) 仮定と結論を入れ換え，逆をつくる ……… 019

第3章 基本的な性質 ……… 021
(1) 直線，角，平行線に関連する性質 ……… 021
(2) 三角形に関連する性質 ……… 021
(3) 四角形に関連する性質 ……… 022
(4) 円に関連する性質 ……… 023
(5) 平行線と比例に関連する性質 ……… 023
(6) その他の性質 ……… 024

第4章 ショートショート ……… 025
第一話　初等幾何における循環論法 ……… 025
第二話　二辺と一角がそれぞれ等しい二つの三角形の合同条件 ……… 026
第三話　直角三角形の合同条件 ……… 029
第四話　長方形と辺の中点 ……… 031
第五話　三本の煙突と電車の位置 ……… 033

第六話	線分の中点と平行線の作図	036
第七話	五心とチェバの定理の逆	038
第八話	三平方の定理の逆	040

第5章　ショートストーリー　043
第一話　平行線に交わる直線　043
第二話　二等辺三角形の底角の二等分線　046
第三話　正三角形と垂線　051
第四話　平行四辺形と対角線　057
第五話　四角形に内接する円　062

第6章　ロングストーリー　070
第一話　三角形の中線と垂線　070
第二話　平行線と同側内角の二等分線　083
第三話　台形と平行線　116
第四話　二つの円と二直線　131

第7章　四角形が正方形になるための条件と必ずしも正方形になるとは限らない条件　153
第一話　四角形が正方形になる条件　153
第二話　正方形になる場合と正方形になるとは限らない場合がある条件　165
第三話　必ずしも正方形になるとは限らない条件　176
附記　四角形が正方形になるための条件と必ずしも正方形になるとは限らない条件の一覧　180

参考文献　202

まとめ　203

あとがき

第1章 図形教材のストーリー化

> はじめに

　本書は特に，中学生や高校生の教育に携わる方々に読んでもらいたいと思い書きまとめたものであるが，初等幾何に興味・関心をお持ちの方に対しても，図形のもつ本質的な特徴を少しでも分かってもらえるように書いたつもりである。また，図形においては証明がつきものであるが，現在図形の学習をしている方に対しても読んでいただけるように，できるだけ丁寧に証明を付けたつもりである。しかし，証明にはあまり興味がない方には，証明の部分を飛ばして図形の性質のつながりを捉えながら読んでいただいても，この本の意図するところは把握していただけると思う。それぞれの性質の証明については，一部を除いてはとりわけ特別に難しい知識や技能を必要とするものは少なく，多くは容易に理解できることと思う。

　本書で扱う内容は，図形領域の全般を網羅する形のものではなく，これまでにもよく知られているいくつかの性質をもとにして，どのように新しい性質を見い出すことができるかを具体例を示しながら系統化を図ったものである。従って，図形領域の内容から見てみると，ほんの一部を内容として取り扱っているに過ぎないが，取り扱う内容の多さよりも性質同士のつながりとそれを結びつける考え方とを実例を通してまとめたところに本書の特徴がある。

　特に図形指導の現状に満足しない気持ちをお持ちの方々には，これからの図形指導のあり方に対する何らかのヒントを提供できるのではないかと期待するところである。

　本書の構成は，第1章では，図形の内容を個別に指導するだけではなく，図形の内容を利用して創造的な考えを指導することを企図して，図形教材のストーリー化の考えについて具体例をもとに解説した。

　第2章では，新しい性質をどのように見い出すのかについて，できるだけやさしい事例を使用してその考え方を取り上げている。ここで取り上げた考え方は，その後の内容構成の核にもなるものであるとともに，読者にとっても新しい性質を見い出すときの根拠として使用できるものでもある。少なくともここで取り上げている考え方は，頻繁にそれらを使う機会を増やし，考え方に慣れるようにしていただけたら幸いである。

　第3章では，本書で扱う性質の証明のために必要とする基礎的な性質を一覧として掲げている。ここでの内容を見ていただければ，ごくやさしいことだけで読むことができると分かっていただけよう。

　第4章では，個別の内容で，図形の内容として興味が持てるものを取り上げている。個々の内容には，それぞれの面白さが内蔵されていると思われるので，図形の教材としても何らかの形で利用していただければ幸いである。そこで，タイトルもショートショートとした。

　第5章と第6章は，本書の趣旨を最もよく表しているものであり，前段はやや短めのストーリーを集め，見出しをショートストーリーとした。また，後段にどちらかといえばストー

がやや長くなるものを取り扱い，見出しもロングストーリーとした。とくにこれらの章では，創造性を育む考え方や，論理的な考えの育成を図るために適した図形教材の創り方と実例を提供する。

第7章では，これまでには扱われてはいないと思われる四角形が正方形になるための条件のすべてを取り上げた。この章は，ある性質から系統的に関連のある性質を創り出す前章までとは趣を異にするが，四角形が正方形になるための条件という，一つの狙いのもとでの展開であり，新しい性質を見い出すことでは同じ範疇のものであることから最後の章に入れることにした。

それでは前置きはこれくらいにして，本書を小説や物語を読むような雰囲気でお読みいただければ幸いである。

1. 図形教材のストーリー化の意味

図形の指導において基礎的な内容をきちんと指導することは重要なことである。しかし，それにとどまっていては図形教材のもつ真髄をわかってもらえない。また，学校で指導する場合には，指導の重点が証明することに置かれすぎていると，重苦しい雰囲気の授業になりがちでもある。性質を証明する要領を理解し，正しい証明ができることは論理的な思考力を育成する活動であり，図形指導における大切なねらいの一つである。一方，図形教材はその使い方や提示の仕方によっては，創造性を育成するための好材料となるものである。創造性を育成することの大切さは以前から言われてきたことであり，平成15年度から実施されている学習指導要領において，高等学校の数学科の指導目標にも創造性の基礎を培うことの文言が盛り込まれた。創造性を育成するには，それに応じた指導方法が考えられなければならない。創造性と論理性の両方を育成するための，一つの教材のつくり方が図形教材のストーリー化なのである。

通常の授業では，基礎・基本的な内容の指導に続けて，既成の証明問題を提示してその活用を図ることが多いと思われる。活用の仕方には，一つの問題の証明の仕方を多様に考えさせる取り扱いと，一つの性質に関連する多様な問題に触れさせる取り扱いとがある。前者でのねらいはその問題のもつ多様な側面を把握することに役立つし，後者は指導した内容の多様な使い方を把握するために役立つものである。この二通りの扱い方は，どちらかというと論理的な思考力を育成するためのものである。その間に創造性を育む思考活動がないわけではないが，それだけでは十分ではないと考える。

これからの図形指導に求められることとして，図形教材がもつ特徴をさらに活かして，創造性を育むことに直接結びつくような扱いが必要であると考える。

そのためには，今述べた二通りの扱いの他に，問題自身あるいは性質自身を生徒自らが創る，あるいは見い出す活動を意図的にできるようになるための指導を付け加えることが必要になる。さらに，生徒自らが創ったり，見い出した性質を二通りの扱い方をもとに取り扱うことによって，創造性と論理性の両方を育成する調和のとれた図形指導ができるものと考える。そのような指導ができるように，図形教材を新たに創ることが必要である。それを創る作業が図

形教材のストーリー化なのである。すなわち,

「一つの基本的は性質をもとにして,その性質のもつ条件をより一般の条件に置き換えたり,また,類似の条件に置き換えたり,逆をつくるなど,意図的な考えを用いて新しい性質を見い出し,その基本的な性質に関連する一連の性質群を創ること,そして見い出した性質に対して演繹的な確認の筋道を示し,そこで使用される知識や考え方を示すことを,図形教材のストーリー化を図るといい,ストーリー化された内容をその図形教材のストーリーということにする。」

次に具体例を通して図形教材をストーリー化する意味を補足をすることにする。図形教材をストーリー化するためには,もとになる図形の性質を必要とする。もとになる性質は基本的であり,できるだけ証明がやさしくできる性質がよいと考える。そのような性質を使って,図形教材をストーリー化した,一つの事例を次に示すことにする。また,ここで取り上げる事例は,ストーリー化することによって,表面的には別々の性質であると見られる性質が,実はつながりがあることが分かったものでもある。

次の性質Aと性質Bは既によく知られている性質である。

性質A 直角三角形ABCにおいて,∠A=90°,頂点Aから底辺BCに垂線を引き,交点をDとする。また,∠Bの二等分線を引き,AC,ADとの交点をそれぞれE,Fとする。このとき,△AEFは二等辺三角形である。

証明: △ABEにおいて,∠AEB=90°−∠ABE=$90°-\frac{1}{2}∠B$,△AEFにおいて,∠AFE=∠BFD=∠FDC−∠DBF=$90°-\frac{1}{2}∠B$である。よって,∠AEF=∠AEB=∠AFEより,AE=AFである。

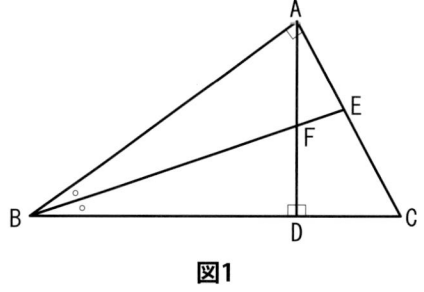

図1

性質B くさび形の四角形ABCDにおいて,∠B,∠Dそれぞれの二等分線の交点をTとすると,∠Tは∠Aと∠Cの和の$\frac{1}{2}$である。

証明: ∠T=∠A+$\frac{1}{2}$∠B+$\frac{1}{2}$∠Dより,2∠T=2∠A+∠B+∠Dである。∠C=∠A+∠B+∠Dだから,2∠T=∠A+∠C。よって,∠T=$\frac{1}{2}$(∠A+∠C)である。

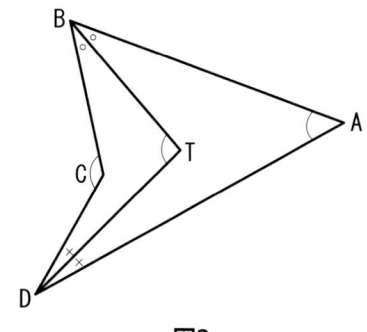

図2

性質AとBとは表面的には何のつながりもないように見えるが,実は性質Aをもとに引き続き見い出すことができる,ひとつの新しい一連の性質群の最終の性質が,性質Bなのである。

では,性質Aを使い,「意図的な考え」をもとにストーリー化を図り,そのつながりを顕在化してみよう。

まず性質Aに含まれる条件のうち,∠A=90°であることと,AD⊥BCであることに注目する。

∠Aと∠ADBはともに90°で等しい大きさであるとみることができる。つまり，二角が90°という条件と，二角が等しいという条件と，二つを併せ持っている。そこで，これら二つの条件のうちの一つである，二角が等しいという条件だけにした仮定に置き換えると，次の新しい性質を見い出すことができる。

この性質を見い出すために使用する意図的な考えは，仮定から90°の条件をはずし，角度が等しい二角に置き換えるという考えである。

性質1 「△ABCの辺BC上に点Dをとり，∠A＝∠ADBとする。また，∠Bの二等分線を引き，AC，ADとの交点をそれぞれE，Fとする。このとき，△AEFは二等辺三角形である」

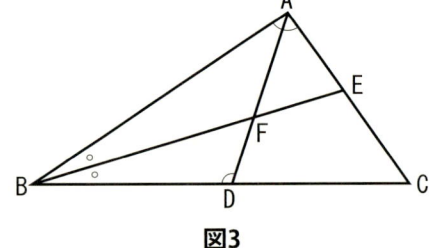

図3

証明： ∠AEF＝∠AFEを示せばよい。
∠AEF＝180°－∠A－∠ABE
　　　＝180°－∠ADB－∠EBC
　　　＝180°－∠FDB－∠FBD＝∠BFD＝∠AFE
よって，△AEFにおいて，∠AEF＝∠AFEより，AE＝AFである。

根拠とする性質：・対頂角は等しい　・三角形の内角の和は180°である　・二角が等しい三角形は二等辺三角形である

まずは性質Aから新しい性質1を見い出すことができたわけである。

次に，性質Aの結論である，△AEFが二等辺三角形であることに注目する。

三角形が二等辺三角形であることは，三つの内角のうち二つの内角の大きさが等しいことが導ければよいので，∠A＝∠ADBのかわりに，∠BAD＝∠ACBの条件に置き換えてみる(図4)。すると，△AEFにおいて，∠AEF＝∠AEB＝∠ACB＋∠EBC＝∠BAD＋∠ABE＝∠AFEより，AE＝AFが得られ，次の性質2を見い出すことができる。

この性質を見い出すために使用する意図的な考えは，仮定とした等しい二角を，同等の条件である等しい二角に置き換えるという考えである。つまり，図3において，∠A＝∠ADBならば，∠BAD＝∠A－∠CAD＝∠ADB－∠CAD＝∠ACBであり，また，逆に，∠BAD＝∠ACBならば，∠A＝∠BAD＋∠CAD＝∠ACB＋∠CAD＝∠ADBである。

性質2 「△ABCの辺BC上に点Dをとり，∠BAD＝∠ACBとする。また，∠Bの二等分線を引き，AC，ADとの交点をそれぞれE，Fとする。このとき，△AEFは二等辺三角形である」

根拠とする性質：・三角形の外角はその内対角の和に等しい　・二角が等しい三角形は二等辺三角形である

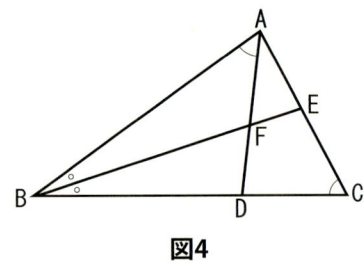

図4

次に，性質2で△ADCと線分BAについて，∠BAD＝∠ACDであることに注目してみよう。
　∠BAD＝∠ACDであるための条件を探すと，線分BAが△ADCの外接円の接線であればよいことが分かる。線分BAが接線ならば，いわゆる接弦定理と呼ばれている性質により，∠BAD＝∠ACDが得られるからである。そこで，∠BAD＝∠ACDのかわりにこの条件に置き換えると，次の性質3を見い出すことができる。
　この性質を見い出すために使用する意図的な考えは，仮定とした等しい二角を，接弦定理における仮定に置き換えるという考えである。

性質3　「△ADCの外接円において，頂点Aにおける接線を引き，CDの延長との交点をBとする。また，∠ABCの二等分線を引き，AC，ADとの交点をそれぞれE，Fとする。このとき，△AEFは二等辺三角形である」

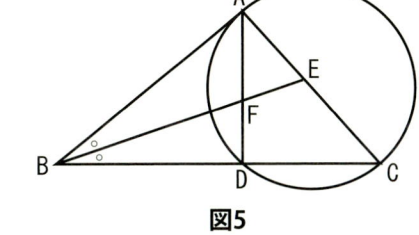

図5

証明：　直線ABは△ADCの外接円の接線より∠ACD＝∠BADである。∠AEF＝∠AEB＝∠ACB＋∠CBE＝∠BAD＋∠ABE＝∠BAF＋∠ABF＝∠AFEである。∠AEF＝∠AFEより，△AEFは二等辺三角形である。

根拠とする性質：・三角形の外角はその内対角の和に等しい　・二角が等しい三角形は二等辺三角形である　・接弦定理

　次に，三角形を四角形の特殊な場合であると考えてみよう。
　円に内接する四角形について，一つの頂点の外角の大きさは，それと隣り合わない内角の大きさに等しいという性質がある。内接する四角形の頂点の二つが重なる特殊な場合がよく知られている接弦定理である。そこで，図5における三角形ADCを円に内接する四角形ABCDに置き換えてみる。すると，図6のように四角形の辺CDの延長と，BAの延長との交点Qが新たにできる。この図を見て類似の結論を探すと，次の性質4を見い出すことができる。
　この性質を見い出すために使用する意図的な考えは，三角形を四角形という類似の条件に置き換え，できた図から類似の結論を探すという考えである。逆に考えれば，図6で頂点AとDが一致したときが図5にあたる。このとき，PA(PD)が外接円の接線となり，図5のABに該当し，△ABC(△DBC)が△ADCに該当する。

性質4　「円に内接する四角形ABCDの二組の対辺はそれぞれ平行ではないとし，DAの延長とCBの延長との交点をPとし，BAの延長とCDの延長との交点をQとする。また，∠Pの二等分線とAB，CDとの交点をそれぞれR，Sとするとき，△QRSは二等辺三角形である」(図6)

証明：　∠QRS＝∠QSRを示せばよい。
　∠QRS＝∠ARS＝∠PAR＋∠APR＝∠PAB＋∠BPR＝∠DCB＋∠CPS＝∠SCP＋∠CPS＝∠QSP＝∠QSR。

根拠とする性質：・円に内接する四角形の外角はそれと隣り合わない内角に等しい ・三角形の外角はその内対角の和に等しい ・二角が等しい三角形は二等辺三角形である

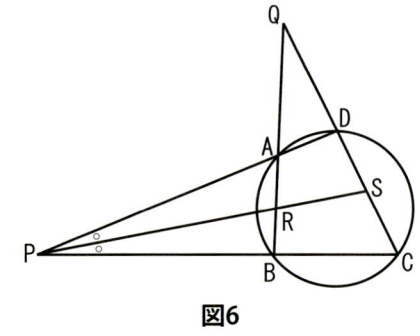

図6

さらに，∠Qに対しても∠Pにおける条件と同じ条件を付加することによって，次の性質5を見い出すことができる。

この性質を見い出すために使用する意図的な考えは，仮定と同様の角の二等分線の条件を付け加え，その図から結論を探すという考えである。

性質5 「円に内接する四角形ABCDにおいて，DAの延長とCBの延長との交点をPとし，BAの延長とCDの延長との交点をQとする。また，∠Pの二等分線とAB，CDとの交点をそれぞれR，Sとし，∠Qの二等分線とAD，BCとの交点をそれぞれT，Uとすると，四角形TRUSはひし形である」（図7）

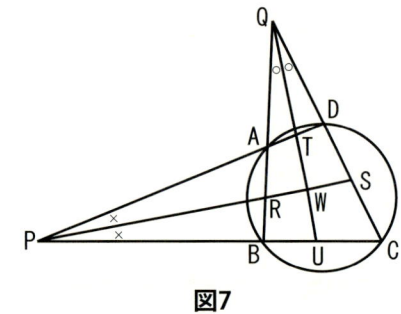

図7

証明： TUとRSとの交点をWとする。

∠QSR＝∠QCP＋∠CPS＝∠PAB＋∠APS＝∠QRSより，△QRSは二等辺三角形である。△QRSの頂角∠Qの二等分線は底辺を垂直に二等分することより，RS⊥QW，RW＝WSである。同様に，△PTUにおいても，PW⊥TU，TW＝UWである。よって，四角形TRUSは平行四辺形であり，さらに，対角線が直交することより，四角形TRUSはひし形である。

根拠とする性質：・三角形の外角はその内対角の和に等しい ・二角が等しい三角形は二等辺三角形である ・円に内接する四角形の外角はそれと隣り合わない内角に等しい ・二等辺三角形の頂角の二等分線は底辺を垂直に二等分する ・対角線が互いに他を二等分する四角形は平行四辺形である ・対角線が直交する平行四辺形はひし形である

この性質で，結論を ∠QWP＝90°とすることもできる。あるいは，∠QWP＝$\frac{1}{2}$（∠QCP＋∠QAP）とすることができるので，次の性質6，7を見い出すことができる。

この性質を見い出すために使用する意図的な考えは，性質の結論を，同時に成り立つ他の結論に置き換えるという考えである。

性質6 「円に内接する四角形ABCDにおいて，DAの延長とCBの延長との交点をPとし，BAの延長とCDの延長との交点をQとするならば，∠Pの二等分線と∠Qの二等分線は直交する」

性質7　「円に内接する四角形ABCDにおいて，DAの延長とCBの延長との交点をPとし，BAの延長とCDの延長との交点をQとする。また，∠Pの二等分線とAB，CDとの交点をそれぞれR，Sとし，∠Qの二等分線とAD，BCとの交点をそれぞれT，Uとする。

　　　　このとき，TUとRSとの交点をWとすると，∠PWQ＝$\frac{1}{2}$(∠PCQ＋∠PAQ)である」(図8)

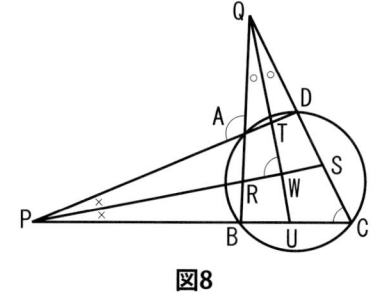

図8

証明：　四角形ABCDは円に内接するから，∠BCD＋∠BAD＝180°である。∠BAD＝∠PAQより，∠BCD＋∠PAQ＝∠PCQ＋∠PAQ＝180°である。また，∠TPW＝∠UPW，△PUTは二等辺三角形だから，PW⊥TUである。よって，∠PWQ＝90°＝$\frac{1}{2}$(∠PCQ＋∠PAQ)である。

根拠とする性質：・円に内接する四角形の対角の和は180°である　・対頂角は等しい
　　　　　　　　　・P.5の性質4　・二等辺三角形の頂角の二等分線は底辺を垂直に二等分する

　さらに，∠PWQ＝$\frac{1}{2}$(∠PCQ＋∠PAQ)に注目し，四点A，B，C，Dが同一円周上にはない場合を考えてみよう。
　この場合でも，結論である∠PWQ＝$\frac{1}{2}$(∠PCQ＋∠PAQ)が成り立つことを証明することができる。

証明：　二組の対辺がそれぞれ平行ではない四角形ABCDの辺CBとDAの延長の交点をP，BAとCDの延長の交点をQとする。また，∠Pと∠Qのそれぞれの二等分線の交点をWとする。このとき，∠PWQ＝∠C＋$\frac{1}{2}$(∠P＋∠Q)，∠PAQ＝∠PWQ＋$\frac{1}{2}$(∠P＋∠Q)である。くさび形CQWPにおいて，∠PWQ＝$\frac{1}{2}$(∠P＋∠Q)＋∠PCQ＝∠PAQ－∠PWQ＋∠PCQである。∠PWQ＝∠PAQ－∠PWQ＋∠PCQより，2∠PWQ＝∠PAQ＋∠PCQである。よって，∠PWQ＝$\frac{1}{2}$(∠PAQ＋∠PCQ)である。

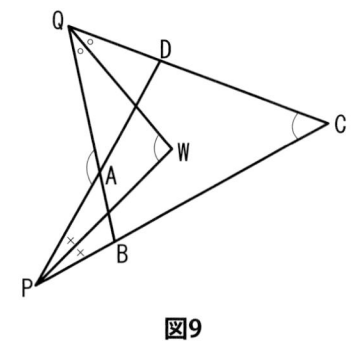

図9

根拠とする性質：・三角形の外角はその内対角の和に等しい

　この性質を見い出すために使用する意図的な考えは，円周上の点を，類似の条件である円周上にはない点に置き換えるという考えである。

性質8　「くさび形CQAPにおいて，∠Pと∠Qそれぞれの二等分線の交点をWとするとき，∠PWQ＝$\frac{1}{2}$(∠PAQ＋∠PCQ)である」(図11)

根拠とする性質：・三角形の外角はその内対角の和に等しい

この性質8が，初めに性質Aと比較した性質Bなのである。

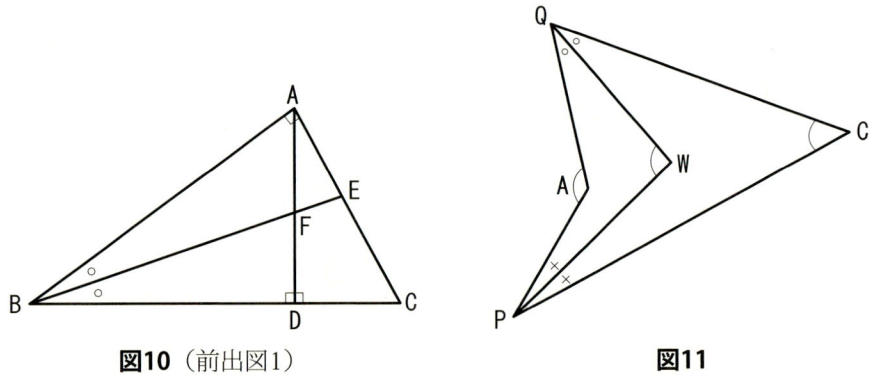

図10（前出図1）　　　　　　　　図11

次に，問題Aにおける条件である∠Bの二等分線に注目してみよう。この条件を辺AC上に二点，S，Rをとり，∠ABS＋∠CBR＝∠Bと，∠ABS＝∠CBRの二つの条件を同時に満たすととらえてみる。そして，後者だけを条件として使用すると，次の性質9を見い出すことができる。

この性質を見い出すために使用する意図的な考えは，仮定の条件を二通りに表し，そのうちの一方だけの条件に置き換えるという考えである。

性質9　「∠A＝90°の△ABCにおいて，頂点Aから底辺BCに垂線を引き，交点をDとし，また，辺AC上にS，Rをとり，∠ABS＝∠CBRとする。このとき，四点P，Q，R，Sは同一円周上にある」（図12）

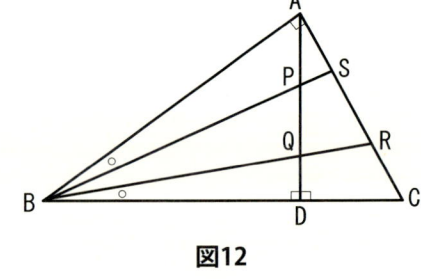

図12

証明：　四角形PQRSの外角∠ASPが∠PQRに等しいこと示せばよい。∠ASP＝∠ASB＝90°－∠ABS，∠PQR＝∠BQD＝90°－∠DBQである。∠ABS＝∠CBR＝∠DBQだから，∠ASP＝∠PQRである。よって，四点P，Q，R，Sは同一円周上にある。

根拠とする性質：・三角形の内角の和は180°である　・対頂角は等しい　・四角形の一つの外角が，それと隣り合わない内角に等しいならば，その四角形は円に内接する

また，性質Aにおいて，仮定の一つである∠A＝90°と，結論であるAE＝AFとを入れ換えると，次の性質10を見い出すことができる。

この性質を見い出すために使用する意図的な考えは，仮定と結論を入れ換えるという考えである。

性質10　「△ABCにおいて，頂点Aから底辺BCに垂線を引きBCとの交点をDとする。また，∠Bの二等分線を引き，AC，ADとの交点をそれぞれE，Fとする。△AEFが二等辺三角形

ならば，∠A＝90°である」

証明： ∠ADB＝90°より，∠DBF＋∠BFD＝90°である。AE＝AFより，∠AEB＝∠AFE＝∠BFDである。∠ABE＋∠AEB＝∠DBF＋∠BFD＝90°より，∠A＝90°である。

根拠とする性質：・三角形の内角の和は180°である ・対頂角は等しい ・二等辺三角形の底角は等しい

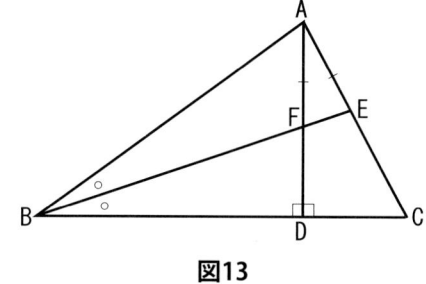

図13

　以上で，性質Aをもとにして，それと関連のある新たな性質を，意図的な考えによって見い出し，一連の性質群を創ることができることを示し，さらに，次々に辿っていくと性質Bに行き着くことも示した。また，新たに見い出した性質の証明に使用される根拠とする性質も掲げた。

　このように，ある一つの性質から引き続き関連のある性質を，意図的な考えにより次々に見い出し，系統的な一連の性質群を創ることが図形教材のストーリー化を図ることなのである。

　この事例で新たな性質を見い出すために使用した「意図的な考え」とは，どのようなものであったかをこれまでの性質を追って順にまとめてみる。

①90°で等しいという条件を，二角が等しいという仮定に置き換える（仮定をより一般の条件に置き換える）
②仮定の等しい二角を，他の等しい二角に置き換える（仮定を同等の条件に置き換える）
③仮定である二角が，等しくなることを導き出せる性質に置き換える（仮定を満たす他の性質に置き換える）
④三角形を四角形に置き換え，できた図から結論を探す（仮定を類似の条件に置き換える）
⑤仮定に角の二等分線の条件を追加し，できた図から結論を探す（同様の仮定を増やす）
⑥結論を同時に成り立つ他の結論に置き換える（仮定は変えず他の結論に置き換える）
⑦円周上の点を，円周上にはない点に置き換える（仮定を類似の条件に置き換える）
⑧角を二等分する条件を角の両端の辺から等しく角をとることに置き換える（仮定の条件を減らす）
⑨仮定と結論を入れ換える（逆をつくる）

　以上が，性質Aをもとにして創ったストーリーで使用した「意図的な考え」である。つまり，ある性質から新しい性質を見い出すための考えを「意図的な考え」といい，これは創造性を育む基礎となるともいえる考えである。

　しかし，このような「意図的な考え」はこれだけではない。他の性質をもとにした場合には，さらに異なった考えが使用されることもある。「意図的な考え」については，第二章であらためて取り扱うことにするが，それに限らず新たに生じる考えは，今後ストーリー化を図りながらもその都度取り上げ，本書の最後にまとめることにする。

2. ストーリー化した教材による指導の効果

　図形教材をストーリー化し，それを使用して指導することにより，期待できそうな効果をあげてみよう。

（1）性質を見い出す能力の向上につながる。

　多くの生徒は証明することには慣れているが，自分で図形の性質を見い出すことには慣れていない場合も多いと思われる。ストーリー化した図形教材では，図形の性質を見い出す意図的な考えを集中的に指導することができる。ストーリー化したすべての教材を使用することに越したことはないが，一部の教材だけをとっても性質を見い出すための意図的な考えが複数含まれている。

　生徒が自ら性質を見い出せるようになるためには，性質を見い出す場面に臨み，経験を通して学習をすることが一層効果的であると考える。そのためには事例を介して意図的な考えとその使い方を指導することが必要である。そのような活動ができる教材が，ストーリー化した図形教材なのである。指導者が自分なりに工夫してストーリー化を図ることにより，生徒自身で性質を見い出すための授業展開ができると考える。

（2）図形の性質同士のつながりの理解や深化・拡充を図ることにつながる。

　通常の授業で取り上げる性質は，基礎・基本的は内容とのつながりはあるが，それらの性質同士のつながりまでは取り上げられることは少ないと思われる。ストーリー化した図形教材では性質同士の接続を図り，図形の性質のネットワークを創ることができる。そのようなネットワークを広げていくことは図形の性質を知り，活用するための基盤となるものと考える。

　ある性質をもとにしてストーリー化した教材の中には，表面的には別々の性質であるが，一方の性質からある考え方に沿って新しい性質を見い出していくと，他方の性質に行き着くこともあり，実は見えないところでつながっていたということが明らかになる場合もある。

（3）同じ形式の思考訓練ができ，思考形式の定着を図ることにつながる。

　例えば，ある形式の方程式を解く指導においては，一つの例題の後に同種の問題を課すことによって同様の解き方の定着を図ることができ，そのような練習問題も容易に創ることができる。しかし，図形領域では，一つの例題を取り扱った後に扱う証明問題は，その都度，場面が異なることが多く，証明の根拠として使われる性質は同じでも，思考の過程は異なる場合が多い。これに対して，ストーリー化した図形教材では同じ土壌の中での活動であることから，方程式の指導における活動に該当する同様の活動が可能となり，思考形式の定着を図るための効果的な指導につながると考える。

（4）拡張された性質の証明からもとの性質の別証明を見い出すことができる。

　特に拡張することに関連したことで，後に取り上げることであるが，例えば76ページの性質12の拡張において，その証明の方法は性質12の方法が使えず，新たな証明の方法を考える

ことが必要である。拡張した性質の証明方法は，拡張する前の性質を証明することにも使えるわけである。つまり，拡張することにより，拡張する前の性質の新たな証明方法を見い出すことができるよさがある。

(5) 新しいことを見い出す活動に対しての楽しみを実感でき，図形学習に対する意欲の喚起につながる。

　新しいことを見い出す考えを身に付けることにより，生徒自身でも新しい性質が見い出せる機会が多くなり，図形学習のおもしろさを実感することができるものと考える。図形領域の内容では，やさしい内容から難しい内容まで材料がいろいろと存在し，生徒の状況に合わせて準備することができる利点もある。本書で取り扱った題材は通常の授業や問題集で既に扱われている内容が多い。従って，図形領域の学習を得意とする生徒には，より学習を深化・拡充することにつながり，また，現在図形領域の学習を苦手とする生徒にとっても，ストーリー化した図形教材を利用することによれば，新しい性質を見い出す活動に対して，新たな興味と関心を喚起することが期待できるものと考える。

(6) 創造性と論理性との両方を同時に育成する活動になる可能性がある。

　生徒が自分で性質を見い出し，それを自分で解くことができれば，この上ない楽しみにつながるのではないだろうか。自分で性質を見い出すためには見い出すための考えを知らなければならない。ストーリー化した図形教材により，そのような考えを身につけることは，創造性の育成につながることであり，さらに自分で見い出した性質の証明を自分で解決する機会がそれに付随してできることは，論理的な思考力を育成することにもつながると考える。

(7) 図形の授業に対する新たな認識や生徒の反応の仕方から，新しい教材も生まれる機会になり，指導者においても楽しく教材研究ができることにつながる。

　図形指導では，基礎・基本的な内容の指導をし，証明問題を課し，その使い方の練習をすることで終わることも多いと思われる。一般的には教科書を使って指導すればよいと思われるが，これからの時代を担う生徒に対しては，図形の性質を見い出すという活動を一層強調する内容を盛り込んだ指導が必要不可欠である。本書におけるストーリー化した図形教材を参考とすることによって，そのような活動を誘導する教材研究ができることにつながるものと考える。それによって，図形の授業に対する新たな認識も生まれ，生徒が示す反応の仕方を検討することから新しい教材が生まれる機会にもなると考える。

　一方，指導者においては指導者自ら問題や性質を見い出し，その解決の方法を探り，解決する力を有することが，これまで以上に必要となる。その意味においても，今後の教材研究に対する意識改革への何らかの示唆を提供できるのではないかと考える。

第2章 ストーリー化するための意図的な考え

　第1章では，ストーリー化された図形教材の一つのモデルともいえる事例を示し，そこで使用される新しい性質を見い出すための意図的な考えも取り上げた。ここでは，そこでの事例をも含め新しい性質を見い出すための意図的な考えについてさらに掘り下げることにする。

(1) 仮定をより一般の条件に置き換える

　第1章の性質1を見い出すときに使用した考えは，二角が90°でかつ二角が等しいという条件のうち，二角が90°であるという条件を減らし，任意の大きさで二角が等しいという条件に置き換えるという考えである。この考えは拡張するという考えである。つまり，性質1は性質Aを特殊な場合として含む新しい性質であり，性質Aの拡張なのである。

　ここで，拡張について，その意味と簡単な事例をいくつか掲げることにする。

　まず，拡張の意味についてであるが，ある性質を特別な場合として含む新しい性質を前の性質の拡張と呼ぶ。拡張を得るには次のようにすればよい。いくつかの仮定を持った性質があるとき，結論はそのままで仮定をより一般的な条件に置き換える。それが正しいことを証明できれば一つの拡張が得られる。

　ここでなじみが深い性質の拡張の例を取り上げてみよう。

例1.　「平行線に直線が交わるとき，同側内角の和は2直角である」という性質を拡張する。

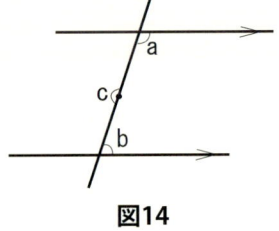

図14

　この性質の仮定である平行線に交わる直線に注目する。直線と折れ線との関連であるが，折れ線によりできる角が180°である場合は，その折れ線は直線とみることができる。そこで，交わる直線のかわりに交わる折れ線に置き換えると，∠a+∠b=∠cという正しい結論が得られる。

　もとにした性質は，∠cが180°の場合にあたる。この180°を直線上にとった任意の点Pの周りにできる平角とみると，∠a+∠b=∠cが成り立つ。すなわち，直線を折れ線に置き換えることにより，それがもとの性質を特別な場合として含む新しい性質となり，一つの拡張が得られる。ここで使用されるのは，直線という仮定を，より一般的な条件である折れ線に置き換えるという考えである。

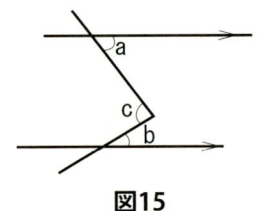

図15

例2. 「二等辺三角形において，頂角の二等分線は底辺を垂直に二等分する」という性質を拡張する。

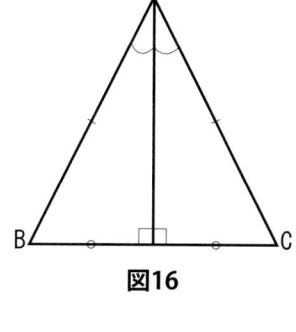

図16

仮定である頂角の二等分線に注目する。

頂角を二等分する条件を，辺BC上の二点をM₁，M₂とし，∠BAM₁＋∠CAM₂＝∠BACと，∠BAM₁＝∠CAM₂の二つの条件としてとらえ直してみる。すなわち，∠BAM₁＋∠CAM₂＝∠BACであり，かつ∠BAM₁＝∠CAM₂であることは，AM₁（AM₂）が頂角を二等分することを意味している。そこで，∠BAM₁＋∠CAM₂＝∠BACを仮定から取り除き，∠BAM₁＝∠CAM₂だけを仮定として残すと，次の性質が得られる。

「二等辺三角形ABCの底辺BC上に二点M₁，M₂をとり，∠BAM₁＝∠CAM₂とするならば，∠AM₁B＝∠AM₂C，BM₁＝CM₂である」

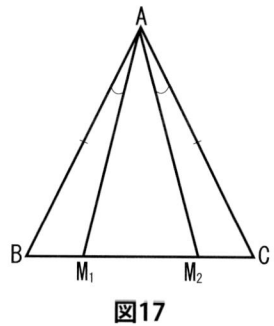

図17

この性質は，AB＝AC，∠B＝∠C，∠BAM₁＝∠CAM₂より，△AM₁B≡△AM₂Cだから，∠AM₁B＝∠AM₂C，BM₁＝CM₂となることから正しいことが分かる。

この性質において，M₁とM₂が重なったときがもとの性質であるから，新しい性質はもとの性質を含み，一つの拡張が得られたことになる。

ここで使用されるのは，ある一つの事柄を二つの条件で表し直すことができるとき，そのうちの一方だけを仮定として使用するという考えである。

例3. 「長方形ABCDの辺BCの中点をMとし，AMの延長とDCの延長との交点をEとするならば，AM＝MEである」という性質を拡張する。

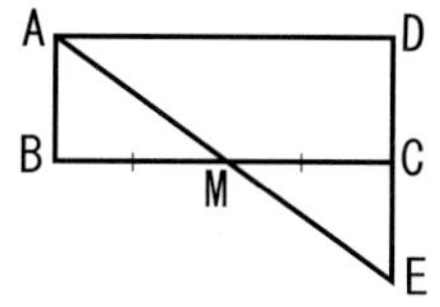

前提条件である四角形が長方形であることに注目する。

長方形ABCDは，AB∥DC，AD∥BCと∠A＝90°の二つの条件で表し直すことができる。このうち∠A＝90°を条件から取り除くと，次の性質が得られる。

「平行四辺形ABCDの辺BCの中点をMとし，AMの延長とDCの延長との交点をEとするならば，AM＝MEである。」

この性質が正しいことを証明することができる。

すなわち，∠B＝∠BCE，∠AMB＝∠EMC，BM＝CMより，

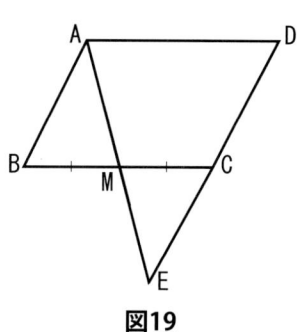

図18

図19

△ABM≡△ECMだから，AM＝MEがいえる。

　この性質において，平行四辺形はその特別な場合として長方形を含むので，平行四辺形としたときの性質は長方形としての性質の拡張といえる。

　ここで使用されるのは，図形の相互関係があるときに，その図形を含む他の図形に置き換えるという考えである。

例4.　「∠A＝90°の直角二等辺三角形ABCにおいて，頂点Aを通る直線を三角形の外側に引き，その直線に頂点B，Cからそれぞれ垂線BP，CQを引くとき，PQ＝BP＋CQである」という性質を拡張する。（図20）

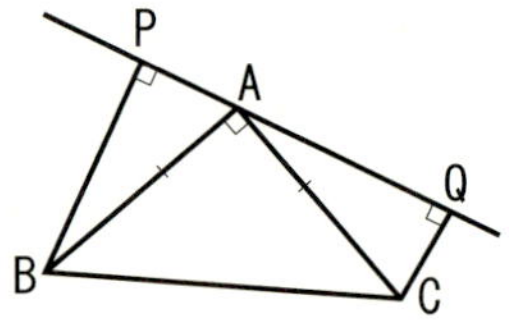

　仮定である∠A＝90°，及び垂線BP，CQに注目してみよう。
　∠A＝90°及び垂線BP，CQを任意の等しい角度に置き換えると，次の性質が得られる。

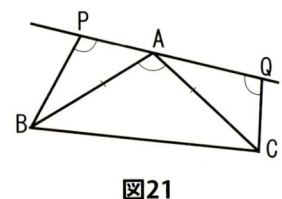

図20

　「二等辺三角形ABCにおいて，頂点Aを通る直線を三角形の外側に引き，その直線に図のように頂点B，Cからそれぞれ∠BPA＝∠AQC＝∠AであるようにBP，CQを引くとき，PQ＝BP＋CQである。」

　この性質が正しいことは次のように証明することができる。
　∠BAP＝180°−∠A−∠CAQ＝∠ACQ，∠ABP＝∠CAQ，AB＝ACより，△ABP≡△CAQである。AP＝CQ，BP＝AQより，PQ＝BP＋CQであることが分かる。

図21

　この性質において，二等辺三角形はその特別な場合として直角二等辺三角形を含むので，二等辺三角形としての性質は直角二等辺三角形としての性質の拡張といえる。
　ここで使用される考えは，90°を任意の等しい角度に置き換えるという考えである。

例5.　「長方形ABCDにおいて，対角線ACとBDを引くとき，∠BAC＝∠CDBである」という性質を拡張する。

　長方形ABCDに注目してみよう。
前提条件である四角形が長方形であるということの裏には，四点A，B，C，Dが同一円周上にあるということが隠れている。一方，円周上に任意の四点があれば，それらを結んでできる四角形において，その四角形の対角線によってできる円周角は同一の弧の上にある角であり，大きさは常に等しい。つまり，長方形であるという条件を，円周上にある任意の四点を結んでで

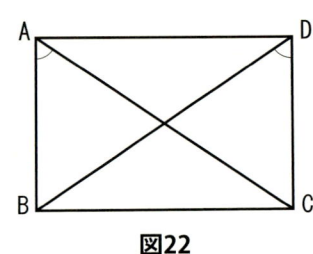

図22

きる四角形に置き換えると、よく知られている円周角不変の定理と呼ばれている性質が得られる。

従って、円周角不変の定理は長方形についての性質を含むので、円周角不変の定理は例5の長方形についての性質の拡張といえる。

ここで使用されるのは、円周上の特殊な四点を円周上の任意の四点に置き換えるという考えである。

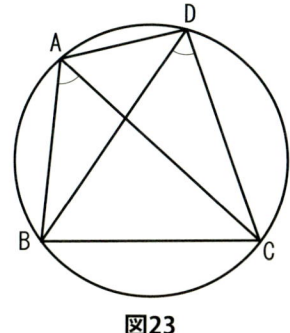
図23

以上で五つの拡張の事例をあげたが、ここで改めて拡張することの利点を考えてみよう。まずあげられることは、新しい性質を見い出していく考え方を学べることである。図形の学習は、既成の問題を証明する方法を学ぶことと思っているふしも無きにしも非ずであるが、拡張する考えを学ぶことはそれとは異なり、自分で性質を見い出し、かつ、それを証明してみるという創造的活動と論理的活動の相互作用を生み出すことにつながるものといえる。

また、拡張によって見い出された新しい性質群についてみると、それらの多くはもとの性質と同じ土壌の中で得られた性質である。このことは新しい性質の証明において、似通った考えが使用されることにつながる。従って、同じような証明の仕方を学ぶ練習を繰り返し行うことができ、同様の思考形式の定着をより深くすることができる。前述したように、例えば、このことは一次方程式の解き方の定着を図るために、同じ形式の方程式を数多く解いてその技能を定着させることに該当するのではないかと考える。

＞（2）結論を，同時に成り立つ他の結論に置き換える

次の性質は既に例3を扱ったときに、取り上げたものである。

「平行四辺形ABCDの頂点Aと辺BCの中点Mを結び、その延長と辺DCの延長との交点をEとすれば、AM＝MEである。」

仮定から導かれる結論を考えてみよう。

結論はAM＝ME以外にも考えられる。例えば、AB＝CEや、DC＝CEなどである。従って、必ずしも結論をAM＝MEとしなくてもよいのである。

この結論のかわりに、AB＝CE、あるいは、DC＝CEに結論を置き換えても成り立つ。

この考えは、ある性質を証明するとき、その性質の仮定から導き出される結論がそれ以外にないかを探し、もし存在すれば、その結論に置き換えて新しい問題とする考えである。

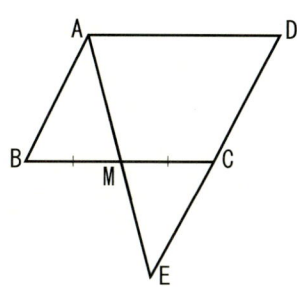

＞(3) 仮定を類似の条件に置き換え，できた図から類似の結論を探す

　5ページの性質4を見い出すときに使用した考えは，三角形を四角形に置き換え，新たにできた図において，もとにした性質に似た性質を探すという考えである。三角形と四角形は，多角形の仲間とみれば類似の条件と考えることができる。つまり，三角形のかわりに類似の図形である四角形に置き換えて，できた図形のもつ性質を探すという考えである。

　ここで類似の条件には他にどのようなものがあるのか，以下にしばしば使用される事柄を掲げ，その使い方を具体的に取り上げてみよう。

① 辺上の点と，辺の延長上の点

　次の性質はよく知られている。
「二等辺三角形ABCの底辺BC上に任意の点Pをとり，その点からAB，ACに垂線を引き，それぞれの交点をX，Yとするとき，PX＋PYは一定である」

　なぜならば，頂点AとPを結ぶと，△ABP，及び△ACPの高さは，AB，ACをそれぞれ底辺とすれば，PX，PYである。△ABP＋△ACP＝△ABC，△ABP＝$\frac{1}{2}$AB・PX，△ACP＝$\frac{1}{2}$AC・PYだから，$\frac{1}{2}$AB・PX＋$\frac{1}{2}$AC・PY＝△ABCである。よって，AB＝ACより，$\frac{1}{2}$AB(PX＋PY)＝△ABCだから，PX＋PY＝$\frac{2\triangle ABC}{AB}$である。△ABC及びABは初めから与えられた値で一定であるから，PX＋PYは一定といえることが分かる。

図24

　この性質で仮定とした底辺BC上の点に注目する。辺BC上に点Pをとるかわりに，BCの延長上に点Pをとることに置き換えてみる。すると，図25ができる。
　この図がもつ性質を，もとの性質の結論を念頭において探すと，既によく知られている性質であるが，「PX－PY＝一定」となる結論が見い出せる。（図25）

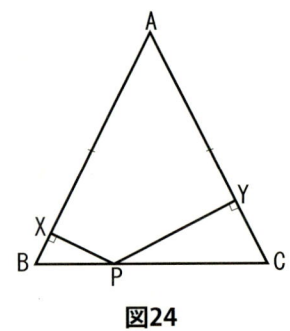

　なぜならば，△ABP－△ACP＝△ABC，△ABP＝$\frac{1}{2}$AB・PX，△ACP＝$\frac{1}{2}$AC・PY，AB＝ACより，$\frac{1}{2}$AB・PX－$\frac{1}{2}$AC・PY＝△ABC，$\frac{1}{2}$AB(PX－PY)＝△ABC，よって，PX－PY＝$\frac{2\triangle ABC}{AB}$で，一定である。

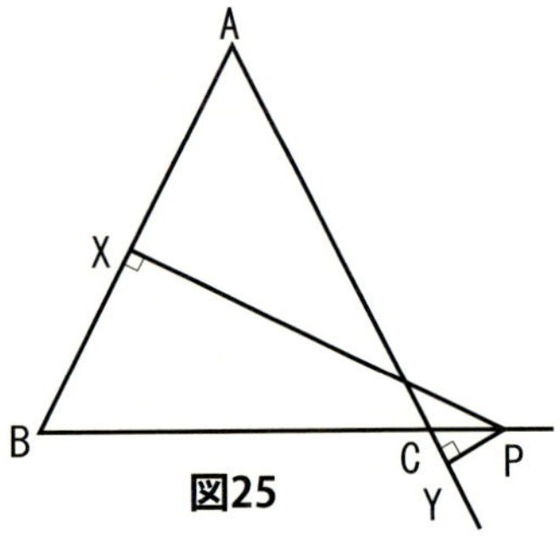

図25

　このように，辺上に点をとるという条件を類似の条件である辺の延長上に点をとるという条件に置き換え，できた図を見てもとの性質と同様の結論を探すことにより，新しい性質を見い出すことができる。

② 図形の内部の点と，外部の点

①における二等辺三角形ABCに注目する。

二等辺三角形ABCのかわりに，正三角形ABCに置き換え，底辺BC上に点Pをとるかわりに，三角形の内部に点Pをとることに置き換えてみよう。つまり，ここでは，二等辺三角形に含まれる正三角形に置き換え，さらに三角形の内部に点Pをとることの二つの考えが同時に使用される。

このときも既に知られているように，PX＋PY＋PZ＝一定であることが証明できる。(図26)

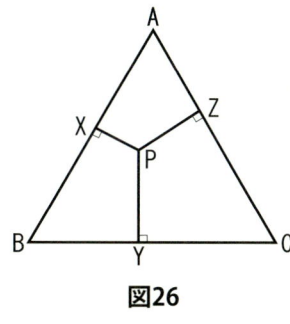

図26

この性質において，仮定である「三角形の内部に点Pをとる」かわりに，図27のように「三角形の外部に点Pをとる」と，PX＋PY－PZ＝一定であることが証明できる。すなわち，点PからBA，BC，CA，またはその延長上にそれぞれ垂線を引き，交点をX，Y，Zとする。三つの三角形の面積は，

$$\triangle PAB=\frac{1}{2}AB\cdot PX \qquad \triangle PBC=\frac{1}{2}BC\cdot PY$$

$$\triangle PAC=\frac{1}{2}AC\cdot PZ$$

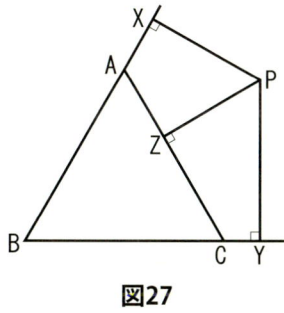

図27

である。△PAB＋△PBC－△PAC＝△ABCより，

$$\triangle ABC=\frac{1}{2}AB\cdot PX+\frac{1}{2}BC\cdot PY-\frac{1}{2}AC\cdot PZ$$

$$=\frac{1}{2}AB(PX+PY-PZ)$$

よって，$PX+PY-PZ=\dfrac{2\triangle ABC}{AB}$（一定）である。

このように，二等辺三角形を正三角形に特殊化する考えと同時に，三角形の内部に点をとるという条件を，類似の条件である三角形の外部に点をとるという条件に置き換えることにより，新しい性質を見い出すことができる。

③ 二直線が平行であることと，直交すること

二直線の位置関係には，平行，交わる，重なるの三通りがある。交わる場合の特殊なときが垂直である。従って，このような三つの位置関係のうちの一つが仮定に含まれているときに，他の位置関係に置き換えると新しい性質が見い出せることがある。二直線についての位置関係である，平行，交わる，重なるは類似の条件と考えることにする。

④ 二等分することと，三等分すること

15ページの(2)で取り上げた性質である「平行四辺形ABCDの辺BCの中点をMとし，AMの延長とDCの延長との交点をEとするならばAM＝MEである」(図28)において，仮定のBCの中点Mをとることを，BCを三等分する点M，Nをとることに置き換えてみよう。(図29)

Mが中点の場合にはAEだけができるが，M，NをとるとAEとAFの二本ができてしまい，前

の性質における結論は成り立たなくなってしまう。そこで，できた図をみて他に成り立ちそうな結論を探すことが必要になる。

図29の場合では，成り立ちそうな結論はいろいろあるが，その中でもDF＝EFは新しい結論として興味深いものである。P.15(2)において，結論をDC＝CEに置き換えてもよいことに触れたが，ここではその結論に注目して類似の結論を探そうとしたのである。

AM：ME＝1：2を結論にしてもよいのであるが，この結論は新たに引いたAFに関係しないので，仮定を十分生かした結論とはいえないので，結論をDF＝EFとした方がよりよい性質なのである。

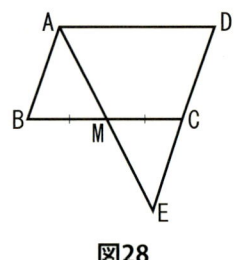

図28

DF＝FEであることは，次のように証明することができる。（図30）
Mを通るDEに平行な直線を引き，AD，ANとの交点をそれぞれX，Yとする。△AXY≡△NMYであるから，XY＝YM，XM∥DEより，DF＝FEである。

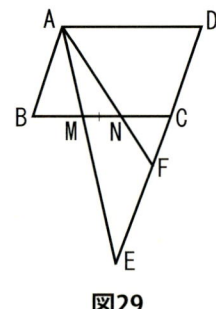

図29

ここで使用した考えは，二等分するという仮定のかわりに，類似の条件である三等分することに置き換え，それに応じた結論を探すという考えである。それにはできた図をよく見て，もとの性質と照らし合わせ，類似の結論を探すことが必要になる。

以上，四つの類似の条件を掲げたが，この他にも，例えば，内部と外部に関連したことでは，内接と外接や，内角と外角など，また位置関係に関しては二円の位置関係も類似の条件と考えられる。

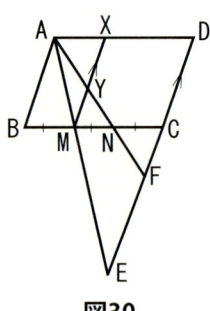

図30

＞(4) 仮定を同等の条件に置き換える

4ページの性質2を見い出すときに使用した考えは，∠A＝∠ADBのかわりに，∠BAD＝∠ACBに置き換えるという考えである。つまり，∠A＝∠ADBのとき，∠BAD＝∠ACBであり，また逆に，∠BAD＝∠ACBのとき，∠A＝∠ADBであることがいえることが前提にある。仮定である，∠A＝∠ADBを使って導き出せる結果と同じ結果になる仮定がそれ以外にあるときは，もとの仮定に換えてその新しい仮定に置き換えても，もとの性質の結論と同じ結論が得られる。このことは，ある性質があるとき，その性質に含まれる仮定の一部を，同等の仮定に置き換えて，新しい性質を見い出す考えである。

＞(5) 仮定を結論とする他の性質に置き換える

5ページの性質3を見い出すときに使用した考えは，「△ABCで∠BAD＝∠ACBならば，BAは△ADCの外接円の接線である」という性質の逆を考え，この性質の仮定と結論を入れ換えたも

のである。つまり，ある性質があり，またその逆も正しいとき，もとの性質の仮定をその関連する性質の仮定に置き換えることによって新しい性質を見い出す考えである。

(6) 図に線や円を追加し，できた図から結論を探す

6ページの性質5を見い出すときに使用した考えは，円に内接する三角形を四角形に置き換えたことにより，BAの延長とCDの延長との交点が生じることから，∠Pを二等分する条件と同じようにそれらの延長線の交角を二等分する線を新たに追加した図をつくり，できた図において成り立つ性質を探すという考えである。

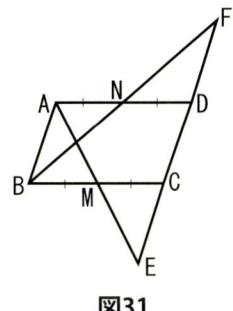

図31

また，p.15(2)で使用した性質についても同様に考えることができる。すなわち，平行四辺形ABCDの頂点Aと辺BCの中点Mを結ぶという仮定と同様な仮定である頂点Bと辺DAの中点Nを結ぶ線を新たに付け加え，できた図を見て成り立ちそうな結論を探すと，例えば，CE＝DFが得られ，次の新しい性質を見い出すことができる。

「平行四辺形ABCDの頂点Aと辺BCの中点Mを結び，その延長と辺DCの延長との交点をE，また，頂点Bと辺DAの中点Nを結び，その延長と辺CDの延長との交点をFとするとき，CE＝DFである」（図31）

(7) 仮定と結論を入れ換え，逆をつくる

ある性質において，仮定と結論をそっくり入れ換えて逆をつくる場合と，仮定と結論が複数あるとき，仮定と結論を同じ数入れ換えてつくる逆とがある。

「逆」については，平成21年改訂の学習指導要領においても指導すべき用語としてあげられている。これまでにも昭和44年改訂の学習指導要領において，「逆」を指導すべき用語として掲げられている。また，逆を指導するねらいとして，昭和45年発行の中学校指導書数学編には，新たな命題を発見する着想とすること，及び，命題とその逆を混同して使わないようにさせることがあげられている。

次に掲げる性質について考えてみよう。

「四角形ABCDにおいて，対角線AC，BDの交点をOとする。AB∥DC，AD∥BCならば，AO＝OC，BO＝ODである」

この性質において，仮定と結論を入れ換えてみる。

二つの仮定と二つの結論とを入れ換えて逆をつくると，「四角形ABCDで対角線の交点をOとする。AO＝OC，BO＝ODならば，AB∥DC，AD∥BCである」ができる。これは，いわゆる四角形が平行四辺形になるための条件の一つである。

仮定の数と結論の数を同数入れ換えてみる。仮定一つと結論一つを入れ換えると，例えば，次のような逆ができる。

「四角形ABCDで，対角線の交点をOとする。AB∥DC，AO＝OCならば，AD∥BC，BO＝ODである」

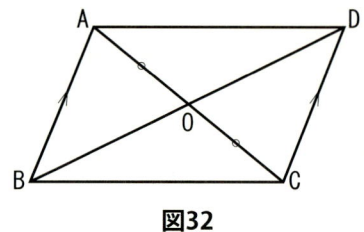

図32

これは正しいことが証明できる。

なぜならば，BO＝ODではないとし，対角線上にBO＝OEとなる点Eをとると，四角形ABCEは平行四辺形だから，AB∥CEである。仮定より，AB∥DCだから，CE∥CDとなり矛盾する結果になる。よって，DとEは一致するから，四角形ABCDは平行四辺形である。これより結論を得る。

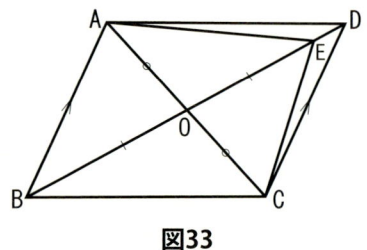

図33

　ある性質の逆は誰でもつくることができるものである。従って，逆をつくることは新しい性質を見い出す有力な考えの一つであるといえる。しかし，性質の逆を証明することは，場合によってはかなり難しい証明になることがあるので，できるだけやさしい場合に限ることが必要である。

　以上，第2章では，七つの「意図的な考え」を取り上げ，それを使用した新しい性質の見い出し方を扱った。しかし，「意図的な考え」はこれらに限ったものではなく，この章では特に使用しやすい考えを取り上げた。従って，次章以後においてもこの章で取り上げていない「意図的な考え」が現れるので，本書の最後に改めて「意図的な考え」をまとめることにする。

第3章 基本的な性質

　第1章及び第2章では，新しい性質を見い出すための考えを取り上げ，その証明も付け加えてきた。ここで，本書で取り扱う新しい性質を証明するときの根拠として使用する基本的な性質をまとめておく。従って，基礎・基本的な性質をすべて取り上げることはしておらず，本書で前提としている知識の全体を知っていただくために一括してまとめたものである。

(1) 直線，角，平行線に関連する性質

①対頂角は等しい。
②平行線の同位角は等しい。及び，その逆。
③平行線の錯角は等しい。及び，その逆。
④平行線の同側(傍)内角の和は180°である。及び，その逆。
⑤平角を分割した角の和は180°である。
⑥線分AB，BC，XYにおいて，AB//XY，BC//XYならば，AC//XYである。

(2) 三角形に関連する性質

①三角形の内角の和は180°である。
②三角形の一つの外角はその内対角の和に等しい。
③二つの三角形は，次のいずれかの条件を一つもつとき合同である。
　・一辺とその両端の角がそれぞれ等しい
　・一角とそれを挟む二辺がそれぞれ等しい
　・三辺がそれぞれ等しい
④合同な図形の対応する辺や角は等しい。
⑤二つの直角三角形は，次のとき合同である。
　・斜辺と他の一辺がそれぞれ等しい
　・斜辺と直角以外の一角がそれぞれ等しい
⑥二等辺三角形の底角は等しい。及び，その逆。
⑦二等辺三角形の頂角の二等分線は底辺を垂直に二等分する。
⑧三角形の外接円はただ一つ存在する。
⑨△ABCと△DEFにおいて，AB=DE，AC=DF，∠B=∠Eのとき，∠C=∠F，または，∠C+∠F=180°である。
⑩△ABCと△DEFにおいて，AB=DE，AC=DF，∠B=∠Eのとき，∠C+∠F≠180°ならば△ABC≡△DEFである。

⑪△ABCの∠Aの二等分線とBCとの交点をPとするとき，AB：AC＝BP：PCである。

⑫△ABCの∠Aの外角の二等分線とBCの延長との交点をPとするとき，AB：AC＝BP：PCである。

⑬三角形ABCの面積は，$\triangle ABC = \frac{1}{2}AB \cdot AC \sin\angle A$である。

⑭二つの三角形で，一角とそれを挟む二辺の比がそれぞれ等しいならば，その三角形は相似である。

⑮三角形の面積は，底辺×高さ÷2である。

⑯相似な三角形の対応する辺の比，対応する角はそれぞれ等しい。

⑰三角形の各辺の垂直二等分線は一点で交わる。

⑱△ABCで，AB，AC上の点をP，Qとする。PQ∥BCとし，頂点Aを通る任意の直線とPQ，BCとの交点をX，Yとするとき，PX：XQ＝BY：YCである。

⑲△ABCで，∠A＞∠Bならば，BC＞ACである。

(3) 四角形に関連する性質

①平行四辺形には，次の性質がある。
- 対辺は等しい
- 対角は等しい
- 対角線は互いに他を二等分する

②四角形は，次のいずれかの条件を一つもつとき平行四辺形である。
- 二組の対辺がそれぞれ等しい
- 二組の対角がそれぞれ等しい
- 対角線が互いに他を二等分する
- 一組の対辺が平行で，長さが等しい

③平行四辺形は，次のいずれかの条件を一つもつとき長方形である。
- 一角が90°である
- 対角線が等長である
- 一組の隣角の大きさが等しい

④平行四辺形は，次のいずれかの条件を一つもつときひし形になる。
- 一組の隣辺が等長である
- 対角線が直交する

⑤長方形の対角線の長さは等しい。

⑥長方形の対辺は等長である。

⑦長方形は，次のいずれかの条件を一つもつとき正方形である。
- 一組の隣辺が等長である
- 対角線が直交する

⑧ひし形の対角線は直交する。

⑨ひし形の対角線は，互いに他を二等分する。

⑩ひし形は，次のいずれかの条件を一つもつとき正方形である。
- 一角が90°である
- 対角線が等長である
- 一組の隣角の大きさが等しい

⑪正方形の対角線は，等長で，直交する。

⑫等脚台形の対角線の長さは等しい。

(4) 円に関連する性質

①円の中心と接点を結ぶ線分は接線と直角に交わる。

②1つの弧に対する中心角はその弧に対する円周角の2倍である。

③1つの弧に対する円周角はすべて等しい(円周角不変の定理)。及び，その逆。

④円に内接する四角形の対角の和は180°である。及び，その逆。

⑤円に内接する四角形の一つの外角はそれと隣りあわない内角に等しい。及び，その逆。

⑥円外の一点から引いた二つの接線の長さは等しい。

⑦弦ABと，Aにおける接線ATがつくる角∠BATは，その角の内部に含まれる弧ABに対する円周角に等しい(接弦定理)。及び，その逆。

⑧二円の共通外接線の長さは等しい。

⑨大小二つの円で，二円の中心線と二つの共通外(または内)接線は一点で交わる。

(5) 平行線と比例に関連する性質

①△ABCの辺BCに平行な直線がAB，AC，または，その延長と交わる点をそれぞれD，Eとするとき，次の比例式が成り立つ。
- AD：AB＝AE：AC
- AD：DB＝AE：EC
- AB：BD＝AC：CE
- AD：AB＝DE：BC

②△ABCの辺AB，AC，または，その延長上にそれぞれ点D，Eをとるとき，次のうちの一つが成り立てばDE//BCである。
- AD：AB＝AE：AC
- AD：DB＝AE：EC
- AB：BD＝AC：CE

③AD//BCの台形ABCDの辺BCに平行な直線とAB，DCとの交点をE，Fとするとき，次の比例式が成り立つ。
- AE：AB＝DF：DC
- AE：EB＝DF：FC
- AB：BE＝DC：CF

④AD//BCの台形ABCDの辺AB，DC上にそれぞれE，Fをとるとき，次のうちの一つが成り立てばEF//BCである。
- AE：AB＝DF：DC
- AE：EB＝DF：FC
- AB：BE＝DC：CF

⑤△ABCの辺AB，ACの中点をそれぞれP，Qとするとき，次の性質がある(中点連結の定理)。
- PQ//BC
- $PQ=\frac{1}{2}BC$

⑥△ABCにおいて，AB，AC上の点をそれぞれP，Qとし，BC//PQならば次の性質がある。
- BCの中点をMとするとき，AMはPQの中点を通る
- PQの中点をNとするとき，ANの延長はBCの中点を通る
- 頂点Aを通る直線とPQ，BCとの交点をR，Sとするとき，PR：RQ＝BS：SCである

(6) その他の性質

①比例式には次の性質がある。
- A：B＝C：Dならば，AD＝BC
- A：B＝C：Dならば，A：C＝B：D
- A：B＝C：Dならば，(A＋B)：B＝(C＋D)：D

②底辺を共有し，高さが等しい二つの三角形の面積は等しい。

③底辺を共有し，底辺に対し同じ側にある面積が等しい三角形の高さは等しい。

④メネラウスの定理，及びその逆。

⑤チェバの定理，及びその逆。

⑥△ABCにおいて，BC＝a，AC＝b，AB＝c，外接円の半径をRとするとき，
$\dfrac{a}{\sin A}=\dfrac{b}{\sin B}=\dfrac{c}{\sin C}=2R$である(正弦定理)。

⑦1からn-1までの自然数の和は，$\dfrac{1}{2}n(n-1)$である。

⑧三角関数の基本的な性質。

第4章 ショートショート

　この章では，ある一つの性質から連続的に新しい性質を見い出すまではいかないが，図形教材として興味深いと思われる性質を取り上げ，その性質にまつわるストーリーを創ることにする。

第一話　初等幾何における循環論法

　「重ならない二直線に他の直線が二点で交わるとき，錯角が等しいならばその二直線は平行である」ことを証明してみよう。

　すなわち，右の図のように，二直線をp，qとし，他の直線をrとする。またp，qとrとの交点をA，Bとする。このとき，∠XAB＝∠YBAならば，p∥qであることを示す。

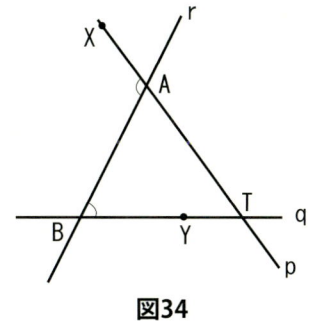

図34

　いま，∠XAB＝∠YBAのとき，p，qは平行ではないとする。そこで，p，qがTで交わるとする。△ABTにおいて一つの外角はその内対角の和に等しいことから，∠XAB＝∠TBA＋∠ATBである。仮定より，∠XAB＝∠YBA＝∠TBAだから，∠ATB＝0°である。これは，初めにp，qが交わるとしたことと矛盾する。よって，pとqは平行である。

　この証明の過程を振り返ってみる。この証明は正しいようにみえるが，よく注意するとユークリッド幾何の論理からは循環論法になっているのである。
　これを調べることにしよう。

　上の証明では，△ABTにおいて，∠XAB＝∠TBA＋∠ATBであることを用いたが，これは何を根拠にしているかというと，一般の三角形において外角はその内対角の和に等しいという性質によっている。では，この性質は何を根拠としているのだろうか。この性質は，一般の三角形の内角の和は180°であるという性質による。さらに，この性質は何を根拠としているのであろうか。この性質は平行線の錯角は等しいという性質による。では，この性質は何を根拠としているのだろうか。この性質は平行線の同位角は等しいという性質によっている。では，この性質は何を根拠としているのだろうか。
　現行の学校教育（中学校）では，平行線の同位角が等しいことは，操作を通した直観的な確認をもとに正しいこととしている。そこで，これまでの順序で考えてこの直観的な確認事項を公理的に認めるのであれば，前記の証明は誤りではないことになる。もっとも，同位角が等しければ2直線は平行であることも同時に直観的な確認のもとに正しいこととしている。だから，

あえて前記したような証明方法によらないでもよいのであるが。

しかし，ユークリッド幾何の論理からみると，平行線の錯角は等しいこと，及び同位角は等しいという性質は，錯角が等しいならば二直線は平行であるということを証明した後に扱われているのである。つまり，これから証明する事柄を根拠として導いた性質を使用して，これから証明する事柄を証明したことになる。いわゆる循環論法といわれることが起きているのである。

では，ユークリッド幾何の論理からは「錯角が等しいならばその二直線は平行である」ことをどのように証明するのであろうか。

二辺とそれに挟まれる角がそれぞれ等しい二つの三角形は合同であること，対頂角は等しいこと，及び三角形の外角はそれと隣り合わない内角よりも大きいこと（これらの性質は平行線の性質を扱う以前に証明されている）を根拠とし，背理法によって証明されている。ここでは多少証明の過程をそれとは変えて示す。根拠とすることは，二辺とそれに挟まれる角がそれぞれ等しい二つの三角形は合同であること，対頂角は等しいこと，及び二点を通る直線はただ一つあることである。

すなわち，二直線をp，qとし，他の直線rがこれら二直線にそれぞれA，Bで交わるとき，∠CAB＝∠DBAならば，p∥qであることを示す。

いま，p，qが平行ではないとして矛盾を示す。そこで，p，qがXで交わるとする。このとき，BX＝AYである点Yを直線p上にrに関してXとは反対側にとりBと結ぶ。

△BAYと△ABXにおいて，AY＝BX，∠YAB＝∠CAB＝∠DBA＝∠XBA，ABは共通だから，△BAY≡△ABXである。よって，∠ABY＝∠BAXである。∠ABY＋∠ABX＝∠BAX＋∠BAY＝180°

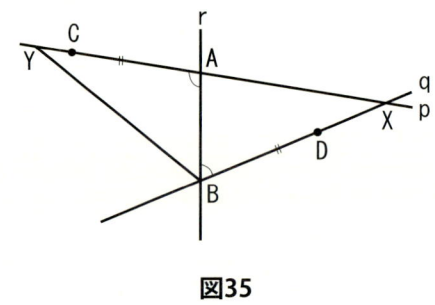

図35

だから，YBXは直線であることになる。すると，二直線pとYBXは二点X，Yで交わることになる。これは公理としている二点を結ぶ直線はただ一つであることと矛盾する。よって，p，qは平行である。

第二話　二辺と一角がそれぞれ等しい二つの三角形の合同条件

一般には，二つの三角形は二辺と一角がそれぞれ等しい（二辺一角相等）とき，必ずしも合同となるとはいえない。ここでは，どのような場合にそれらの三角形は合同になるかを考えてみる。

二辺一角相等の二つの三角形を△ABCと△DEFとする。すなわち，AB＝DE，AC＝DF，

∠ABC＝∠DEFである。

　辺DEが辺ABに重なるように△DEFを移動し，△ABCに重ねる。∠ABC＝∠DEFとしていることから，頂点Fは頂点Cにぴったり重なるか，または，辺BC上にあるか，BCの延長上にあるかのいずれかであることになる。
　辺EFが辺BCにぴったり重なるときは二つの三角形は合同になる。
　辺BC上にある場合と，BCの延長上にある場合を考えてみよう。しかし，これから考えることは，そのどちらの場合でも同じように考えられるので，頂点FがBC上にある場合だけを考えればよい(図38)。

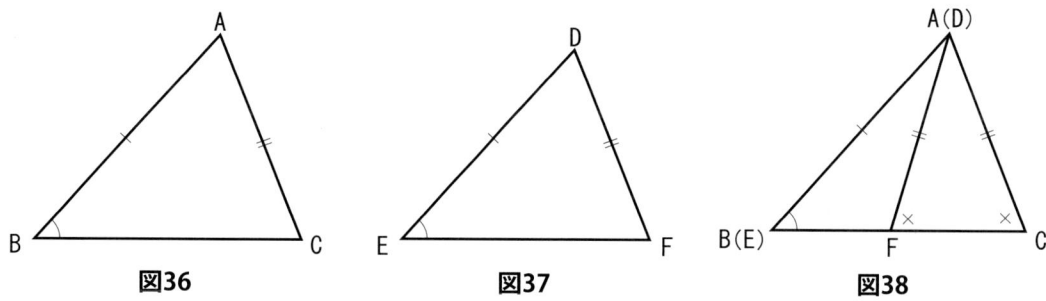

図36　　　　　図37　　　　　図38

　仮定より，AC＝DFとしていることから，三角形AFCは二等辺三角形だから，∠AFC＝∠ACFである。
　よって，∠AFB＋∠AFC＝∠AFB＋∠ACF＝∠DFE＋∠ACB＝180°である。
　これまでのことをまとめてみよう。

「△ABCと△DEFにおいて，AB＝DE，AC＝DF，∠ABC＝∠DEFとする。このとき，
　　　∠ACB＝∠DFE，または，∠ACB＋∠DFE＝180°
　である」

　従って，∠ACB＋∠DFE≠180°であることが分かれば，∠ACB＝∠DFEであることになり，△ABCと△DEFは合同であることになる。
　では，∠ACB＋∠DFE≠180°である場合はどんなときであろうか。

（ⅰ）∠ABC＝∠DEF≧90°のとき。
　∠ABC＝∠DEF＞90°ならば∠ACB，∠DFEはともに鋭角であるから，∠ACB＋∠DFE≠180°である。このとき，∠ACB＝∠DFEとなることから，△ABCと△DEFは合同であるといえる。また，∠ABC＝∠DEF＝90°のとき

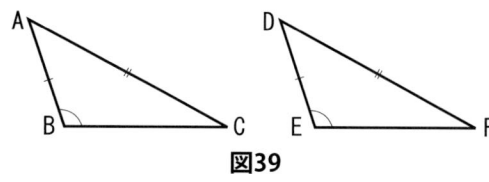

図39

は，∠ACB＋∠DFE＝180°ではあるが，∠ABC＝∠DEF＝90°より，合同である。

（ⅱ）AB≦AC（DE≦DF）のとき。

∠ACB≦∠ABC<180°－∠ACBである。
よって，2∠ACB<180°より，∠ACB<90°
である。

同様に，∠DFE<90°より，∠ACB＋∠DFE
<180°である。従って，∠ACB＝∠DFEとなることから，△ABCと△DEFは合同であるといえる。

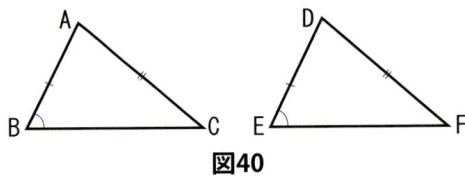

図40

この性質が活用できるようになると，論証力もより向上するのではないかと思われる。

次に，この性質を活用していろいろな性質を確かめることができる事例を取り上げてみる。

①「△ABCにおいて，AB上に点D，AC上に点Eをとり，AD＝AEとするとき，BE＝CDならば，△ABCは二等辺三角形である」

（証明）△ABEと△ACDにおいて，AD＝AE，CD＝BEであり，∠Aは共通だから，二つの三角形は二辺一角相等の三角形である。従って，∠ABE＝∠ACD，または，∠ABE＋∠ACD＝180°である。ところで，点D，Eはそれぞれ辺AB，AC上にあるから，∠ABE＋∠ACD<∠ABC＋∠ACB<180°であることが分かる。

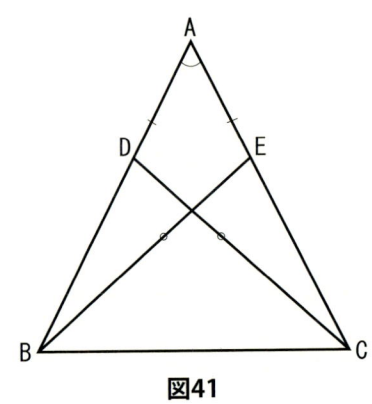

図41

よって，∠ABE＝∠ACDである。このことから，△ABE≡△ACDであり，対応する辺ABとACの長さは等しいので，△ABCは二等辺三角形である。

②「△ABCにおいて，AB>ACとする。辺BCの中点をMとし，MAの延長上に点Qをとり，AB＝CQとする。

このとき，∠BAM＝∠CQMである」

（証明）AMの延長上に，CQ＝CPとなる点Pをとる。△ABMと△CPMにおいて，AB＝CP，BM＝CM，∠AMB＝∠PMCだから，これら二つの三角形は二辺一角相等の三角形である。従って，∠BAM＝∠CPM，または，∠BAM＋∠CPM＝180°である。

ところで，AB>ACより，∠AMB>90°，∠CMP>90°だから，∠BAM＋∠CPM<180°であることが分かる。

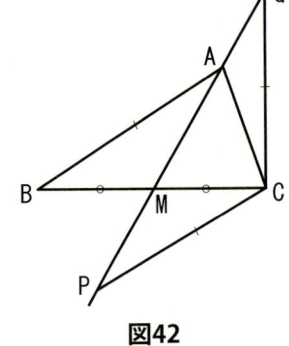

図42

よって，∠BAM＝∠CPMである。このことから，△ABM≡△CPMであり，対応する角は等しいので，∠BAM＝∠CPMである。△CPQは二等辺三角形であるから，∠CPQ＝∠CQPである。∠BAM＝∠CPM＝∠CPQ＝∠CQPより，∠BAM＝∠CQMである。

③平行四辺形ならば，二組の対辺の長さはそれぞれ等しいという性質がある。この性質の逆を

つくる。すなわち,「四角形ABCDにおいて，AB∥CD,
AD＝BCならば，AB＝CD，AD∥BCである」
このことが正しいかどうかを調べる。

対角線ACを引き，△ABCの外接円をかく。

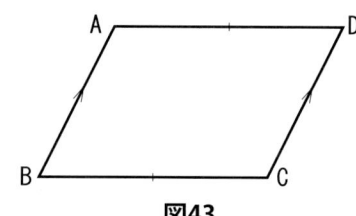
図43

このとき，外接円は頂点Dを通る場合と，通らないで辺
ADか，または，ADの延長で交わる場合とが考えられる。

（ⅰ）外接円が頂点Dを通る場合は，AB＝CD，AD∥BCであ
　　るとは限らない。

△ABCと△DCAにおいて，AB∥CDより，∠BAC＝∠DCAである。また，AD＝BC，ACは共通であることから，△ABCと△DCAは二辺一角相等の三角形である。従って，∠ABC＝∠CDA，または，∠ABC＋∠CDA＝180°である。ところで，四角形ABCDは円周上にあることから，∠ABC＋∠CDA＝180°である。よって，△ABCと△DCAは必ずしも合同であるとは限らないので，AB＝CD，AD∥BCであるとは限らない。合同であるとは限らない例としては等脚台形があげられる。

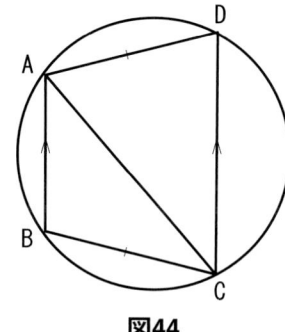
図44

（ⅱ）次に，外接円が辺ADか，または，ADの延長かのいずれ
　　かで交わる場合を考えよう。

どちらの場合でも同じことがいえるので，ここでは外接円が辺ADと交わるとし，交点をXとしよう。△ABCと△CDAにおいて，AB∥CDより∠BAC＝∠DCA，BC＝DA，ACは共通だから，△ABCと△CDAは二辺一角相等の三角形である。

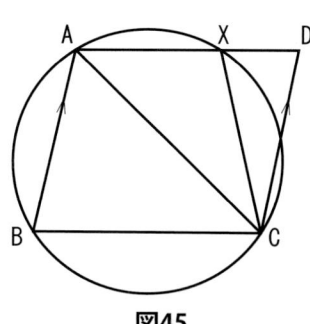
図45

　従って，∠ABC＝∠CDA，または，∠ABC＋∠CDA＝180°である。
ところで，CとXを結ぶと，∠ABC＋∠CXA＝180°である。
　　∠ABC＋∠CDA＝∠ABC＋∠AXC－∠DCX
　　　　　　　　＝180°－∠DCX

だから，∠ABC＋∠CDA＜180°である。∠ABC＝∠CDAより，△ABC≡△CDAである。対応する辺ABとDCは長さが等しいので，AB＝CDである。よって，四角形ABCDは平行四辺形であるから，AD∥BCである。

第三話　直角三角形の合同条件

斜辺と一辺がそれぞれ等しい二つの直角三角形は合同である。この証明の仕方を考えてみる。

二つの直角三角形△ABCと△DEFにおいて，∠C＝∠F＝90°，AB＝DE，AC＝DFならば，△ABC≡△DEFであることを通常は次のように証明する。

すなわち，ACとDFとを重ねて，二等辺三角形をつく

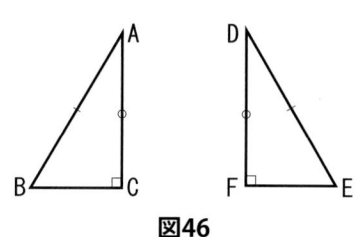
図46

る。底角が等しいことから∠B＝∠Eであり，一般の三角形の合同条件に結びつける。

ここで，二つの三角形の重ね方を調べると重ね方は8通りあり，それらは二つのパターンに分けることができる。パターン1は斜辺ではない等辺を重ねる場合で，パターン2は斜辺を重ねる場合である。パターン1及びパターン2は重ね方がそれぞれ4通りあり，それらを図で表すと次のようになる

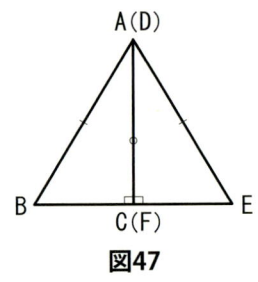

図47

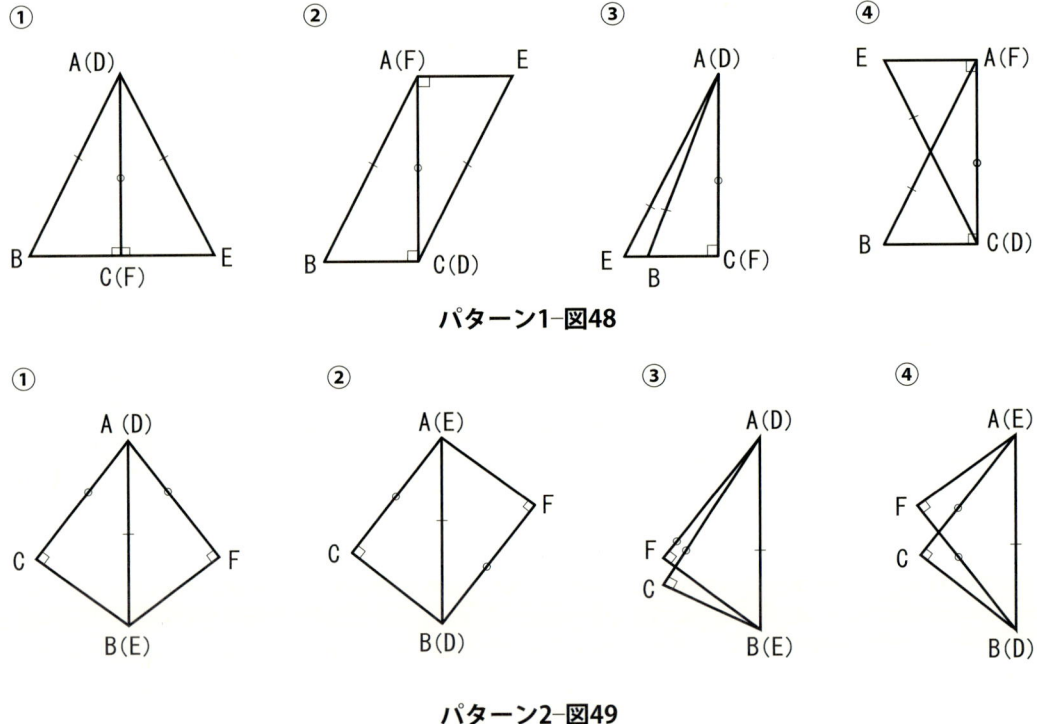

パターン1－図48

パターン2－図49

直接証明で証明しやすいのは，パターン1の①とパターン2の①である。パターン1の①が前述した方法である。

パターン2の①の重ね方の場合は次のように証明することができる。すなわち，CとFを結ぶと△ACFは二等辺三角形であるから，∠ACF＝∠AFCである。∠C＝∠F＝90°より，∠BCF＝∠BFCであることから，△BCFは二等辺三角形である。よって，BC＝BFであることから，△ABC≡△DEFがいえる。

他の6通りは間接証明によることになる。証明はほぼ同様にできるので，ここでは次の二つの場合を示す。
まず，パターン1の②による場合の証明をしてみよう。
頂点CからAEと同じ長さになる点GをBC上にとる。このとき，GはBと重なるか，または，

30

BC上(または延長上)にある。GがBと重なる場合は合同になるので，GがBと重ならないとしてみる。

このとき，△ACG≡△CAEより，AG＝CEである。仮定よりAB＝CEだから，△ABGは二等辺三角形である。よって，底角は等しいことから，∠ABG＝∠AGBである。ところで，△AGCにおいて，∠C＝90°より∠AGCは鋭角であるから，∠AGBは鈍角である。また，△ABCにおいて，∠C＝90°より，∠ABC＝∠ABGは鋭角である。鋭角と鈍角は等しくないことから，∠ABG＝∠AGBはこれと矛盾する。よって，GがBと重ならないとした

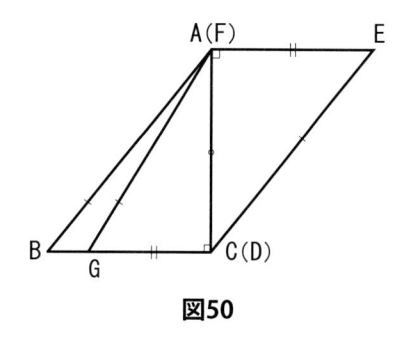

図50

ことによって生じた矛盾なので，GはBと重なるといえる。このことから，△ABCは△AGCと合同で，△AGCは△DEFと合同であるから，△ABC≡△DEFであることが分かる。

次に，パターン2の③による証明をしてみよう。
頂点CとFとが一致しないとする。すると，△ACFは二等辺三角形であるから，∠ACF＝∠AFCである。ところが，
∠ACB＝90°より，∠ACF＜90°，
∠AFB＝90°より，∠AFC＞90°である。
このことは∠ACF＝∠AFCであることと矛盾する。よって，頂点CとFとが一致するといえることから，△ABC≡△DEFであることが分かる。

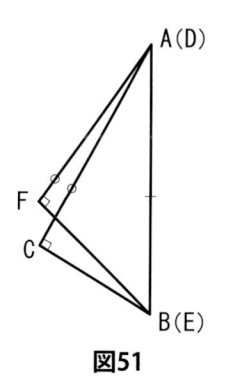

図51

▷第四話　長方形と辺の中点

図52は長方形ABCDの頂点Aと辺BCの中点Mとを結び，それを延長し，DCの延長との交点をEとした図である。この図を使って新しい性質を見い出すことができる。

① 頂点Dと辺ABの中点Nとを結び，それを延長しCBの延長との交点をFとする線を付け加えた図(図52)にしてみよう。この図からどんな性質を見い出すことができるだろうか。

△ABM≡△ECMだから，AB＝ECである。また，△AND≡△BNFより，AD＝BFである。よって，BF：EC＝AD：ABである。

さらに，長方形ABCDをひし形に置き換えると(図53)，BF：EC＝AD：AB＝1：1であるから，BF＝ECであることが分かる。

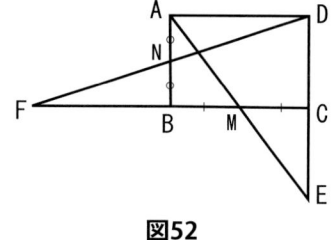

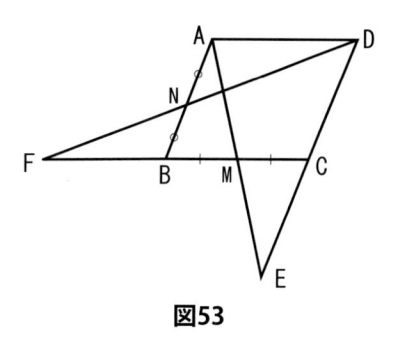

図52

図53

② 頂点BとDを結び，AMとの交点をTとする（図54）。
このとき，三点N，T，Cはどんな位置にあるだろうか。
△DFBと三点N，T，Cについて，

$$\frac{DN}{NF} \cdot \frac{FC}{CB} \cdot \frac{BT}{TD} = 1 \times 2 \times \frac{BM}{AD}$$

$$= 1 \times 2 \times \frac{1}{2} = 1 である。$$

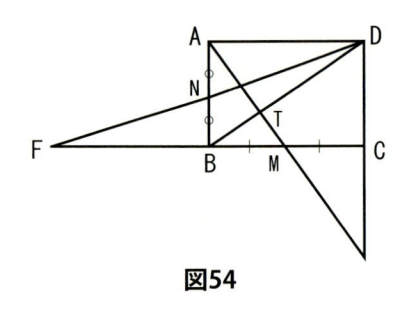

よって，メネラウスの定理の逆より，三点N，T，Cは同一直線上にあるといえる。

この性質は長方形ABCDを平行四辺形に置き換えても成り立ち，拡張することができる。

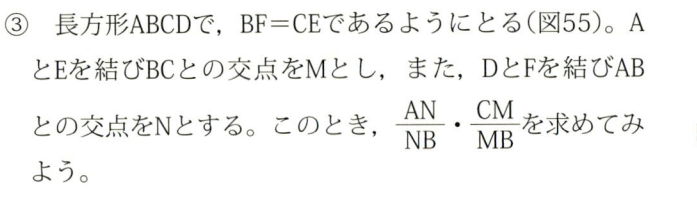

図54

③ 長方形ABCDで，BF＝CEであるようにとる（図55）。AとEを結びBCとの交点をMとし，また，DとFを結びABとの交点をNとする。このとき，$\frac{AN}{NB} \cdot \frac{CM}{MB}$を求めてみよう。

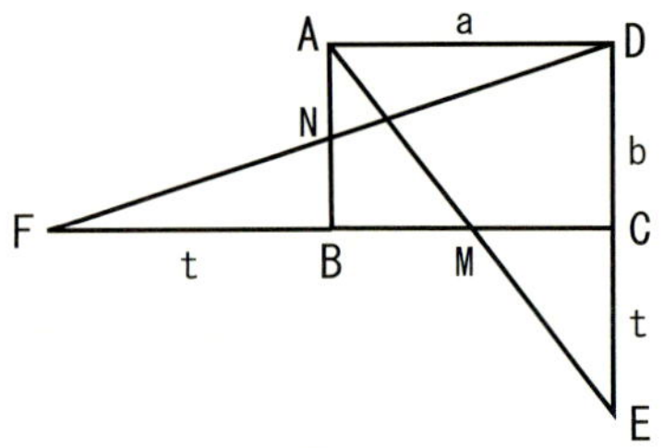

いま，AD＝a，AB＝b，BF＝CE＝t，とする。

AD//BFより，$\frac{AN}{NB} = \frac{a}{t}$，AB//DEより，$\frac{CM}{MB} = \frac{t}{b}$だから，

$\frac{AN}{NB} \cdot \frac{CM}{MB} = \frac{a}{t} \cdot \frac{t}{b} = \frac{a}{b}$である。よって，$\frac{AN}{NB} \cdot \frac{CM}{MB}$の値は$\frac{a}{b}$（一定）であることが分かる。

長方形ABCDをひし形に置き換えると，a＝bであることから，$\frac{AN}{NB} \cdot \frac{CM}{MB} = 1$である。つまり，ひし形の場合はAB＝ADであることから，$\frac{AN}{NB}$と$\frac{CM}{MB}$とは逆数の関係にあることが分かる。

従って，AN＝BM，NB＝CMである。

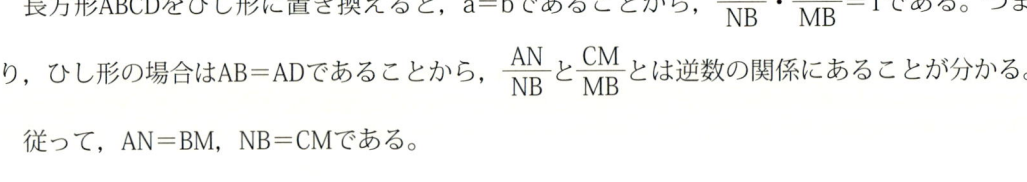

図55

④ 長方形のかわりに正方形ABCDに置き換えてみると，AEとDFは直交することが分かる（図56）。

すなわち，AEとDFの交点をTとする。

∠NAT＋∠ANT＝∠NFB＋∠BNF＝90°である。よって，△ANTにおいて，∠ATN＝180°－（∠NAT＋∠ANT）＝90°である。

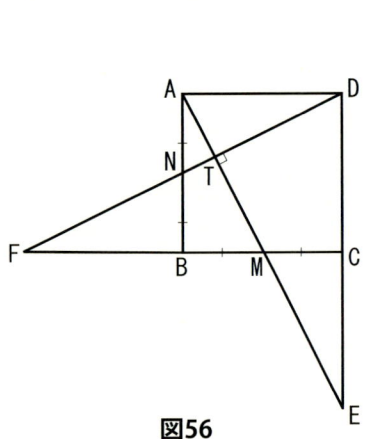

正方形ABCDの場合はBF＝CE，AE⊥DFであるが，長方形の場合はどうであろうか。一般的にはBF＝CEではない（図57）。では，AD＞ABである長方形ABCDにおいて，BF＝CEであり，AEとDFが直交する場合はどのようなときであろうか，それを考えてみよう。

図56

いま，AD＝a，DC＝b，BF＝CE＝tとする。AEとDFが直交するとしよう。このとき，∠BFN＝∠NAT＝∠TED＝θとすると，

△DFCにおいて，$\tan\theta = \dfrac{b}{a+t}$

△AEDにおいて，$\tan\theta = \dfrac{a}{b+t}$である。

よって，$\dfrac{b}{a+t} = \dfrac{a}{b+t}$である。

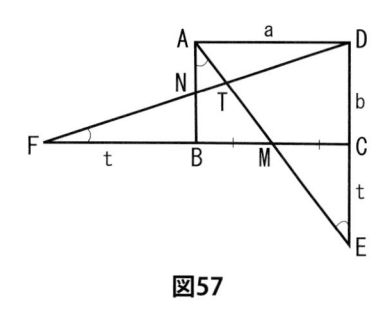

図57

従って，$a(a+t)=b(b+t)$，$a^2+at=b^2+bt$，$(a-b)t=b^2-a^2$，$(a-b)t=-(a^2-b^2)$，$(a-b)t=-(a-b)(a+b)$，$a \neq b$だから，$t=-(a+b)$である。つまり，AEとDFが直交する場合には，BF＝CE＝－(AB＋AD)でなければならないのである。

ここで，－(a＋b)の意味を考えてみよう。

初めに考えた図ではDを起点としてDCをCの方向にEをとり，また，頂点Cを起点としてCからBの方向に延長してFをとっている。いま，マイナスの意味を延長する方向を逆にとると考えてみよう（図58）。

点EはCを起点としてDの方向に延長しDE＝aとし，また，点FをBを起点としてCの方向に延長しCF＝bとする。このとき，A，Eを通る直線とD，Fを通る直線との交点をTとすると，△CFDと△ADEはともに二等辺三角形であるから，∠TED＝45°，∠EDT＝∠CDF＝45°である。よって，∠DTE＝90°であることから，AEとFDの延長は直交することが分かる。

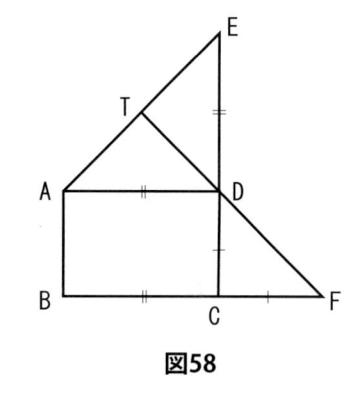

すなわち，長方形ABCDにおいて，CDの延長線上にAD＝DEである点Eをとり，またBCの延長線上にDC＝CFとなる点Fをとる。このように点EとFをとれば，CE＝BFであり，AEとFDの延長とが直交するといえる。

図58

第五話　三本の煙突と電車の位置

次のクイズを考えてみよう。

「平らな所に，高さの異なる三本の煙突A，B，Cが立っている。電車の窓からこの煙突を見ると，P点ではAとBが，Q点ではBとCが，R点ではAとCが重なって一本に見え，煙突の頂点も重なって見えた。P，Q，Rの各点は共通な条件の場所にある。
さて，どんな条件でしょうか。」

解答の糸口となるのは，この問題に対応する図をどのように描くかにかかっている。立体的

にモデル化することが必要である。平らな場所を平面で，煙突を線分で表し，電車の高さを無視して平面上に三点があるとする。電車が進むに従って，地点も順にP，R，Qと移動していくと考えて，条件を図に表してみる。煙突AをAA₁，煙突BをBB₁，煙突CをCC₁とする（図59）。

では，この図を使ってどんな条件かを考えることにする。

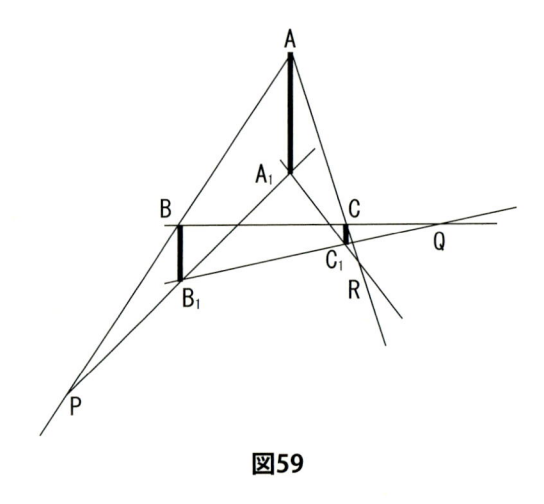

図をある程度正確にかくと，P，Q，Rは直線上にあるように見える。△ABCを含む平面と，△A₁B₁C₁を含む平面を考えると，電車から見ると煙突がぴったり重なって見えることから，これらの平面は平行ではないと考えられる。

従って，これら二つの平面は交わり，平面と平面との交わりは直線であるから，三点P，Q，Rは同一直線上にあることが分かる。答えは，「三点P，Q，Rは一直線上にある」である。

次に，他の考え方をしてみよう。三点P，Q，Rは同一直線上にあることが分かると，メネラウスの定理の逆が使えるのではないかということが想定される。つまり，△ABCにおいて，三つの辺の延長上にそれぞれ三点があるからである。そこで，$\frac{BP}{PA} \cdot \frac{AR}{RC} \cdot \frac{CQ}{QB}$ を求める。煙突は地面に対して垂直に立っていると考えられるから，AA₁∥BB₁，BB₁∥CC₁，CC₁∥AA₁と考えてよい。よって，

$$\frac{BP}{PA} \cdot \frac{AR}{RC} \cdot \frac{CQ}{QB} = \frac{BB_1}{AA_1} \cdot \frac{AA_1}{CC_1} \cdot \frac{CC_1}{BB_1} = 1$$

である。従って，メネラウスの定理の逆より，三点P，Q，Rは同一直線上にあることが分かる。

煙突を三つの線分で表したが，次にこの線分を円に置き換えてみよう（図60）。

「同一平面上にある半径がそれぞれp，q，rの三つの円をA，B，C，とする。P点から見ると円AとBはぴったり重なり，Q点から見ると円CとBとがぴったり重なり，R点から見ると円AとCがぴったり重なるとする。このとき，P，Q，Rの各点は共通な条件の場所にある。さて，どんな条件でしょうか」となる。

すなわち，三つの円A，B，Cは相似であり，二つずつの円の相似の中心をP，Q，Rとする。このときP，Q，Rは同一直線上にあることを示せばよい。

△ABCの三辺のそれぞれの延長上に点P，Q，Rがあるので，$\frac{BP}{PA} \cdot \frac{AR}{RC} \cdot \frac{CQ}{QB}$ を求める。共通外接線の接点をT₁，…，T₆とすると，AT₁∥BT₂，BT₄∥CT₃，CT₅∥AT₆である。

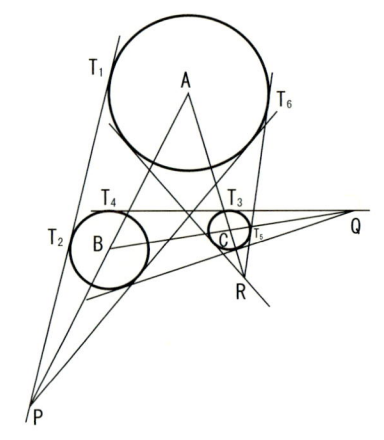

また，中心線と共通外接線は一点で交わることから，

$$\frac{BP}{PA} \cdot \frac{AR}{RC} \cdot \frac{CQ}{QB} = \frac{BT_2}{AT_1} \cdot \frac{AT_6}{CT_5} \cdot \frac{CT_3}{BT_4} = 1$$

である。従って，メネラウスの定理の逆より，三点P，Q，Rは同一直線上にあることが分かる。

ここで証明の根拠として使用したメネラウスの定理の逆を証明しておこう。

ここでの証明において使用した場合のメネラウスの定理の逆は，「三角形の三辺AB，BC，ACの延長上にそれぞれ点P，R，Qをとる。このとき，$\frac{AP}{PB} \cdot \frac{BR}{RC} \cdot \frac{CQ}{QA} = 1$ ならば，三点P，Q，Rは同一直線上にある」と表すことができる（図61）。

三点P，Q，Rが同一直線上にないとすると矛盾することを導き，その結果，三点P，Q，Rが同一直線上にあることを示せばよい。

いま，三点P，Q，Rが同一直線上にないとし，P，Qを結ぶ直線の延長とBCの延長とがR以外の点Tで交わるとする。△ABCと三点P，Q，Tについてはメネラウスの定理より，$\frac{AP}{PB} \cdot \frac{BT}{TC} \cdot \frac{CQ}{QA} = 1$ である。また，仮定より，$\frac{AP}{PB} \cdot \frac{BR}{RC} \cdot \frac{CQ}{QA} = 1$ であるから，$\frac{BT}{TC} = \frac{BR}{RC}$ である。$\frac{BT}{TC} = \frac{BR}{RC}$ より，$\frac{BT-TC}{TC} = \frac{BR-RC}{RC}$ である。よって，$\frac{BC}{TC} = \frac{BC}{RC}$ より，CT=CRであるから，RとTは一致する。これは初めに三点P，Q，Rが同一直線上にないとしたことと矛盾する。従って，三点P，Q，Rが同一直線上にあるといえる。

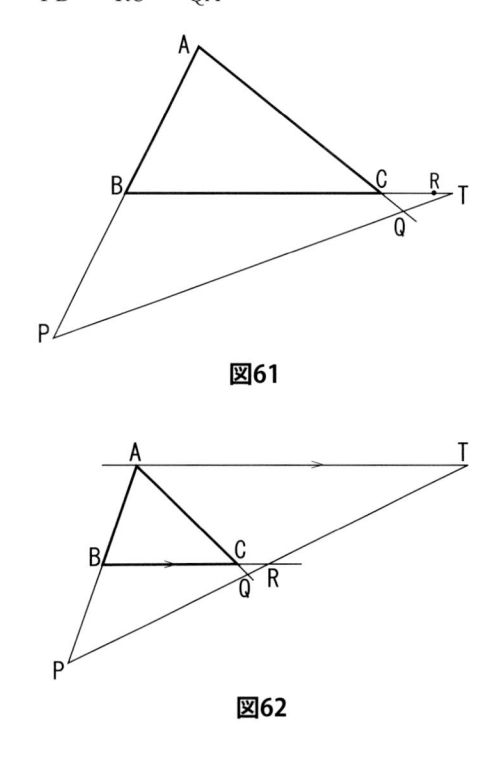

図61

図62

さらに，ここで使用するメネラウスの定理も証明することにする（図62）。

メネラウスの定理は「三角形ABCの三辺AB，BC，CAのそれぞれの延長線と交わる直線があり，それぞれの交点を点P，R，Qとするとき，$\frac{AP}{PB} \cdot \frac{BR}{RC} \cdot \frac{CQ}{QA} = 1$ である」と表すことができる。

△ABCの頂点Aを通り，辺BCに平行な直線を引き，直線PQRとの交点をTとする。BR∥ATより，$\frac{AP}{PB} = \frac{AT}{BR}$，また，$\frac{CQ}{QA} = \frac{CR}{AT}$ である。よって，$\frac{AP}{PB} \cdot \frac{BR}{RC} \cdot \frac{CQ}{QA} = \frac{AT}{BR} \cdot \frac{BR}{RC} \cdot \frac{CR}{AT} = 1$ である。

第六話　線分の中点と平行線の作図

　平行線を作図する方法はいろいろある。次の場合にはどのように作図ができるかを考えることにする。
　線分ABとその中点Mが与えられているとする。線分AB上にはない点Pを通りABに平行な直線を作図する方法を見い出そう。ただし、定規だけを使用できるとする。

　点P以外に条件を満たす他の点を見つければよい。しかし、このままでは直線を引くにも限りがある。そこで、平行線を想定しながら点P以外の他の点Tをつくってみる。すると、その点TとAとを結ぶことことができ、新たにBPとの交点Qができる。
　次に、Qと点Mとを結ぶ直線はAPの延長と交わることが分かる。その交点をRとすると、三角形RABにおいてチェバの定理が使える図が現れる（図63）。
　実際にはこのようにして見い出せるのかは分からないが、ある程度試行錯誤を伴いながら探すことになると思われる。

　では、作図の仕方を掲げることにする。
AとPを結び、それを延長し、任意の点Rをとる。RとB、RとMを結ぶ。BとPを結び、線分RMとの交点をQとする。AとQを結び、その延長とRBとの交点をSとする。PとSを結ぶ直線が線分ABと平行な直線である。
　すなわち、このようにしてできた△RAB（図64）において、各頂点から引いた直線が三角形の内部の一点で交わることから、チェバの定理を使用すると、

$$\frac{RP}{PA} \cdot \frac{AM}{MB} \cdot \frac{BS}{SR} = 1$$

仮定より、AM＝BMであることから、
$\frac{RP}{PA} \cdot \frac{BS}{SR} = 1$である。
よって、$\frac{RP}{PA} = \frac{RS}{SB}$より、PS∥ABである。

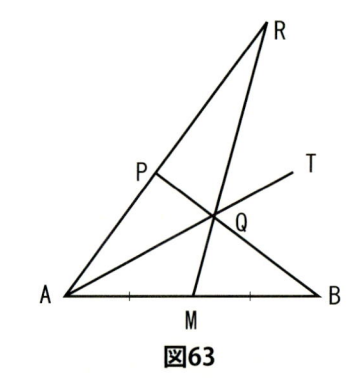

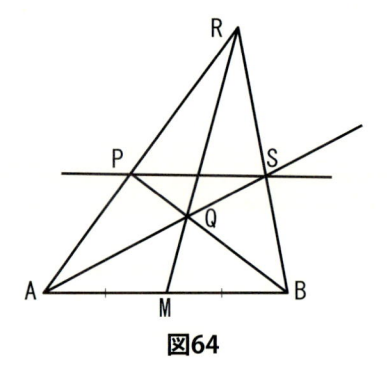

　これまでの証明においてチェバの定理（図65）を使用したが、ここでメネラウスの定理との関係を調べてみよう。
　チェバの定理は次のようにメネラウスの定理を使用して証明できることは既によく知られている。すなわち、
　△ABCのAB、BC、CA上の点をそれぞれP、Q、Rとする。各頂点から対辺に引いた線分AQ、BR、CPが一点Oで交わるとする（図66）。このとき、

△ABQと直線PCについて，

$$\frac{AP}{PB} \cdot \frac{BC}{CQ} \cdot \frac{QO}{OA} = 1 \cdots ①$$

△ACQと直線BRについて，

$$\frac{AR}{RC} \cdot \frac{CB}{BQ} \cdot \frac{QO}{OA} = 1,\ \text{よって，}$$

$$\frac{RC}{AR} \cdot \frac{BQ}{CB} \cdot \frac{OA}{QO} = 1 \cdots ②$$

①×②より，

$$\frac{AP}{PB} \cdot \frac{BC}{CQ} \cdot \frac{QO}{OA} \cdot \frac{RC}{AR} \cdot \frac{BQ}{CB} \cdot \frac{OA}{QO} = 1$$

であるから，$\dfrac{AP}{PB} \cdot \dfrac{BQ}{QC} \cdot \dfrac{CR}{RA} = 1$が得られる。

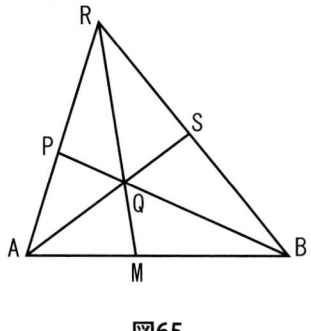

図65

ここで，チェバの定理の逆も証明しておくことにする。（図67）

△ABCのAB，BC，CA上の点をそれぞれP，Q，Rとする。三本の線分PC，QA，RBが$\dfrac{AP}{PB} \cdot \dfrac{BQ}{QC} \cdot \dfrac{CR}{RA} = 1$を満たすならば，それらの線分は一点で交わることを示そう。

線分BRとCPとの交点をOとする。AOを延長し，BCとの交点をTとする。

いまTとQが一致しないとしよう。線分AT，BR，CPは△ABCの内部の一点で交わることから，チェバの定理より，$\dfrac{AP}{PB} \cdot \dfrac{BT}{TC} \cdot \dfrac{CR}{RA} = 1$である。また，仮定より，$\dfrac{AP}{PB} \cdot \dfrac{BQ}{QC} \cdot \dfrac{CR}{RA} = 1$であることから，

$$\frac{AP}{PB} \cdot \frac{BT}{TC} \cdot \frac{CR}{RA} = 1$$

$$\frac{AP}{PB} \cdot \frac{BQ}{QC} \cdot \frac{CR}{RA} = 1$$

より，$\dfrac{BT}{TC} = \dfrac{BQ}{QC}$である。

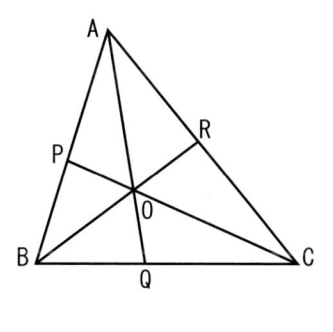

図66

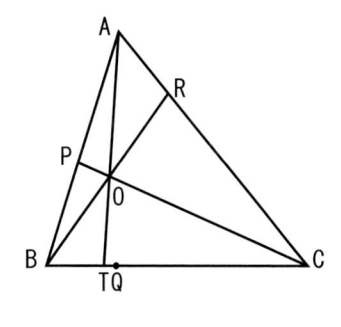

図67

$\dfrac{BT+TC}{TC} = \dfrac{BQ+QC}{QC}$より，$\dfrac{BC}{TC} = \dfrac{BC}{QC}$である。このことはTとQが一致しなければならないことを示す。よって仮定と矛盾することになる。従って，三本の線分AQ，BR，CPが$\dfrac{AP}{PB} \cdot \dfrac{BQ}{QC} \cdot \dfrac{CR}{RA} = 1$を満たすならば，それらの線分は一点で交わるといえる。

> **第七話　五心とチェバの定理の逆**

　三角形の五心とチェバの定理の逆との関係を調べてみる。三角形の五心とは，重心，内心，傍心，垂心，外心の五つをいう。

① 　三角形の三つの中線は一点で交わるという性質がある。これをチェバの定理の逆を使用すると，次のように証明できる。

　すなわち，三角形の中線をAP，BQ，CRとすると，それらは三角形の内部で交わり，AR＝RB，BP＝PC，CQ＝QAである。よって，

$$\frac{AR}{RB} \cdot \frac{BP}{PC} \cdot \frac{CQ}{QA}$$
$$= \frac{RB}{RB} \cdot \frac{PC}{PC} \cdot \frac{QA}{QA}$$
$$= 1$$

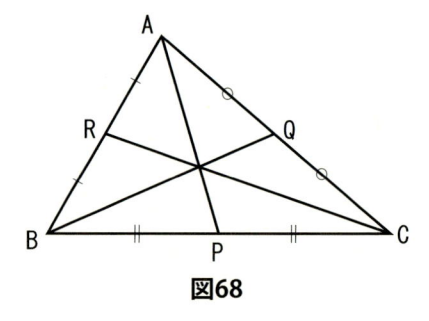

図68

であるから，チェバの定理の逆より，三つの中線は一点で交わるといえる。この点が三角形の重心である。

② 　三角形の三つ内角の各二等分線は一点で交わるという性質がある。この交点は三角形の内心であるが，これをチェバの定理の逆を使用すると，次のように証明できる。

　証明の根拠として次の性質を使う。「△ABCにおいて，∠Aの二等分線がBCと交わる点をPとするとき，AB：AC＝BP：PCである」(図69)

　すなわち，三角形の三つ内角の各二等分線をAP，BQ，CRとすると，$\frac{CA}{CB}=\frac{AR}{RB}$，$\frac{AB}{AC}=\frac{BP}{PC}$，$\frac{BC}{BA}=\frac{CQ}{QA}$ より，

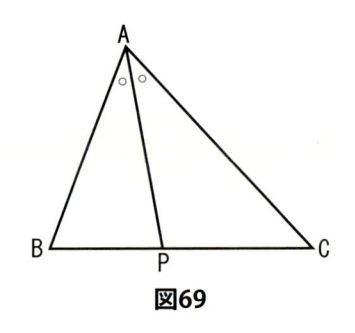

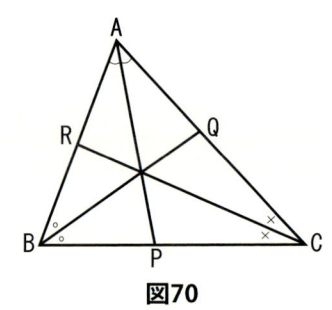

$\frac{AR}{RB} \cdot \frac{BP}{PC} \cdot \frac{CQ}{QA} = \frac{AC}{BC} \cdot \frac{AB}{AC} \cdot \frac{BC}{AB} = 1$ であるから，チェバの定理の逆より，三つの内角の二等分線は一点で交わるといえる。

図69　　　図70

③ 　三角形の一つの内角の二等分線と，他の内角のそれぞれの外角の二等分線は一点で交わるという性質がある。この交点は三角形の傍心であるが，これをチェバの定理の逆を使用すると，次のように証明できる。

　証明の根拠として次の性質を使う。

　「△ABCにおいて，∠Aの外角の二等分線がBCの延長と交わる点をPとするとき，AB：AC＝

BP：PCである」（図71）

すなわち，∠Aの二等分線とBCとの交点をP，∠Bの外角の二等分線とACの延長との交点をQ，∠Cの外角の二等分線とABの延長との交点をRとする。このとき，

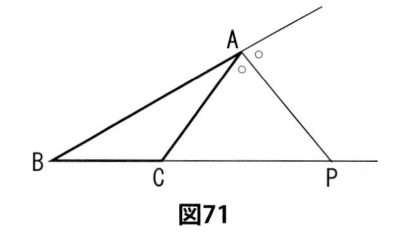

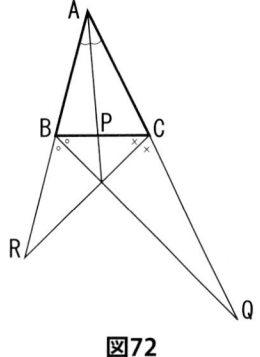

$$\frac{CA}{CB}=\frac{AR}{RB}, \quad \frac{AB}{AC}=\frac{BP}{PC}, \quad \frac{BC}{BA}=\frac{CQ}{QA} \text{ より，} \frac{AR}{RB}\cdot\frac{BP}{PC}\cdot\frac{CQ}{QA}$$

$$=\frac{AC}{BC}\cdot\frac{AB}{AC}\cdot\frac{BC}{AB}=1 \text{であるから，チェバの定理の逆より，}$$

一つの内角の二等分線と，他の内角のそれぞれの外角の二等分線は一点で交わるといえる。

④　三角形の各頂点から対辺にひいた垂線は一点で交わるという性質がある。この交点は三角形の垂心であるが，これをチェバの定理の逆を使用すると次のように証明することができる。

　すなわち，三角形の頂点AからBCにひいた垂線とBCとの交点をP，頂点BからACにひいた垂線とACとの交点をQ，頂点CからABにひいた垂線とABとの交点をRとする（図73）。このとき，

　　△CARにおいて∠R＝90°より，AR＝CAcosA
　　△CBRにおいて∠R＝90°より，BR＝CBcosB
　　△ABPにおいて∠P＝90°より，BP＝ABcosB
　　△ACPにおいて∠P＝90°より，CP＝ACcosC
　　△BCQにおいて∠Q＝90°より，CQ＝BCcosC
　　△BAQにおいて∠Q＝90°より，AQ＝BAcosA

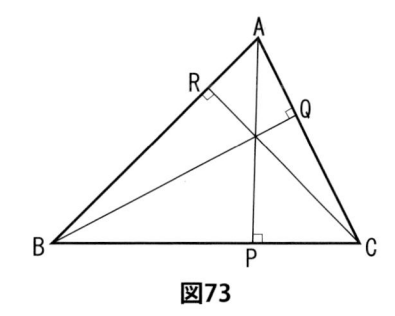

である。よって，

$$\frac{AR}{RB}\cdot\frac{BP}{PC}\cdot\frac{CQ}{QA}=\frac{CAcosA}{CBcosB}\cdot\frac{ABcosB}{ACcosC}\cdot\frac{BCcosC}{BAcosA}=1 \text{であるから，チェバの定理の逆より，三角形の三つの頂点から対辺に引いた垂線は一点で交わるといえる。}$$

⑤　三角形の三辺のそれぞれの垂直二等分線は一点で交わるという性質がある。この交点は外心であるが，これはチェバの定理の逆を使用して証明することはできない。この三つの線分は三角形の各頂点からひいた線分ではないからである。ではどのように証明することができるのだろうか。

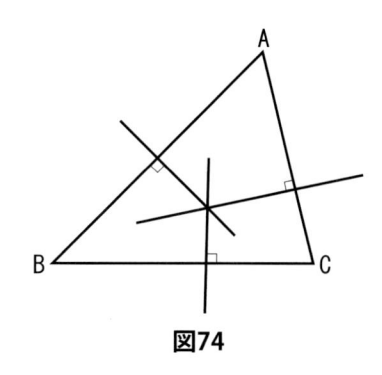

証明の根拠として次の性質を使う。
「相異なる三点P，Q，Rからそれぞれ△ABCの辺BC，

CA，ABにおろした垂線が一点で交わるための必要十分条件は，$PB^2-PC^2+QC^2-QA^2+RA^2-RB^2=0$である」（図75）

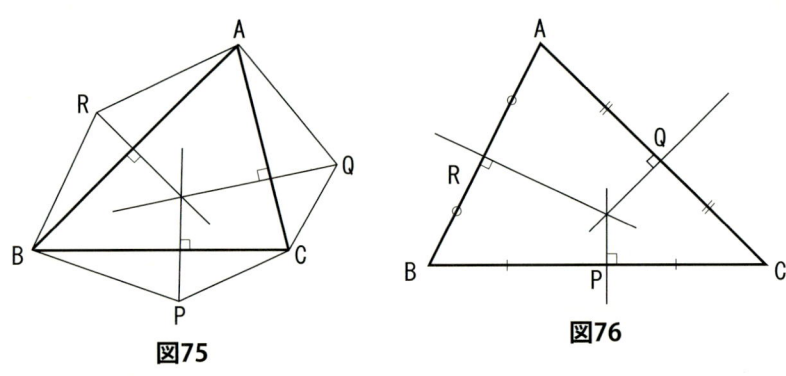

すなわち，

△ABCの辺BC上の点をP，AC上の点をQ，AB上の点をRとする。BCの垂直二等分線上の点PからB，Cまでの距離は等しくBP＝PC，ACの垂直二等分線上の点QからC，Aまでの距離は等しくQC＝QA，ABの垂直二等分線上の点RらA，Bまでの距離は等しくRA＝RBである。よって，

$PB^2-PC^2+QC^2-QA^2+RA^2-RB^2$
$=PB^2-BP^2+QC^2-QC^2+RA^2-RA^2=0$

であることから，三角形の三辺のそれぞれの垂直二等分線は一点で交わるといえる。

第八話　三平方の定理の逆

ここでは，三平方の定理の逆の証明について取り上げることにする。三平方の定理の逆は，「△ABCにおいて，三辺の長さをa，b，cとするとき，$a^2+b^2=c^2$ならば，△ABCはcを斜辺とする直角三角形である」と言い表せる。よく見受けられる証明は，次の証明である。すなわち，

△ABCとは別の新たな△DEFを，∠F＝90°，EF＝BC＝a，DF＝AC＝bであるようにかく。△DEFにおいては，DE＝dとすると，三平方の定理より，$a^2+b^2=d^2$が得られる。仮定より，$a^2+b^2=c^2$だから，$c^2=d^2$である。c，dともに正であることから，c＝dである。△ABCと△DEFにおいて，三辺がそれぞれ等しいことから，△ABC≡△DEFであり，よって，∠C＝∠F＝90°である。

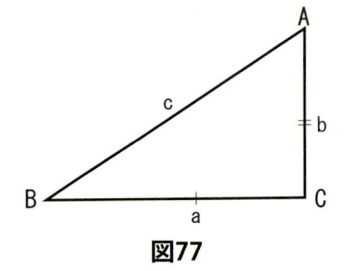

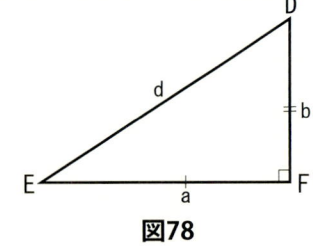

次に，△DEFのような別の三角形をかき，それをもとに証明を進めるのではなく，もとの図に補助線を引いて進める直接証明を考えてみよう。

△ABCの三辺について，$AC^2=AB^2+BC^2$ならば，∠B＝90°であることを示す。いま，△ABCの各辺をそれぞれ一辺とする正方形を□ABDE，□BCFG，□CAHIとする。このとき，

$\triangle ABE = \frac{1}{2}AB \cdot AE = \frac{1}{2}AB^2$

$$\triangle BCF = \frac{1}{2}BC \cdot CF = \frac{1}{2}BC^2 である。$$

また，$\triangle ACE \equiv \triangle AHB$，$\triangle ACF \equiv \triangle ICB$，頂点Bから□CAHIの辺HIに垂線を引き，ACとの交点をJとすると，$\triangle ABH = \triangle AHJ$，$\triangle BCI = \triangle CIJ$である。よって，

$$\triangle ACE + \triangle ACF = \triangle ABH + \triangle BCI = \triangle AHJ + \triangle CIJ = \frac{1}{2}\square ACIH = \frac{1}{2}AC^2 である。$$

また，$\triangle ACE - \triangle ABE = \triangle ACX - \triangle BEX = \triangle ABC - \triangle BCE$より，
$$\triangle ACE - \triangle ABE = \triangle ABC - \triangle BCE \cdots ①$$
$\triangle BCF - \triangle ACF = \triangle BFY - \triangle ACY = \triangle ABF - \triangle ABC$より，
$$\triangle BCF - \triangle ACF = \triangle ABF - \triangle ABC \cdots ②$$

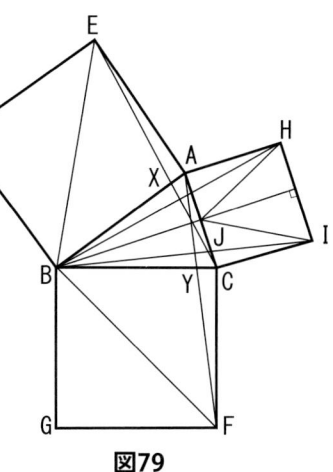

図79

①－②より，
$$\triangle ACE + \triangle ACF - (\triangle ABE + \triangle BCF) = 2\triangle ABC - \triangle BCE - \triangle ABF$$
$$\frac{1}{2}AC^2 - (\frac{1}{2}AB^2 + \frac{1}{2}BC^2) = 2\triangle ABC - \triangle BCE - \triangle ABF$$
である。

仮定より，$\frac{1}{2}AC^2 - (\frac{1}{2}AB^2 + \frac{1}{2}BC^2) = 0$だから，
$$2\triangle ABC - \triangle BCE - \triangle ABF = 0，2\triangle ABC = \triangle ABF + \triangle BCE \cdots ③$$
である。

ここで，$\triangle ABF = \triangle BCE$を示そう。

頂点FからABの延長に垂線を引き，その交点をP_3とすると，
$$\triangle ABF = \frac{1}{2}AB \cdot FP_3 \cdots ④$$
である。

いま，□BCFGの対角線の交点をO_1とする。頂点C，O_1，Gから，ABまたはその延長上にそれぞれ垂線を引き，交点をP_1，P_2，P_4とすると，$BO_1 = O_1F$，$O_1P_2 /\!/ FP_3$より，$FP_3 = 2O_1P_2$であり，$CO_1 = O_1G$，$CP_1 /\!/ O_1P_2 /\!/ GP_4$より，
$$2O_1P_2 = CP_1 + GP_4 である。$$

よって，$FP_3 = CP_1 + GP_4$を④に代入すると，
$$\triangle ABF = \frac{1}{2}AB \cdot FP_3$$
$$= \frac{1}{2}AB(CP_1 + GP_4)$$
$$= \frac{1}{2}AB \cdot CP_1 + \frac{1}{2}AB \cdot GP_4$$

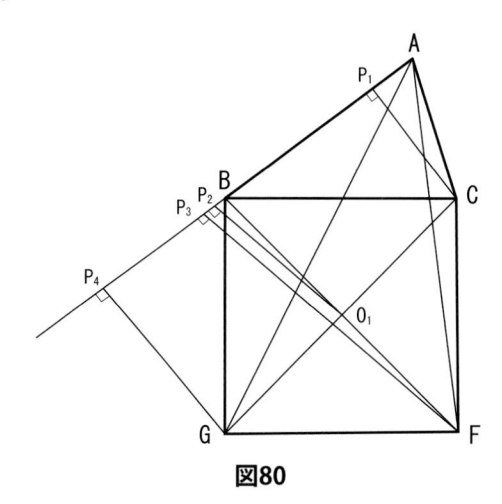

図80

$$= \triangle ABC + \triangle ABG$$

である。

△BCEについても同様に考えることができる（図81）。

すなわち，頂点EからCBの延長に垂線を引き，その交点をP_3とすると，

$$\triangle BCE = \frac{1}{2} BC \cdot EP_3 \cdots ⑤$$

である。

いま，□ABDEの対角線の交点をO_2とする。頂点A，O_2，Dから，CBまたはその延長上にそれぞれ垂線を引き，交点をP_1，P_2，P_4とすると，$BO_2 = O_2E$，$O_2P_2 /\!/ EP_3$より，$EP_3 = 2O_2P_2$であり，$AO_2 = O_2D$，$AP_1 /\!/ O_2P_2 /\!/ DP_4$より，$2O_2P_2 = AP_1 + DP_4$である。

よって，$EP_3 = AP_1 + DP_4$を⑤に代入すると，

$$\triangle BCE = \frac{1}{2} BC \cdot EP_3 = \frac{1}{2} BC (AP_1 + DP_4)$$
$$= \frac{1}{2} BC \cdot AP_1 + \frac{1}{2} BC \cdot DP_4$$
$$= \triangle ABC + \triangle BCD$$

である。

ところで，△ABG≡△DBCより，△ABF＝△ABC＋△ABG＝△ABC＋△BCD＝△BCEだから，△ABF＝△BCEである。

従って，③より，2△ABC＝△ABF＋△BCE＝2△BCEだから，△ABC＝△BCEである。△ABCと△BCEの底辺をBCとみると，△ABC＝△BCEから，BC//AEである。∠BAE＝90°より，∠ABC＝90°であるといえる。

なお，△ABF＝△BCEは次のようにも示すことができる。
△ABFと△BCEにおいて，

$$\triangle ABF = \frac{1}{2} \cdot AB \cdot BF \cdot \sin \angle ABF$$
$$\triangle BCE = \frac{1}{2} \cdot BC \cdot BE \cdot \sin \angle CBE$$

である。また，△ABE∽△BCFより，$\frac{BE}{AB} = \frac{\sqrt{2}}{1} = \frac{BF}{BC}$だから，AB・BF＝BC・BEであり，∠ABF＝∠CBEである。

よって，△ABF＝△BCEであることが分かる。

以上で，三平方の定理の逆を直接証明による手法で証明する過程を示した。この証明の過程を振り返って見直すと，証明が一つのストーリーとなっているようにも思える。ここでは多くの性質を総合して使用しており，初等幾何が総合幾何とも呼ばれる意味を実感できるのではないかと思う。

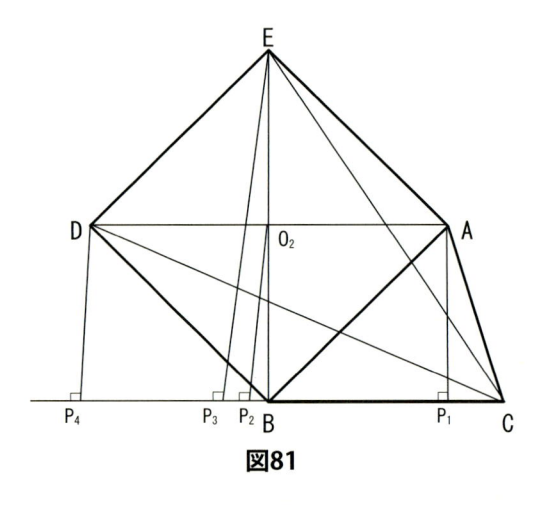

第5章 ショートストーリー

第一話　平行線に交わる直線

次の基本的な性質Aをもとにストーリー化を図ることにしよう。

性質A　「平行線に直線が交わるとき，同側内角の和は180°である」

性質Aにおいて，仮定は二直線が平行であることと直線がそれに交わること，結論は同側内角の和は180°であることである。

まず，この性質の証明をしておこう。平行な二直線に他の直線がP，Qで交わるとする。平行線の錯角は等しいので∠b＝∠d，直線上の角は180°だから，∠a＋∠b＝∠a＋∠d＝180°である。

根拠とする性質：・平角を分割した角の和は180°である　・平行線の錯角は等しい

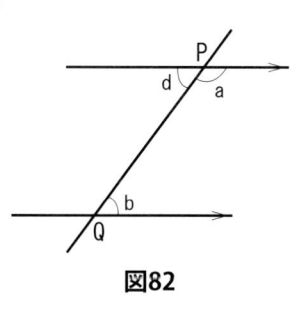

図82

①　直線をより一般の条件である折れ線に置き換える

まず，平行線に交わる直線に注目する。この直線を折れ線に置き換えてみると，よく知られている次の性質が得られる。

性質1　「平行線に折れ線が交わるとき，∠a＋∠b＝∠cである」（図83）

図83

直線と折れ線の関係は，折れ線の角度が180°のときが直線であるとみることができる。従って，直線を折れ線に置き換えることは条件をより一般化していることになる。

折れ線にした場合も正しいことが次のように証明できる。すなわち，平行線を引き，∠cを二つの角∠c₁，∠c₂に分けると，平行線の錯角は等しいことより，∠a＝∠c₁，∠b＝∠c₂，よって，
∠c＝∠c₁＋∠c₂＝∠a＋∠bである。

根拠とする性質：・平行線の錯角は等しい

図84

つまり，性質1は性質Aをその特殊な場合として含むことから性質1は性質Aの拡張である。

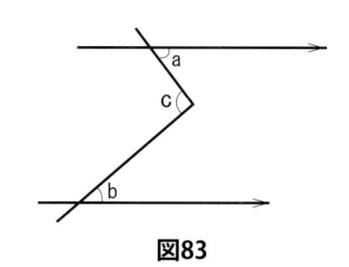

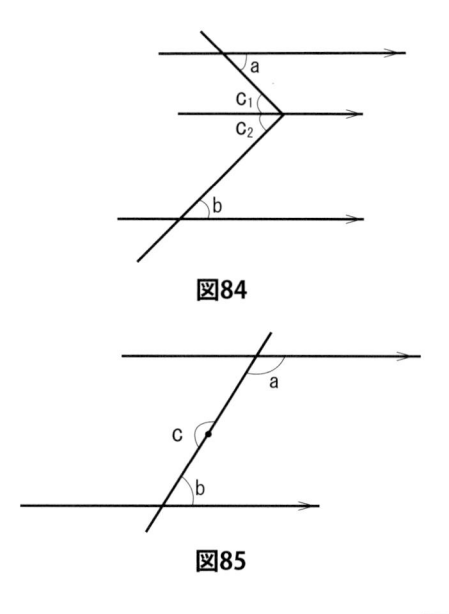

図85

② 平行線を類似の条件に置き換える

二直線の位置関係には，重なる，平行，交わるの三通りがある。そこで，平行線を交わる二直線に置き換えてみると，次の性質が得られる。

性質2　「くさび形の四角形ABCDにおいては，∠A+∠B+∠D=∠Cである」

交わる二直線に置き換えると，図86のように新たな角として∠Aができる。新たにできる角とこれまで考えてきた角との関係を考えて成り立ちそうな性質を探してみよう。

頂点A，Cを通る直線を引き，二つの三角形に分ける。∠Aと∠Cそれぞれを二つに分けた角を，
∠A=∠A$_1$+∠A$_2$，∠C=∠C$_1$+∠C$_2$
とすると，∠C=∠C$_1$+∠C$_2$
　　　　　　=∠A$_1$+∠B+∠A$_2$+∠D
　　　　　　=∠A+∠B+∠D
よって，∠A+∠B+∠D=∠Cが成り立つ。

根拠とする性質：・三角形の外角はその内対角の和に等しい

図86における折れ線BCDは自由に変えられるので，180°になるときを考えてみよう。そのときは△ABDとなり，∠C=180°である（図89）。すなわち，
∠A+∠B+∠Dは三角形の内角の和となり180°であることが分かる。つまり，性質2は三角形の内角の和が180°であるという性質の一つの拡張といえる。

再び，平行線に交わる直線に注目してみよう。
一本の直線を二本の直線が重なっているとみて，それを平行移動すると，次の性質が得られる。

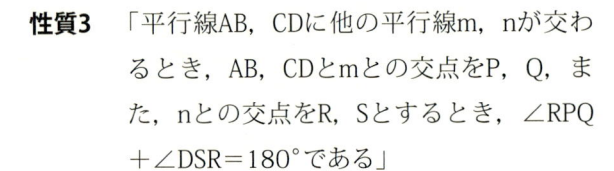

性質3　「平行線AB，CDに他の平行線m，nが交わるとき，AB，CDとmとの交点をP，Q，また，nとの交点をR，Sとするとき，∠RPQ+∠DSR=180°である」

証明：　m∥n，AB∥CDより，∠a+∠b=∠a+∠c=180°である。

根拠とする性質：・平行線の同位角は等しい　・平行線の同側内角の和は180°である

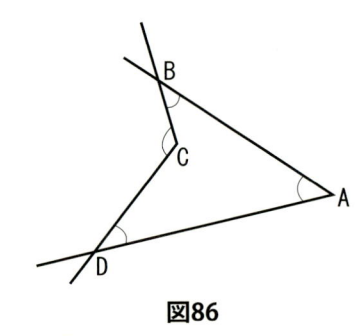

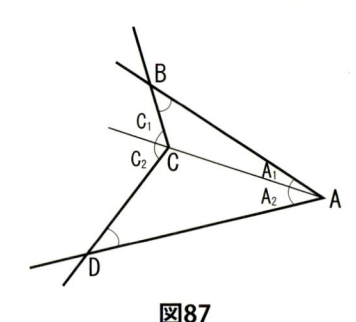

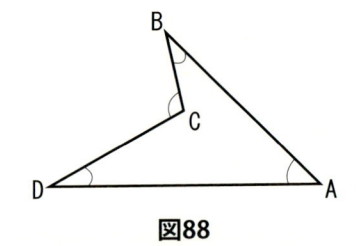

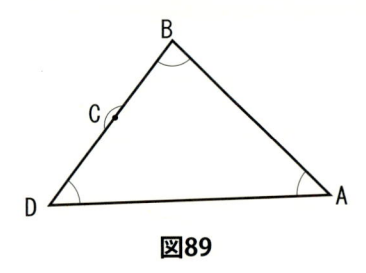

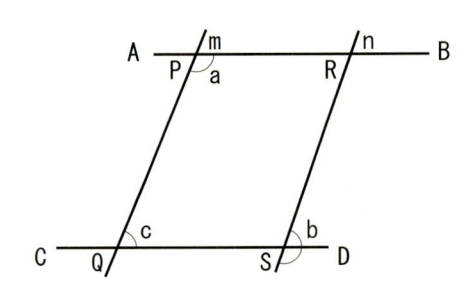

③ 仮定に角の二等分線の条件を追加し，結論を探す

性質2において，∠Bと∠Dそれぞれの角の二等分線を引き，その交点をEとする。このとき次の性質が得られる。

性質4 「くさび形ABCDで，∠Bと∠Dそれぞれの角の二等分線を引き，その交点をEとする。このとき，∠E=$\frac{1}{2}$(∠A+∠C)である」(図91)

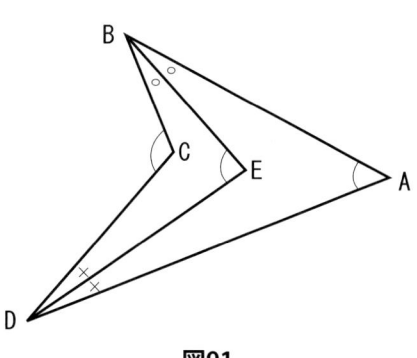

これは次のように証明することができる。

くさび形ABEDとくさび形EBCDにおいて，性質2を使用すると，

$$\angle E = \angle A + \frac{1}{2}\angle B + \frac{1}{2}\angle D \cdots ①$$

$$\angle E = \angle C - \frac{1}{2}\angle B - \frac{1}{2}\angle D \cdots ②$$

である。よって，①+②より，2∠E=∠A+∠Cだから，∠E=$\frac{1}{2}$(∠A+∠C)である。

根拠とする性質： ・p.44の性質2

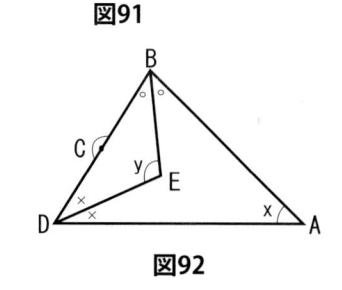

図91

図92

次に，折れ線BCDの角度が180°のときを考えてみよう。(図92)

くさび形は△ABDとなることから，点Eは△ABDの内接円の中心であり，既によく知られている性質である∠y=90°+$\frac{1}{2}$∠xとなる。従って，性質4は内接円の中心にできるこの角についての性質の拡張といえる。

④ 仮定と結論を入れ換えて逆をつくる

性質4において，結論である，∠E=$\frac{1}{2}$(∠A+∠C)と，仮定である∠CDAを二等分することとを入れ換えてみると，一つの逆ができる。すなわち，

性質5 「くさび形ABCDで，∠Bの二等分線を引く。その二等分線上にあり，くさび形の内部の点Eをとり，EとDとを結ぶ。∠BED=$\frac{1}{2}$(∠A+∠C)であるならば，DEは∠CDAを二等分する」(図93)

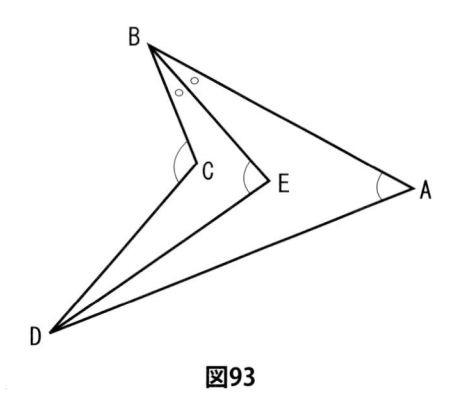

図93

この証明は次のようにすればよい。

くさび形ABEDとくさび形EBCDにおいて，

$$\angle BED = \angle A + \frac{1}{2}\angle B + \angle ADE$$

$$\angle BED = \angle C - \frac{1}{2}\angle B - \angle CDE$$

だから，

　2∠BED＝∠A＋∠C＋∠ADE－∠CDEである。また，仮定より，2∠BED＝∠A＋∠Cだから，∠A＋∠C＋∠ADE－∠CDE＝∠A＋∠Cである。よって，∠ADE＝∠CDEだから，DEは∠Dを二等分する。

根拠とする性質：・p.44の性質2

第二話　二等辺三角形の底角の二等分線

　次の性質は二等辺三角形の性質と三角形が二等辺三角形になるための条件をともに使用して証明することができる基本的な性質の一つであり，多くの教科書にも取り上げられているものである。

性質B　「二等辺三角形ABCの底角∠B，∠Cそれぞれの角の二等分線の交点をPとするとき，△PBCは二等辺三角形である」

　仮定は，AB＝AC，∠ABP＝∠CBP，∠ACP＝∠BCPで，結論は，PB＝PCである。

　この性質の証明は，二等辺三角形の性質を使うと∠B＝∠Cであり，仮定から，∠CBP＝∠BCPである。二角が等しい三角形は二等辺三角形であることから結論が得られる。

　では，この性質Bをもとにストーリー化を図ることにしよう。

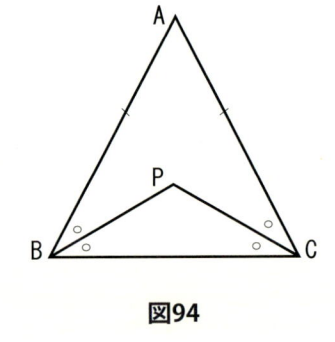

図94

①　内角を類似の条件である外角に置き換える

　△ABCの底角である∠Bと∠Cは内角なので，それを類似の条件である外角に置き換えてみる。

　∠Cだけを置き換え，それらの二等分線が点Pで交わるとするとき，既によく知られている次の性質が得られる。（図95）

性質1　「二等辺三角形ABCの底角である∠Bの二等分線と，∠Cの外角の二等分線の交点をPとすると，∠BPC＝$\frac{1}{2}$∠BACである」

図95

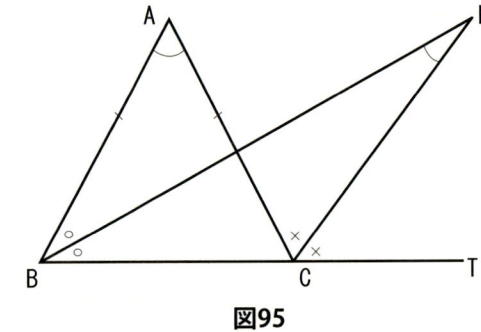

証明： BCの延長上の点をTとすると，

∠BPC＝∠PCT－∠PBCである。また，

∠BAC＝∠ACT－∠B＝2∠PCT－2∠PBC

　　　＝2(∠PCT－∠PBC)

であるから，∠BAC＝2∠BPC，すなわち，∠BPC＝$\frac{1}{2}$∠BACである。

根拠とする性質： ・三角形の外角はその内対角の和に等しい

さらに，∠Bと∠Cの両方をそれらの外角に置き換えて∠BPCを求めると，次の性質が得られる。

性質2 「二等辺三角形ABCの底角∠Bと∠Cそれぞれの外角の二等分線の交点をPとすると，

∠BPC＝$\frac{1}{2}$(∠BACの外角)である」

なぜならば，BAの延長上の点をT，ABの延長上の点をX，ACの延長上の点をYとすると，∠ABC＝∠ACBより，∠CBX＝∠BCYである。

∠CAT＝2∠ABC＝2(180°－∠CBX)＝2(180°－2∠CBP)

　　　＝2(180°－(∠CBP＋∠BCP))

　　　＝2∠BPC

だからである。

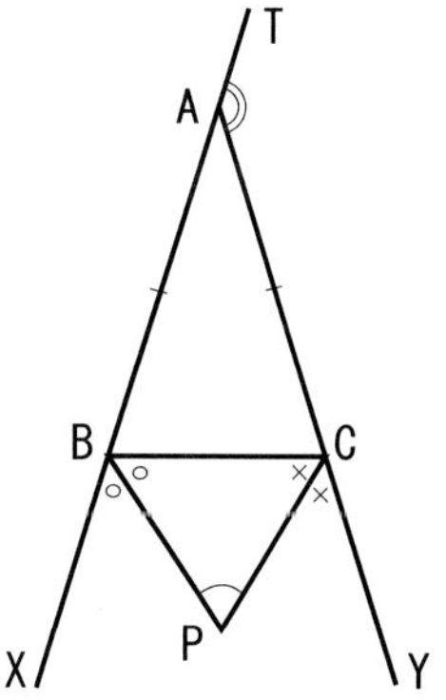

図96

根拠とする性質： ・三角形の外角はその内対角の和に等しい　・平角を分割した和は180°である　・二等辺三角形の底角は等しい　・三角形の内角の和は180°である

② **結論を同時に成り立つ他の結論に置き換える**

性質Bの結論は△BPCが二等辺三角形であることであったが，同時に同じ仮定のもとで，∠BPC＝90°＋$\frac{1}{2}$∠Aも成り立つ。そこで，結論をこれに置き換えると次の性質が得られる。このように同じ仮定から得られる結論が複数ある場合があり，それを探すことにより新しい性質を見い出すことができる。

性質3 「二等辺三角形ABCの底角∠Bと∠Cのそれぞれの角の二等分線の交点をPとすると，

∠BPC＝90°＋$\frac{1}{2}$∠Aである」

このときの交点Pは，△ABCの内接円の中心，すなわち内心である。

証明： ∠BPC＝∠A＋$\frac{1}{2}$∠B＋$\frac{1}{2}$∠C

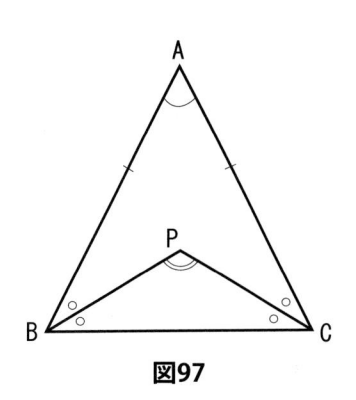

図97

$$= \angle A + \frac{1}{2}(\angle B + \angle C)$$
$$= \angle A + \frac{1}{2}(180° - \angle A)$$
$$= 90° + \frac{1}{2}\angle A$$

根拠とする性質： ・三角形の内角の和は180°である ・p.44の性質2

③ **二等辺三角形をより一般の条件である任意の三角形に置き換える**

　これまでに取り上げた性質1，2，3は三角形を二等辺三角形と仮定したが，これをより一般の条件である任意の三角形に置き換えると同様の結論が成り立つことが証明でき，それぞれの性質の拡張が得られる。すなわち，

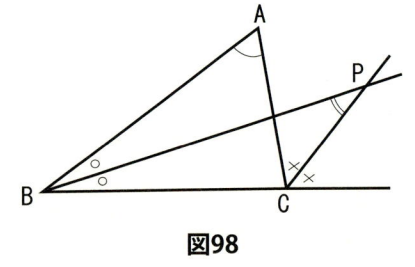

図98

性質1の拡張：「三角形ABCの∠Bの二等分線と，∠Cの外角の二等分線の交点をPとすると，∠BPC＝$\frac{1}{2}$∠Aである」（図98）

証明： ∠B＝2b，∠Cの外角＝2c，∠A＝aとする。△ABCにおいて，∠A＝2c－2b，△PBCにおいて，∠BPC＝c－b，よって，2∠BPC＝2(c－b)＝2c－2b＝∠A，つまり，∠BPC＝$\frac{1}{2}$∠Aである。

根拠とする性質： ・三角形の外角はその内対角の和に等しい

性質2の拡張：「三角形ABCの∠Bと∠Cそれぞれの外角の二等分線の交点をPとすると，∠BPC＝$\frac{1}{2}$(∠Aの外角)である」（図99）

証明： ∠Bの外角＝2b，∠Cの外角＝2c，∠A＝aとする。△BPCにおいて，∠BPC＝180°－(b+c)，∠Aの外角＝∠B+∠C＝180°－2b+180°－2c＝360°－2(b+c)＝2(180°－(b+c))＝2∠BPC，よって，∠BPC＝$\frac{1}{2}$(∠Aの外角)である。

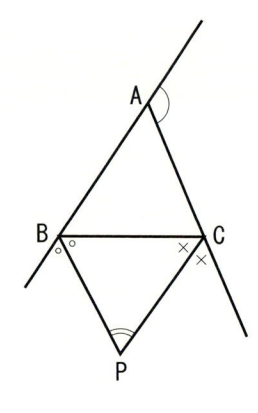

図99

根拠とする性質： ・三角形の外角はその内対角の和に等しい ・三角形の内角の和は180°である ・平角を分割した角の和は180°である

性質3の拡張：「三角形ABCの∠Bと∠Cそれぞれの角の二等分線の交点をPとすると，∠BPC＝90°+$\frac{1}{2}$∠Aである」

証明： ∠B＝2b，∠C＝2c，∠A＝aとする。くさび形ABPCにおいて，∠BPC＝a+b+c，

∠BPCにおいて，∠BPC＝180°－(b+c)
よって，2∠BPC＝180°＋a，つまり，∠BPC＝90°＋$\frac{1}{2}$∠Aである。

根拠とする性質：・三角形の内角の和は180°である
　　　　　　　　　・p.44の性質2

④　二等分線を類似の条件である三等分線に置き換える

性質Bの仮定である角を二等分することを，類似の条件である角を三等分することに置き換えてみよう。

いま，∠Bと∠Cそれぞれの三等分線の交点をP_1，P_2とし，∠A＝a，∠B＝∠C＝3bとする。三等分する場合は∠P_1と∠P_2の二つの角ができるが，これらを一つにまとめ，∠P_1＋∠P_2を求めることにする。

∠P_1＝a+2b，∠P_2＝a+4bだから，∠P_1＋∠P_2＝2a+6bである。この式で，右辺のa+6bは180°だから，それを代入すると，∠P_1＋∠P_2＝180°＋aが得られる。

従って，次の性質が得られる。

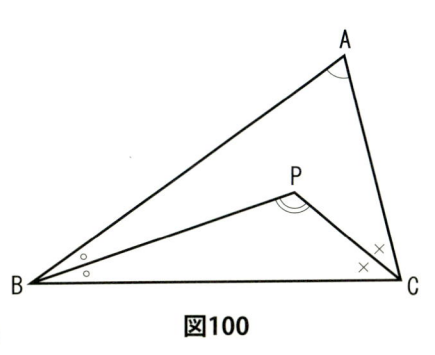

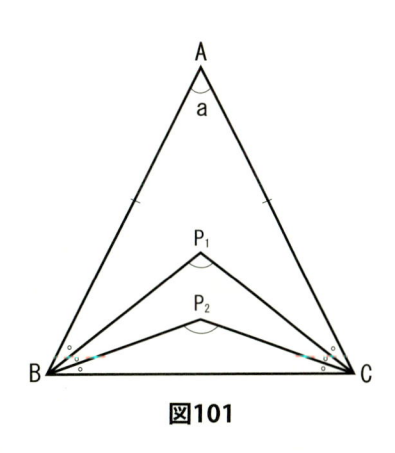

性質4　「二等辺三角形ABCの底角である∠B，∠Cそれぞれを三等分する線の交点をP_1，P_2とする。このとき，∠P_1＋∠P_2＝180°＋∠Aである」

根拠とする性質：・三角形の内角の和は180°である　・p.44の性質2

⑤　二等辺三角形をより一般の条件である任意の三角形に置き換える

性質4で仮定とした二等辺三角形を，任意の三角形に置き換えてみよう。

すると，任意の三角形においても同様な過程を踏むことにより，その性質を証明することができ，その特殊な場合として性質4を含むことが分かる。

従って，任意の三角形にすることにより性質4の拡張が得られる。

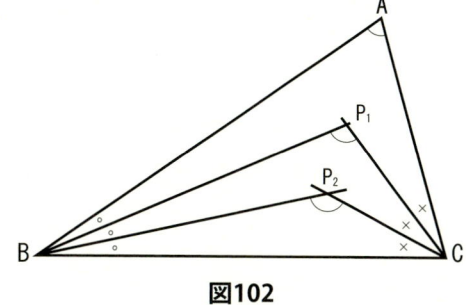

性質5　「三角形ABCの∠Bと∠Cをそれぞれ三等分する直線の交点をP_1，P_2とする。このとき，∠P_1＋∠P_2＝180°＋∠Aである」（図102）

証明：　∠A＝a，∠B＝3b，∠C＝3cとする。
　　　∠P_1＋∠P_2＝(a+b+c)+(a+2b+2c)＝a+3b+3c+a＝180°＋a

根拠とする性質：・三角形の内角の和は180°である　・p.44の性質2

⑥　性質同士を関連づけ，新しい性質を探す

次に，性質5と性質3の拡張との関連を考えてみよう。
性質5と性質3の拡張の結論を並べて比べると，

性質5では，$\angle P_1 + \angle P_2 = 180° + \angle A$

性質3の拡張では，$\angle BPC = 90° + \frac{1}{2}\angle A$

これらの式の右辺を比べると，$\angle BPC$は$\angle P_1 + \angle P_2$の$\frac{1}{2}$になっていることから，次の性質が得られる。

性質6　「三角形ABCの$\angle B$と$\angle C$それぞれの三等分する線の交点をP_1，P_2とするとき，$\angle P_1$と$\angle P_2$の和の$\frac{1}{2}$は，$90° + \frac{1}{2}\angle A$である」

つまり，二つの角の大きさの平均をとるという考えにより，性質3の拡張と性質5とが関連することが分かり，その平均は性質3の拡張の結論と同じになるという新しい性質が見い出されたことになる。

⑦　仮定と結論を入れ換えて逆をつくる

性質3の拡張「△ABCの$\angle B$と$\angle C$それぞれの角の二等分線の交点をPとすると，$\angle PBC = 90° + \frac{1}{2}\angle A$である」において，仮定とした$\angle B$を二等分することと，結論である$\angle BPC = 90° + \frac{1}{2}\angle A$とを入れ換えると，性質3の拡張の逆をつくることができ，逆も正しいことが証明できる。

すなわち，$\angle B$の二等分線上にあり，三角形の内部にある点Pをとり，PとCとを結ぶ。
このとき，$\angle BPC = 90° + \frac{1}{2}\angle A$ならば，$\angle ACP = \angle BCP$を示せばよい。

くさび形ABPCにおいて，$\angle BPC = \angle A + \angle ABP + \angle ACP$
　　　△PBCにおいて，$\angle BPC = 180° - \angle CBP - \angle BCP$

よって，$\angle ABP = \angle CBP$より，$2\angle BPC = 180° + \angle A + \angle ACP - \angle BCP$である。

また，仮定より，$2\angle BPC = 180° + \angle A$だから，$180° + \angle A = 180° + \angle A + \angle ACP - \angle BCP$である。これより，$\angle ACP = \angle BCP$である。

よって，CPは$\angle C$を二等分するといえる。
従って，次の性質が得られる。

性質7　「三角形ABCの内部にあり，$\angle B$の二等分線上の点Pをとり，
　　　　$\angle BPC = 90° + \frac{1}{2}\angle A$とするならば，PCは$\angle C$を二等分する」

図103

根拠とする性質：・三角形の内角の和は180°である　・p.44の性質2

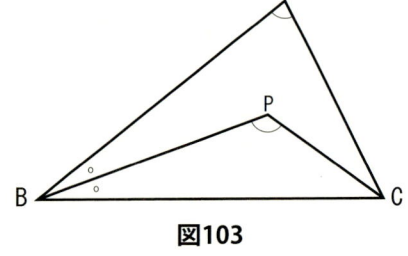

第三話　正三角形と垂線

次の性質は第2章で取り上げたことがあるが，ここでは改めてこの性質をもとにストーリー化を図ることにする。

性質C　「正三角形ABCの底辺BC上に任意の点Pをとり，その点からAB，ACに垂線を引き，それぞれの交点をX，Yとするとき，PX+PYは一定である」

この性質は次のように証明することができる。

すなわち，AとPを結ぶと，

$$\triangle ABP = \frac{1}{2}AB \cdot PX$$

$$\triangle ACP = \frac{1}{2}AC \cdot PY$$

$$\triangle ABC = \triangle ABP + \triangle ACP$$
$$= \frac{1}{2}AB \cdot PX + \frac{1}{2}AC \cdot PY$$

よって，$\triangle ABC = \frac{1}{2}AB(PX+PY)$ より，PX+PY= $\frac{2\triangle ABC}{AB}$ となり，$\triangle ABC$の面積及びABはそれぞれ一定であるから，PX+PYは一定であるといえる。

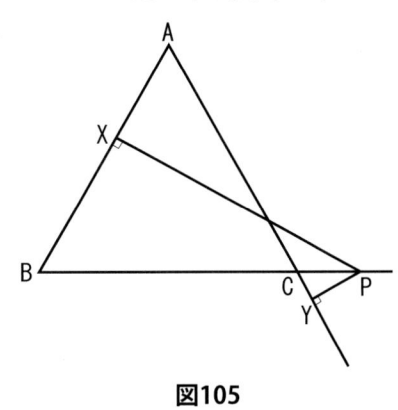

図104

根拠とする性質：・三角形の面積は，$\frac{1}{2}\times$底辺$\times$高さである

①　辺上の点を類似の条件である辺の延長上の点に置き換える

性質Cの仮定である正三角形ABCの底辺BC上に点をとることに注目する。辺BC上に点をとるかわりに，類似の条件であるBCの延長上に点Pをとることに置き換えると，次の性質が得られる。

性質1　「正三角形ABCの底辺BCのCをこえた延長上に任意の点Pをとり，その点からAB，ACにそれぞれ垂線を引き，交点をX,Yとするとき，PX−PYは一定である」（図105）

この性質の証明は次のようにすることができる。

いま，頂点AとPを結ぶ。

$$\triangle ABP = \frac{1}{2}AB \cdot PX$$

$$\triangle ACP = \frac{1}{2}AC \cdot PY$$

$$\triangle ABC = \triangle ABP - \triangle ACP$$
$$= \frac{1}{2}AB \cdot PX - \frac{1}{2}AC \cdot PY$$
$$= \frac{1}{2}AB(PX-PY)$$

図105

よって，PX－PY＝$\dfrac{2\triangle ABC}{AB}$（一定）である。

根拠とする性質：・三角形の面積は，$\dfrac{1}{2}$×底辺×高さである

② **三辺等長の条件から条件を減らし，二辺等長の条件に置き換える**

　対象としている三角形は三辺が等しい三角形ABCである。すなわち，AB＝BC＝CAである。これは，AB＝BCとBC＝CAであると表し直すことができる。そこで，このうち前者の条件だけを仮定として使用すると，次の性質が得られる。

性質2　「二等辺三角形ABCの底辺BC上に任意の点Pをとり，その点からAB，ACに垂線を引き，それぞれの交点をX，Yとするとき，PX＋PYは一定である」

　つまり，性質2は性質Cの拡張とみることができる。
　これは第2章でも取り上げた性質である。証明の仕方は性質Cと同様である。

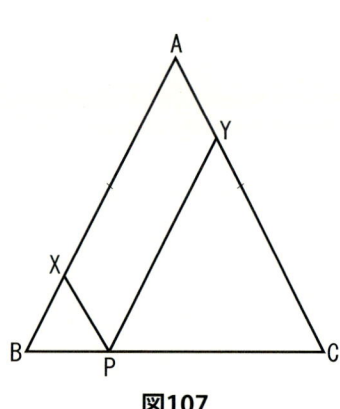

図106

③ **垂線を類似の条件である平行線に置き換える**

　性質2における仮定である点PからAB，ACに引いた垂線をAB，ACに平行な直線に置き換えてみよう。
　すると，次の性質が得られる。

性質3　「二等辺三角形ABCの底辺BC上に任意の点Pをとり，その点PからAC，ABにそれぞれ平行線を引き，AB，ACとの交点をそれぞれX，Yとするとき，PX＋PYは一定である」

　これは次のように証明することができる。
　AC∥XPより，∠C＝∠XPBである。また，仮定より∠C＝∠Bだから，∠B＝∠XPBである。三角形XBPは二等辺三角形だから，BX＝PXである。四角形AXPYは平行四辺形だから，PY＝XAである。よって，PX＋PY＝BX＋XA＝ABで，ABは初めに考えた二等辺三角形の一辺であることから一定であるといえる。

図107

根拠とする性質：・平行線の同位角は等しい　・二等辺三角形の底角は等しい　・二角が等しい三角形は二等辺三角形である　・平行四辺形の対辺は等しい

④ **仮定と結論を入れ換えて逆をつくる**

　性質3の逆をつくると，次の性質が得られる。

性質4　「△ABCの底辺BC上に任意の点Pをとり，点PからAB，ACにそれぞれ平行線を引き，

交点をX，Yとするとき，PX+PYが一定である
ならば，△ABCは二等辺三角形である」
この証明は次のようにすることができる。（図108）

すなわち，点Pは任意の点だからBC上の点P_1においては，$P_1X_1+P_1Y_1$は一定であり，また，BC上の任意の点P_2においても，$P_2X_2+P_2Y_2$は一定と考えてよい。

いま，P_1Y_1とP_2X_2との交点をTとすると，四角形$X_1P_1TX_2$，及び四角形$Y_2P_2TY_1$はともに平行四辺形であるから，$P_1X_1=TX_2$，$P_2Y_2=TY_1$である。

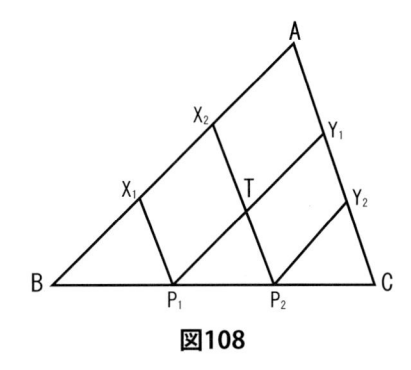

$P_1X_1+P_1Y_1=P_2X_2+P_2Y_2$より，$P_2X_2-P_1X_1=P_1Y_1-P_2Y_2$だから，$P_2X_2-TX_2=P_1Y_1-TY_1$である。$TP_2=TP_1$より，$\angle TP_2P_1=\angle TP_1P_2$である。$AC // P_2X_2$より$\angle TP_2P_1=\angle C$であり，$AB // P_1Y_1$より$\angle TP_1P_2=\angle B$である。よって，$\angle B=\angle C$より，△ABCは二等辺三角形であるといえる。

根拠とする性質：・平行四辺形の対辺は等しい　・平行線の同位角は等しい　・二角が等しい三角形は二等辺三角形である　・二等辺三角形の底角は等しい

⑤　**仮定と結論を入れ換えて逆をつくる**

性質2の逆をつくると，次の性質が得られる。

性質5　「三角形ABCの底辺BC上に任意の点Pをとり，その点からAB，ACに垂線を引き，それぞれの交点をX，YとするときPX+PYが一定ならば，三角形ABCは二等辺三角形である」

この性質も性質4の証明と同じ手法を使用して証明できる。

すなわち，点Pは任意の点だからBC上の点P_1においては，$P_1X_1+P_1Y_1$は一定であり，また，BC上の任意の点P_2においても，$P_2X_2+P_2Y_2$は一定と考えてよい。いま，P_1からP_2X_2に垂線を引き，交点をTとし，また，P_2からP_1Y_1に垂線を引き，交点をQとする。

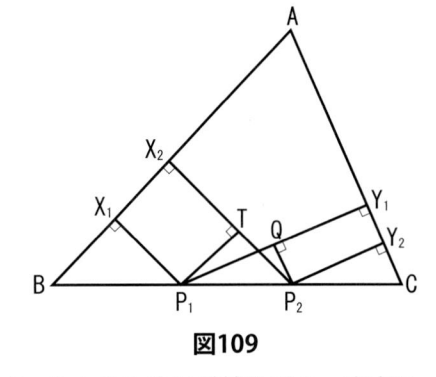

四角形$X_1P_1TX_2$，$Y_2P_2QY_1$はともに長方形だから，$X_1P_1=X_2T$，$Y_2P_2=Y_1Q$である。仮定より，$P_1X_1+P_1Y_1=P_2X_2+P_2Y_2$，すなわち，$P_1Y_1-P_2Y_2=P_2X_2-P_1X_1$，$P_1Y_1-Y_1Q=P_2X_2-X_2T$である。△$TP_1P_2$と△$QP_2P_1$において，$QP_1=TP_2$，$\angle P_1TP_2=\angle P_2QP_1=90°$，$P_1P_2$は共通であるから，△$TP_1P_2\equiv$△$QP_2P_1$である。

$\angle TP_1P_2=\angle QP_2P_1$，$AB // TP_1$，$AC // QP_2$より，$\angle TP_1P_2=\angle B$，$\angle QP_2P_1=\angle C$だから，$\angle B=\angle C$である。よって，△ABCは二等辺三角形である。

根拠とする性質：・長方形の対辺は等しい　・直角三角形の合同条件　・平行線の同位角は等しい　・二角が等しい三角形は二等辺三角形である

⑥ 仮定と結論を入れ換えて逆をつくる

p.51の性質1は，三角形が二等辺三角形の場合でも成り立つ。その証明の仕方は正三角形の場合と同じである。すなわち，性質1における三辺が等しいという条件は証明の中で使われてはいないので，正三角形を前提にすることは必要としないのである。このように証明の過程で使用されない仮定を減らすことによって新しい性質を見い出すことができる場合もある。

そこで，性質1において，前提とする三角形を二等辺三角形に置き換えて，その逆をつくると，次の性質が得られる。

性質6　「三角形ABCの底辺BCの延長上に任意の点Pをとり，その点からAB，ACに垂線を引き，それぞれの交点をX，Yとするとき，PX－PYが一定ならば，三角形ABCは二等辺三角形である」

これは次のように証明することができる。

いま，BCの延長線上に任意の点P_1，P_2をとる，仮定より$P_1X_1－P_1Y_1＝$一定，$P_2X_2－P_2Y_2＝$一定だから，$P_1X_1－P_1Y_1＝P_2X_2－P_2Y_2$である。$P_1$から$P_2X_2$，$P_2Y_2$にそれぞれ垂線を引き，交点を$T_1$，$T_2$とする。

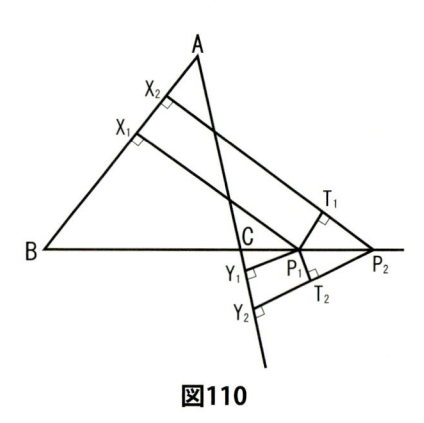

図110

$P_2X_2－P_1X_1＝P_2Y_2－P_1Y_1$より，$P_2T_1＝P_2T_2$，$\triangle P_1T_1P_2 \equiv \triangle P_1T_2P_2$より，$\angle P_1P_2T_1＝\angle P_1P_2T_2$である。また，$\triangle BP_2X_2$と$\triangle CP_2Y_2$において，$\angle B＝90°－\angle P_1P_2T_1＝90°－\angle P_1P_2T_2＝\angle P_2CY_2＝\angle C$である。よって，$\angle B＝\angle C$だから，$\triangle ABC$は二等辺三角形である。

根拠とする性質：・長方形の対辺は等しい　・三角形の内角の和は180°である　・対頂角は等しい　・二角が等しい三角形は二等辺三角形である　・直角三角形の合同条件

⑦ 辺上の点を類似の条件である内部の点に置き換える

性質Cでは，底辺BC上に点Pをとったが，それを正三角形の内部の点Pに置き換えてみよう。

性質7　「正三角形ABCの内部に任意の点Pをとり，その点からAB，BC，ACに垂線を引き，それぞれの交点をX，Y，Zとするとき，PX＋PY＋PZは一定である」（図111）

この性質において，仮定である正三角形の内部に点Pをとる代わりに正三角形の外部の点Pをとる条件に置き換えると，結論として，$PX+PY-PZ=\dfrac{2\triangle ABC}{AB}$（一定）が得られることは同じくp.17の②でも取り上げた。（図112）

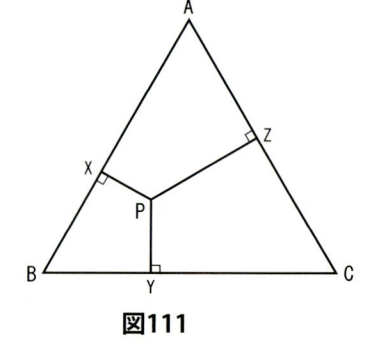

図111 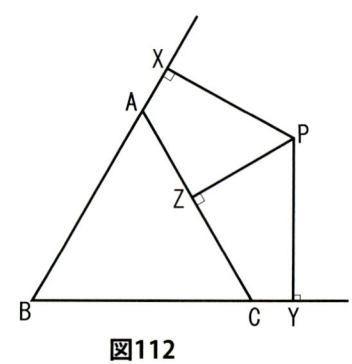　**図112**

⑧ **仮定と結論を入れ換えて逆をつくる**

性質7の逆を考えてみよう。

逆が正しいことは，これまでにも取り上げた性質の証明に使用した考え方を活用することにより証明することができ，次の性質が得られる。

性質8　「三角形の内部の任意の点をPとする。Pから各辺に垂線を引き，交点をそれぞれX，Y，Zとする。このとき，PX＋PY＋PZ＝一定ならば，△ABCは正三角形である」

すなわち，△ABCの内部に点P_1をとるとき，$P_1X_1+P_1Y_1+P_1Z_1$は一定である。P_1を通るBCに平行な直線を引き，AB，ACとの交点をB_1，C_1とする。B_1C_1上に任意に点P_2をとると，$P_2X_2+P_2Y_2+P_2Z_2$も一定である。$P_1Y_1=P_2Y_2$であるから，$P_1X_1+P_1Z_1=P_2X_2+P_2Z_2$である。

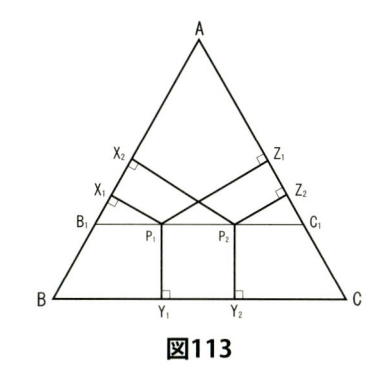

図113

性質5の結果を使用すると，$\angle AB_1C_1=\angle AC_1B_1$であることが分かる。$B_1C_1/\!/BC$であるから，$\angle B=\angle C$である。

また，P_1を通りABに平行な直線を引き，同様の手続きを踏めば，$\angle A=\angle B$が得られる。よって，△ABCは正三角形であるといえる。

根拠とする性質：・p.53の性質5　・平行線の同位角は等しい　・三つの内角が等しい三角形は正三角形である。

⑨ **仮定と結論を入れ換えて逆をつくる**

性質8は正三角形の内部に点Pをとる場合の逆であるが，ここでは点Pを正三角形の外部にとる場合の逆を考えてみよう。

性質8の仮定である正三角形の内部に任意の点Pをとる条件を，正三角形の外部の任意の点Pをとる条件に置き換えると，結論は，$PX+PY-PZ=\dfrac{2\triangle ABC}{AB}$（一定）が得られることは以前にも取り上げた。

従って，逆の仮定は，$PX+PY-PZ=$一定であるから，結論として，△ABCは正三角形であることを示せばよい。

では，証明をしてみよう。（図114）

図114

図115

三角形の外部で∠B内の任意の点をP_1とし，P_1を通る辺ACに平行な直線を引き，BAの延長との交点をD，BCの延長との交点をEとし，また，その直線DE上の任

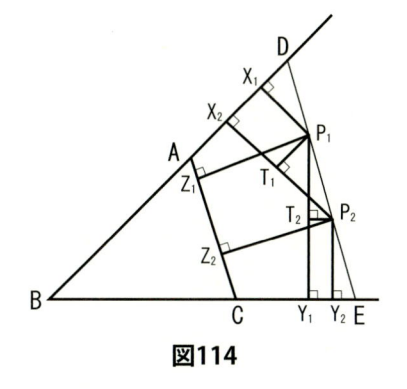

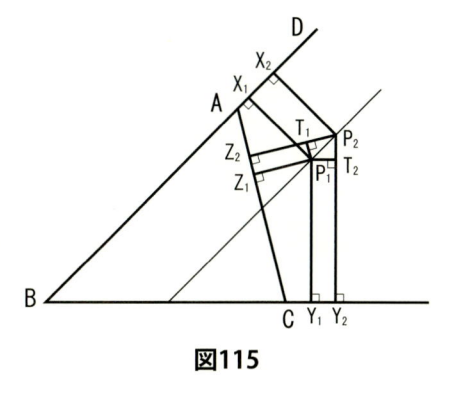

意の点をP₂とする。このとき，
　　　P₁X₁＋P₁Y₁－P₁Z₁＝一定
　　　P₂X₂＋P₂Y₂－P₂Z₂＝一定
である。P₁Z₁＝P₂Z₂より，P₁X₁＋P₁Y₁＝P₂X₂＋P₂Y₂である。P₁からP₂X₂に垂線を引き，交点をT₁，また，P₂からP₁Y₁に垂線を引き，交点をT₂とする。

P₁X₁＋P₁Y₁＝P₂X₂＋P₂Y₂より，P₂X₂－P₁X₁＝P₁Y₁－P₂Y₂である。また，P₂X₂－P₁X₁＝P₂T₁，P₁Y₁－P₂Y₂＝P₁T₂より，P₂T₁＝P₁T₂である。△P₁P₂T₁≡△P₂P₁T₂だから，∠DP₂X₂＝∠P₁P₂X₂＝∠P₂P₁Y₁＝∠EP₁Y₁である。

∠A ＝ ∠D＝90°－∠DP₂X₂＝90°－∠P₁P₂X₂
　　　＝90°－∠P₂P₁Y₁＝90°－∠EP₁Y₁＝∠E＝∠C

よって，∠A＝∠Cより，BA＝BCである。

次に，P₁を通る辺ABに平行な直線を引き，その直線上の任意の点をP₂とすると，同様に，∠A＝∠Bより，CA＝CBが得られる。よって，△ABCは正三角形である。

他の外部の点の場合も同様に証明できる。

従って，次の性質が得られる。

性質9　「△ABCの外部で∠B内に任意の点Pをとり，PからAB，BC，CA，またはその延長にそれぞれ垂線を引き，交点をX，Y，Zとするとき，PX＋PY－PZが一定ならば，△ABCは正三角形である」（点の位置により，式の形は変わる）

根拠とする性質：・長方形の対辺は等しい　・三角形の内角の和は180°である　・平行線の同位角は等しい　・直角三角形の合同条件　・二角が等しい三角形は二等辺三角形である

⑩　**正三角形を類似の条件である正五角形に置き換える**

　性質Cでは前提とした三角形を三辺の長さが等しい正三角形としたが，これを正五角形に置き換えると，次の性質が得られる。

性質10　「正五角形ABCDEの内部の点Pから各辺に垂線を引き，交点をそれぞれF，G，H，I，Jとする。このとき，PF＋PG＋PH＋PI＋PJは一定である」

この性質の証明は次のようにすることができる。

いま，AB＝t，PF＝f，PG＝g，PH＝h，PI＝i，PJ＝jとする。△ABP＋△BCP＋△CDP＋△DEP＋△EAP＝$\frac{1}{2}$t(f＋g＋h＋i＋j)＝正五角形ABCDEの面積，よって，PF＋PG＋PH＋PI＋PJ＝$\frac{2 \times 正五角形ABCDEの面積}{AB}$（一定）である。

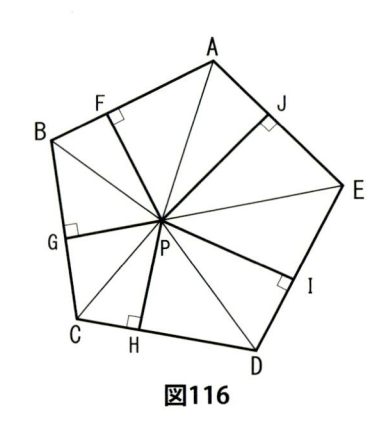

図116

根拠とする性質：・三角形の面積は，$\frac{1}{2}$×底辺×高さである

⑪ 正五角形をより一般の条件である辺の長さが等しい五角形に置き換える

　正五角形とは，五つの辺の長さが等しく，かつ，五つの内角の大きさが等しい五角形のことである。性質10の条件のうち，五つの内角の大きさが等しいという条件を取り除いた五角形においては結論が成り立つだろうか。もし成り立てば，性質10の拡張が得られることになる。

　五つの辺の長さが等しい五角形ABCDEを考えよう。

　内部の点Pから各辺に垂線を引き，交点をそれぞれF，G，H，I，Jとする。

　いま，AB＝t，PF＝f，PG＝g，PH＝h，PI＝i，PJ＝jとする。

　$\triangle ABP+\triangle BCP+\triangle CDP+\triangle DEP+\triangle EAP=\frac{1}{2}t(f+g+h+i+j)$

＝五角形ABCDEの面積，よって，PF＋PG＋PH＋PI

＋PJ＝$\frac{2\times 五角形ABCDEの面積}{AB}$（一定）である。

　つまり，五つの辺の長さが等しい五角形の場合においても性質10の証明と同じように証明することができることが分かる。

　従って，次の性質が得られる。

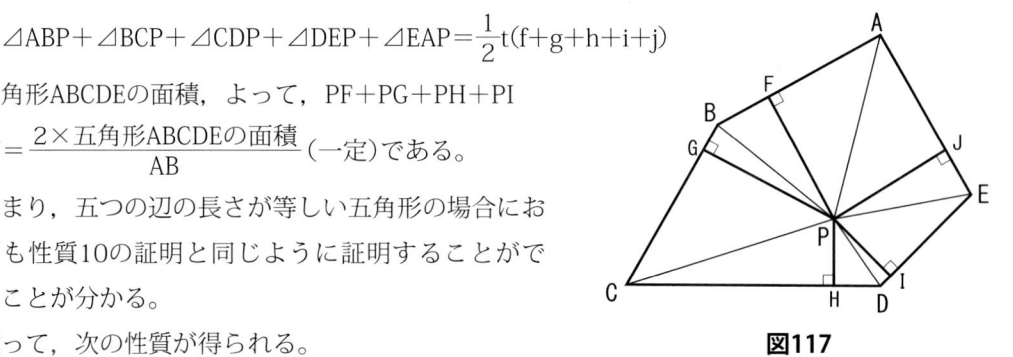

図117

性質11　「辺の長さが等しい五角形の内部の点Pから各辺に垂線を引き，交点をそれぞれF，G，H，I，Jとする。このとき，PF＋PG＋PH＋PI＋PJは一定である」

⑫ 仮定と結論を入れ換えて逆をつくる

　性質10の逆を考えてみよう。

　すなわち，五角形の内部の一点から各辺に引いた垂線の長さの和が一定ならば，その五角形は正五角形になるだろうか。

　この結果は必ずしも正五角形とはならない。これは性質11があることから分かる。つまり，性質10の逆は成り立たないのである。

　ここで以上のことをまとめておこう。

　性質7は正n角形に拡張することができる。正三角形においてはその逆も成り立つが，n≧4である多角形においては，逆は必ずしも成り立つとは限らない。

第四話　平行四辺形と対角線

　次の性質Dをもとにストーリー化を図ることにしよう。

性質D　「平行四辺形ABCDの対角線AC上に点E，Fをとり，∠ABE＝∠CDFとするならば，四角形EBFDは平行四辺形である」（図118）

　これを証明する問題は，平行四辺形の性質や平行四辺形になるための条件を指導した後での

練習問題としてもしばしば使用される。

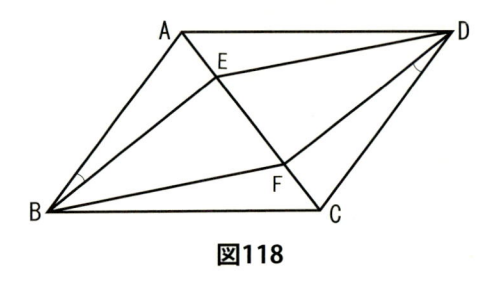

　証明は次のようにすることができる。
　すなわち，△ABEと△CDFにおいて，AB＝CD，∠BAE＝∠DCF，∠ABE＝∠CDFより，△ABE≡△CDFである。よって，BE＝DF，∠AEB＝∠CFDである。
　∠BEC＝180°－∠AEB＝180°－∠CFD＝∠DFA，よって，BE∥FDより，四角形EBFDは平行四辺形である。

根拠とする性質：・平行四辺形の対辺は等しい　・平行線の錯角は等しい　・三角形の合同条件　・合同な図形の対応する辺や角は等しい　・錯角が等しいならば二直線は平行である　・平角を分割した角の和は180°である　・平行四辺形になるための条件

図118

① 辺上の点を類似の条件である延長上の点に置き換える

　性質Dでは，点E，Fは辺AC上にとったが，これをACの延長上にとると，次の性質が得られる。

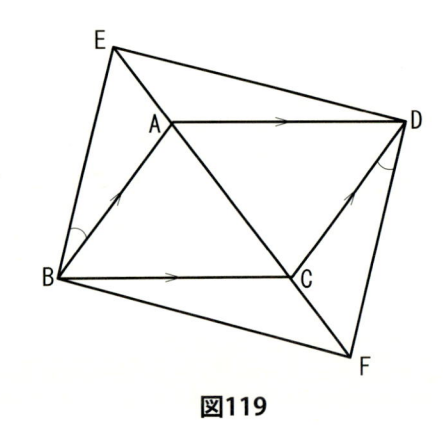

性質1　「平行四辺形ABCDの対角線ACの外側に点E，Fをとり，∠ABE＝∠CDFとするならば，四角形EBFDは平行四辺形である」

証明：　△ABEと△CDFにおいて，AB＝CD，∠ABE＝∠CDF，∠BAE＝∠DCFより，△ABE≡△CDFである。BE＝DF，∠AEB＝∠CFD，∠FEB＝∠AEB＝∠CFD＝∠EFDより，BE∥FD，よって，四角形EBFDは平行四辺形である。

図119

根拠とする性質：・平行四辺形の対辺の長さは等しい　・平行線の錯角は等しい　・平角を分割した角の和は180°である　・三角形の合同条件　・平行四辺形になるための条件　・合同な図形の対応する辺や角は等しい

② 辺を延長し，できた図から結論を探す

　①の条件において，DA，BCをそれぞれ延長し，BE，DFとの交点をG，Hとする。できた図から結論を探すと，次の性質が得られる。（図120）

性質2　「平行四辺形ABCDの対角線ACの外側に点E，Fをとり，∠ABE＝∠CDFとする。また，DA，BCをそれぞれ延長し，BE，DFとの交点をG，Hとする。このとき，四角形GBHDは平行四辺形である」

証明：　△ABGと△CDHにおいて，AB＝DC，∠BAG＝180°－∠BAD＝180°－∠BCD＝∠DCH，∠ABG＝∠CDHだから，△ABG≡△CDHである。よって，AG＝CHだから，GD＝GA＋AD

=HC+CB=BHである。四角形GBHDにおいて，AD//BC，すなわち，GD//BH，また，GD=BHだから，四角形GBHDは平行四辺形である。

根拠とする性質：・平行四辺形の対角は等しい ・平角を分割した角の和は180°である ・三角形の合同条件 ・合同な三角形の対応する角や辺は等しい ・平行四辺形の対辺は等しい ・平行四辺形になるための条件

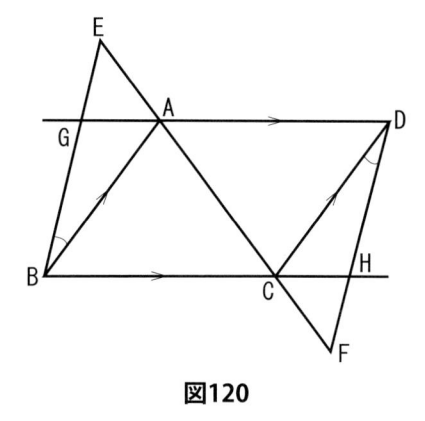

図120

③ 結論を同時に成り立つ他の結論に置き換える

性質2において，四角形EGFHも平行四辺形であるように見える。もし，四角形EGFHが平行四辺形であれば，性質2の結論を置き換えることによって新しい性質を見い出すことができる。

四角形EGFHが平行四辺形であることを導くには，GE=FH，GE//FHであることを示せばよい。

すなわち，△AEGと△CFHにおいて，△ABG≡△CDHより，AG=CHである。また，∠AGE=∠CHF，∠EAG=∠DAC=∠ACB=∠FCHだから，△AEG≡△CFHである。よって，GE=FH，∠EBH=∠EGA=∠FHC=∠FHBより，BE//DF，GE//FHである。

従って，次の性質が得られる。

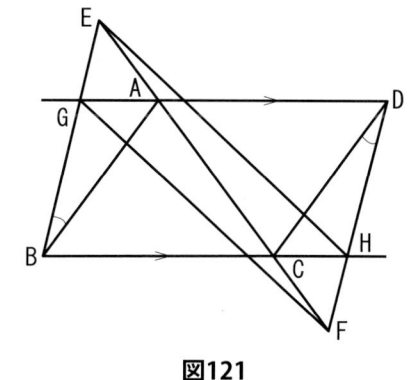

図121

性質3　「平行四辺形ABCDの対角線CAの延長上に点E，ACの延長上に点Fをとり，∠ABE=∠CDFとする。また，DA，BCをそれぞれ延長し，BE，DFとの交点をG，Hとする。このとき，四角形EGFHは平行四辺形である」

根拠とする性質：・錯角が等しい二直線は平行である ・平行四辺形の対角は等しい ・平角を分割した角の和は180°である ・三角形の合同条件 ・合同な三角形の対応する角や辺は等しい ・平行四辺形の対辺は等しい ・平行四辺形になるための条件

④ 仮定と結論を入れ換えて逆をつくる

性質1において，仮定は四角形ABCDが平行四辺形であることと，∠ABE=∠CDFであることの二つであり，結論は四角形EBFDが平行四辺形であることである。

いま，四角形ABCDが平行四辺形であることと，四角形EBFDが平行四辺形であることを入れ換えて逆をつくると，次の性質が得られる。

性質4　「四角形ABCDの対角線CAの延長上に点E，ACの延長上に点Fをとり，∠ABE=∠CDFとする。このとき，四角形EBFDが平行四辺形ならば，四角形ABCDは平行四辺形である」（図122）

証明： △ABEと△CDFにおいて，BE=FD，∠ABE=∠CDF，∠AEB=∠CFDより，△ABE≡△CDFである。よって，∠EAB=∠FCDより，∠BAC=∠DCAだから，AB//DCである。AB=DCより，四角形ABCDは平行四辺形である。

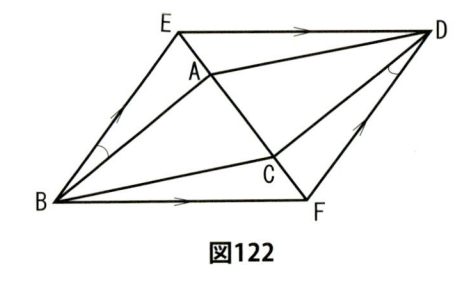

図122

根拠とする性質： ・平行四辺形の対辺は等しい
・平行線の錯角は等しい ・平角を分割した角の和は180°である ・三角形の合同条件 ・平行四辺形になるための条件 ・合同な図形の対応する辺や角は等しい
・錯角が等しい二直線は平行である

⑤ **線分を延長し，できた図から結論を探す**

性質Dの図の一部を使い，さらにBE，DFをそれぞれ延長し，AD，BCとの交点をG，Hとする。できた図から結論を探すと，次の性質が得られる。

性質5 「平行四辺形ABCDの対角線AC上に点E，Fをとり，∠ABE=∠CDFとする。BE，DFをそれぞれ延長し，AD，BCとの交点をG，Hとする。このとき，四角形GEHFは平行四辺形である」

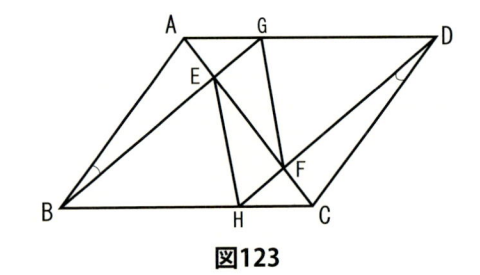

図123

証明： △ABG≡△CDHより，BG=HD，△ABE≡△CDFより，BE=DFである。だから，GE=GB−BE=HD−DF=FHである。また，∠AEB=∠CFDより，∠GEF=∠HFEだから，GE//FHである。よって，GE=FH，GE//FHより，四角形GEHFは平行四辺形である。

根拠とする性質： ・平行四辺形の対辺は等しい ・平行四辺形の対角は等しい ・三角形の合同条件 ・平行線の錯角は等しい ・合同な図形の対応する辺や角は等しい ・錯角が等しい二直線は平行である ・平行四辺形になるための条件 ・対頂角は等しい

⑥ **対角線についての同様の条件を追加し，結論を探す**

性質Dでは，対角線ACを使用したが，同様の条件は対角線BDに対しても考えることができる。すると，次の性質が得られる。

性質6 「平行四辺形ABCDの対角線AC上に点E，Fをとり，∠ABE=∠CDFとする。また，BD上にG，Hをとり，∠DAG=∠BCHとする。このとき，四角形EGFHは平行四辺形である」

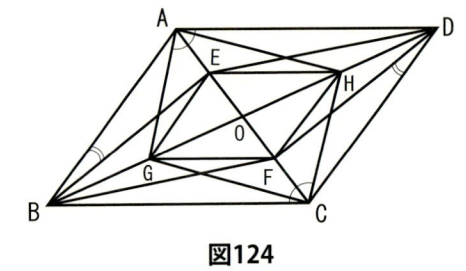

図124

60

証明： 四角形ABCDの対角線の交点をOとすると，△ABE≡△CDFより，AE＝CF，△BCH≡△DAGより，BH＝DGだから，BG＝BD－DG＝BD－BH＝DHである。

また，四角形ABCDは平行四辺形だから，AO＝OC，BO＝ODである。よって，EO＝OF，GO＝BO－BG＝DO－DH＝HOより，四角形EGFHは平行四辺形である。

根拠とする性質：・平行四辺形の対辺は等しい ・平行線の錯角は等しい ・合同な図形の対応する辺や角は等しい ・平行四辺形の対角線は互いに他を二等分する，及びその逆

さらに，性質6において，類似の条件であるBDの延長上にG，Hをとり，∠DAG＝∠BCHとすると，次の性質が得られる。

性質7　「平行四辺形ABCDの対角線AC上に点E，Fをとり∠ABE＝∠CDFとする。また，DBの延長上に点G，BDの延長上に点Hをとり，∠DAG＝∠BCHとする。このとき，四角形EGFHは平行四辺形である」

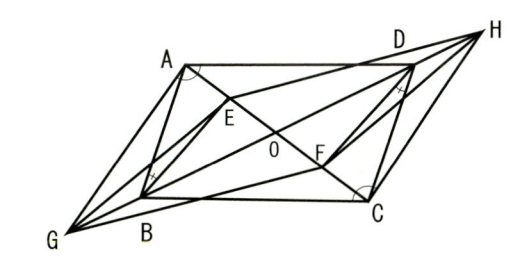

証明： 平行四辺形ABCDの対角線の交点をOとすると，△ABE≡△CDFより，AE＝CF，△BCH≡△DAGより，BH＝DGだから，OG＝DG－DO＝BH－BO＝OHである。AO＝OCより，EO＝AO－AE＝CO－CF＝FO，よって，OG＝OH，EO＝FOより，四角形EGFHは平行四辺形である。

図125

根拠とする性質：・平行四辺形の対辺は等しい ・平行線の錯角は等しい ・合同な図形の対応する辺や角は等しい ・三角形の合同条件 ・平行四辺形の対角線は互いに他を二等分する，及びその逆

⑦　**線分の長さが等しいための必要十分条件を調べる**

性質Dで，点E，Fを両方とも線分AC上にとったときにはBE＝DFであったが，類似の条件に入れ換え，ACの延長上にFをとる場合を考えてみる。このとき，BEの長さとDFの長さは必ずしも等しいとは限らない。そこで，BEの長さとDFの長さが等しいと仮定するとどんな結論が導かれるかを考えてみよう。つまり，BE＝DFであるための必要十分条件を探すわけである。

いま，平行四辺形ABCDにおいて，∠ABE＝∠FDCとしたときに，BE＝DFであるとする。

AB＝CD，BE＝DF，∠ABE＝∠CDFより，△ABE≡△CDFだから，∠BAE＝∠DCFである。また，AB∥DCより，∠BAE＝∠DCE，よって，∠DCE＝∠BAE＝∠DCF＝90°である。

逆に，∠DCE＝∠DCF＝90°のとき，△ABE≡△CDFより，BE＝DFであることが分かる。

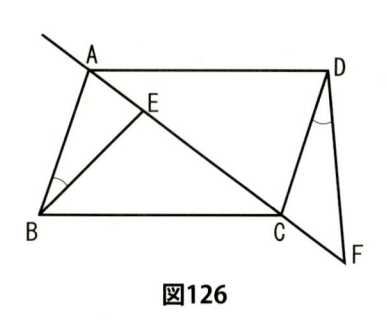

図126

根拠とする性質：・平行四辺形の対辺は等しい　・平行線の錯角は等しい　・三角形の合同条件　・合同な図形の対応する辺や角は等しい　・平角を分割した角の和は180°である　・直角三角形の合同条件

従って，次の性質が得られる。

性質8　「平行四辺形ABCDの対角線AC上に点Eを，また，その延長上に点Fをそれぞれとり，∠ABE＝∠CDFとする。このとき，∠BAC＝90°ならば，BE＝DFである」（図126）

▷ 第五話　四角形に内接する円

次の性質Eをもとにストーリー化を図ることにしよう。

性質E　「四角形ABCDに内接円Oがあるとき，AB＋CD＝AD＋BCである」

この性質の証明は次のようにすることができる。

いま，円と四角形の各辺との接点を辺ABとの接点から順にP，Q，R，Sとする。このとき，AB＋CD＝AP＋PB＋CR＋RD＝AS＋BQ＋QC＋DS＝AD＋BCである。

根拠とする性質：・円外の一点からの接線の長さは等しい

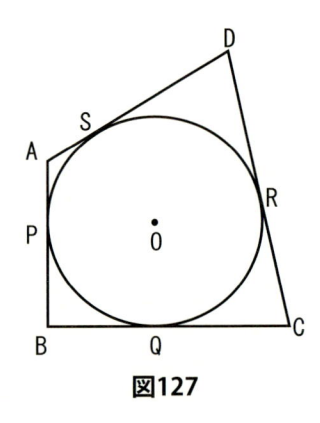

図127

① 円の中心と頂点を結ぶ線分を追加した図から結論を探す

円の中心Oと四角形の各頂点とを結び，新たにできる角に注目してみよう。

性質Eの証明では，四角形の頂点から接点までの線分の長さが等しいという性質を根拠にした。

この性質をもとにすると，中心Oと四角形の頂点とを結べば，∠A，∠B，∠C，∠Dはそれぞれ二等分されることも分かる。

すなわち，△AOP≡△AOS，△BOP≡△BOQ，△COQ≡△COR，△DOR≡△DOSだからである。

根拠とする性質：・円外の一点からの接線の長さは等しい　・円の接線と中心と接点を結ぶ線分は直交する　・直角三角形の合同条件　・合同な図形の対応する辺や角は等しい

図128

従って，次の性質が得られる。

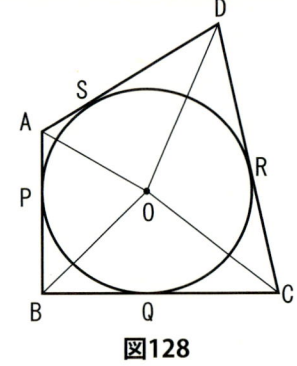

性質1　「四角形ABCDに内接する円Oがあり，各辺との接点を，辺ABとの接点から順にP，Q，R，Sとすると，∠OAS＋∠OBP＋∠OCQ＋∠ODR＝∠OAP＋∠OBQ＋∠OCR＋∠ODSである」（図128）

② 対辺を類似の条件である対角に置き換える

円の中心の周りにできる向かい合う角に注目してみよう。

性質1を根拠にし性質Eと類似の性質を考えてみる。つまり，性質Eは四角形の対辺についての性質であるが，対辺を類似の条件である向かい合う角に置き換えてみると，次の性質が得られる。

性質2　「四角形ABCDに内接する円Oがあるとき，∠AOB+∠COD=∠AOD+∠BOCである」
証明：　いま，円と四角形ABCDの各辺との接点を，辺ABとの接点から順にP，Q，R，Sとすると，△APOと△ASOにおいて，AP=AS，∠APO=∠ASO=90°，AOは共通より，△APO≡△ASOである。
　　　　よって，∠POA=∠SOA
　　　　同様に，∠POB=∠QOB
　　　　　　　　∠QOC=∠ROC
　　　　　　　　∠ROD=∠SOD
　　　　∠AOB+∠COD=∠POA+∠POB+∠ROC+∠ROD
　　　　　　　　　　=∠SOA+∠QOB+∠QOC+∠SOD
　　　　　　　　　　=∠SOA+∠SOD+∠QOB+∠QOC
　　　　　　　　　　=∠AOD+∠BOC

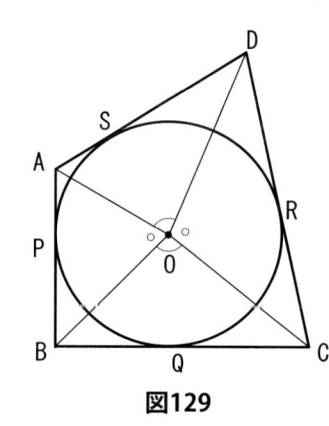

である。

図129

根拠とする性質：・円外の一点からの接線の長さは等しい　・円の接線と中心と接点を結ぶ線分は直交する　・直角三角形の合同条件　・合同な図形の対応する角は等しい。

③ 結論を同時に成り立つ他の結論に置き換える

これまでに結論として注目したのは，辺の長さと内角の大きさについてであった。次に身近な要素である三角形の面積の関係に注目しよう。

そこで，対辺をそれぞれ底辺とし，円の中心を頂点とする三角形の面積の関係を調べると，
　　　△AOB=△AOP+△BOP
　　　△COD=△COR+△DOR
　　　△BOC=△BOQ+△COQ
　　　△AOD=△AOS+△DOS
また，
　　　△AOP=△AOS，△BOP=△BOQ，△COR=△COQ，△DOR=△DOSである。
よって，△AOB+△COD=△AOP+△BOP+△COR+△DOR
　　　　　　　　　　=△AOS+△BOQ+△COQ+△DOS
　　　　　　　　　　=△AOS+△DOS+△BOQ+△COQ
　　　　　　　　　　=△AOD+△BOC

図130

である。つまり，△AOB+△COD=△AOD+△BOCが得られる。

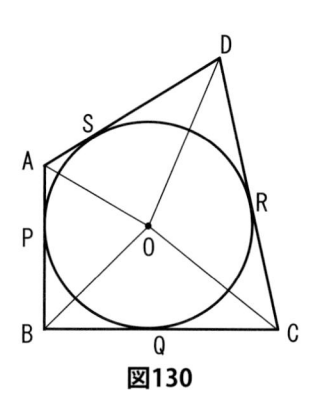

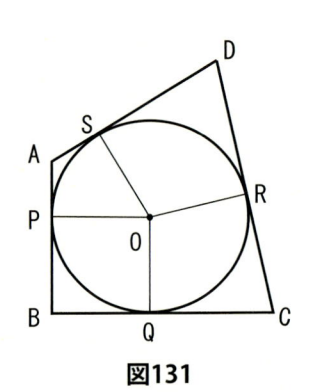

従って，性質1の結論のかわりに同時に成り立つこの結論に置き換えると，次の性質が得られる。

性質3　「四角形ABCDに内接する円Oで，中心Oと四角形の各頂点とを結ぶと，△AOB＋△COD＝△AOD＋△BOCである」（図130）

根拠とする性質：・円の接線と接点と中心とを結ぶ線分は直交する　・三角形の面積は，$\frac{1}{2}×$底辺×高さである

④　四角形の面積が等しくなるための必要十分条件を調べる

円に外接する四角形ABCDがある。円の中心Oと四角形の辺の各接点とを結び，図の中にできる四角形の面積に注目してみよう。

性質2では円の中心と頂点とを結んだが，円の中心と接点とを結ぶと，四つの四角形□APOS，□CQOR，□BQOP，□DSORができる。①や②では，対辺や向かい合う角，向かい合う三角形に注目した。それと同じ発想で，向かい合う四角形の面積の和を比べてみることにする。

すると，このときは必ずしも，□APOS＋□CQORが□BQOP＋□DSORに等しいとは限らないように思える。そこで，それらの面積が等しくなる場合はどんなときかと考えてみることにする。

まず，□APOS＋□CQOR＝□BQOP＋□DSORとする。また，AP＝AS＝a，BP＝BQ＝b，CQ＝CR＝c，DR＝DS＝dとする。

　　　　□APOS＋□CQOR＝2(△AOS＋△COQ)
　　　　□BQOP＋□DSOR＝2(△BOQ＋△DOS)

よって，△AOS＋△COQ＝△BOQ＋△DOSである。

円Oの半径をrとすると，△AOS＋△COQ＝$\frac{1}{2}$r(a+c)
　　　　　　　　　　　　△BOQ＋△DOS＝$\frac{1}{2}$r(b+d)

よって，a＋c＝b＋d，すなわち，AS＋CQ＝BQ＋DSである。

逆に，AS＋CQ＝BQ＋DSとする。このとき，

　　　□APOS＋□CQOR＝2△AOS＋2△COQ
　　　　　　　　　　　＝2(△AOS＋△COQ)
　　　　　　　　　　　＝2($\frac{1}{2}$ar＋$\frac{1}{2}$cr)
　　　　　　　　　　　＝ar＋cr
　　　　　　　　　　　＝r(a+c)
　　　　　　　　　　　＝r(b+d)
　　　　　　　　　　　＝rb＋rd

図131

$$= 2\left(\frac{1}{2}br + \frac{1}{2}dr\right)$$
$$= 2(\triangle BOQ + \triangle DOS)$$
$$= 2\triangle BOQ + 2\triangle DOS$$
$$= \square BQOP + \square DSOR$$

である。

従って，次の性質を見い出すことができる。

性質4　「四角形ABCDに内接する円Oと各辺との接点を，ABとの接点から順にP，Q，R，Sとし，各接点とOとを結ぶ。このとき，AS＋CQ＝BQ＋DSならば，□APOS＋□CQOR＝□BQOP＋□DSORである」（図131）

根拠とする性質：・円外の一点からの接線の長さは等しい　・円の接線と中心と接点を結ぶ線分は直交する　・直角三角形の合同条件　・三角形の面積は，$\frac{1}{2}\times$底辺$\times$高さである

⑤　**線分を追加し，できた図から結論を探す**

性質Eにおける図で，三つの接点P，Q，Rを結び∠PQRをつくり，∠Bと∠Cとの関係を調べてみよう。

いま，内接円の中心をOとし，BとO，CとOをそれぞれ結ぶと，BO⊥PQ，CO⊥QRである。

よって，
$$\angle PQR = \angle PQO + \angle RQO$$
$$= 90° - \angle BOQ + 90° - \angle COQ$$
$$= 180° - (\angle BOQ + \angle COQ)$$
$$= \angle OBQ + \angle OCQ$$
$$= \frac{1}{2}\angle PBQ + \frac{1}{2}\angle QCR$$
$$= \frac{1}{2}(\angle B + \angle C)$$

である。

従って，次の性質が得られる。

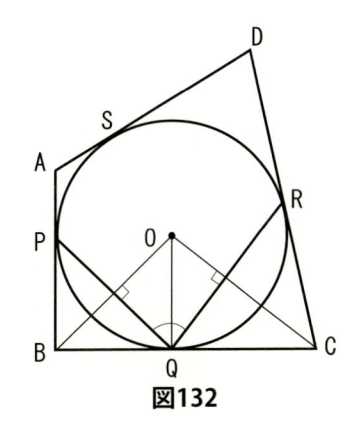

図132

性質5　「四角形ABCDに内接する円Oと各辺との接点を，ABとの接点から順にP，Q，R，Sとするとき，$\angle PQR = \frac{1}{2}(\angle B + \angle C)$である」（図132）

根拠とする性質：・円外の一点からの接線の長さは等しい　・直角三角形の合同条件　・三角形の合同条件　・合同な図形の対応する辺や角は等しい　・三角形の内角の和は180°である

この図において，さらに線を追加して，P，S，Rを結んでみよう。

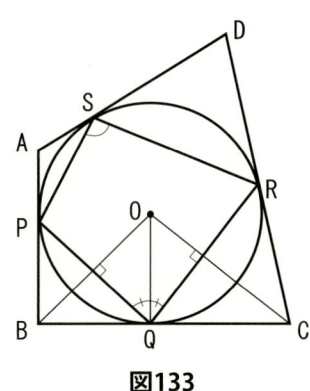

図133

このとき，今得られた性質5と同じことが成り立ち，∠PSR＝$\frac{1}{2}$(∠A＋∠D)であることから，四角形PQRSの対角の和は∠PQR＋∠PSR＝$\frac{1}{2}$(∠A＋∠B＋∠C＋∠D)＝180°である。このことから，円に内接する四角形の対角の和は180°であることも得られる。

⑥　**四角形を三角形に分け，それぞれの内接円をかき，できた図から結論を探す**

　　ここでは任意の四角形を考える。四角形ABCDの対角線ACを引くと，二つの三角形△ABCと△ACDに分かれる。そこで，それぞれの三角形に内接する円を描くときに，ACに接する二つの円の接点が一致する場合には，どんな結論が得られるかを考えてみよう。

　　すなわち，AC上の二円の接点をT，△ABCの内接円とAB，BCとの接点をそれぞれP，Q，△ACDの内接円とCD，DAとの接点をそれぞれR，Sとする。
　　このとき，AP＝AT＝AS，BP＝BQ，CQ＝CT＝CR，DR＝DSだから，AB＋CD＝AP＋PB＋CR＋RD＝AS＋QB＋CQ＋SD＝AD＋BCであることが分かる。
　　従って，次の性質が得られえる。

性質6　「四角形の一本の対角線により分けられるそれぞれの三角形に内接する円があり，その二つの円の対角線上の接点が一致すれば，AB＋CD＝BC＋ADである」
根拠とする性質：・円外の一点からの接線の長さは等しい

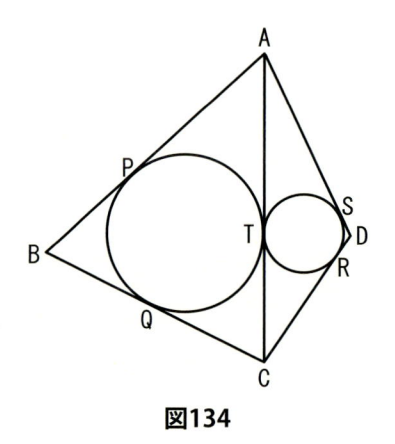

図134

　さらに，性質6において，分けられた二つの三角形のそれぞれの内接円があり，その二つの円の対角線上の接点が異なる場合を考えてみよう。
　いま，△ABCにおける内接円の接点をE，F，Gとし，△ACDにおける内接円の接点をH，I，Jとする。

　　　AB＋CD＝AE＋EB＋CI＋ID
　　　　　　＝AG＋BF＋CH＋DJ
　　　　　　＝(AH－GH)＋BF＋(CG－GH)＋DJ
　　　　　　＝AH＋BF＋CG＋DJ－2GH
　　　　　　＝AJ＋BF＋CF＋DJ－2GH
　　　　　　＝AJ＋JD＋BF＋FC－2GH
　　　　　　＝AD＋BC－2GH

　つまり，AB＋CD＝AD＋BC－2GHであるから，次の性質が得られる。

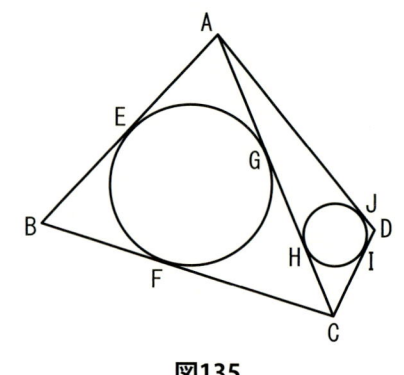

図135

性質7　「四角形ABCDの対角線ACにより二つの三角形△ABCと△ACDに分ける。△ABCに内接

する円の接点をE，F，Gとし，△ACDにおける内接する円の接点をH，I，Jとする。このとき，AB＋CD＝BC＋AD－2GHである」（図135）

根拠とする性質：・円外の一点からの接線の長さは等しい

　この性質7おいて，接点GとHが一致したときは2GH＝0であり，結論はAB＋CD＝AD＋BCとなる。従って，性質7は性質6を含み，性質6の一つの拡張といえる。

⑦　四角形の内接円を追加し，できた図から結論を探す

　性質Eの図の隣にさらに同じ図を付け足すと図136ができる。この図を見て成り立ちそうな結論を探してみよう。

　つまり，四角形ABCDを二つの四角形ABFEと四角形EFCDに分けたとき，それぞれの四角形に内接する円があり，さらに，EFと二円との接点が一致するとき，四つの辺の関係を調べる。

　いま，図のように接点をP，Q，R，S，T，U，Wとする。

　AP＝AU，BP＝BQ，FQ＝FW＝FR，CR＝CS，DS＝DT，ET＝EW＝EU

　だから，AD＋BC＝AU＋UE＋ET＋TD＋BQ＋QF＋FR＋RC
　　　　　　　　　＝AU＋BQ＋RC＋DT＋UE＋ET＋QF＋FR
　　　　　　　　　＝AP＋PB＋CS＋SD＋UE＋ET＋QF＋FR
　　　　　　　　　＝AB＋DC＋UE＋ET＋QF＋FR
　　　　　　　　　＝AB＋DC＋2EW＋2WF
　　　　　　　　　＝AB＋DC＋2(EW＋WF)
　　　　　　　　　＝AB＋DC＋2EF

　よって，AB＋DC＝AD＋BC－2EFであるといえる。
　従って，次の性質が得られる。

性質8　「四角形ABCDの辺AD上に点E，辺BC上に点Fをそれぞれとり，EとFを結ぶ。四角形ABFEと四角形CDEFのそれぞれの内接円が存在し，その2つの円とEFとのそれぞれの接点が一致するならば，AB＋DC＝AD＋BC－2EFである」（図136）

根拠とする性質：・円外の一点からの接線の長さは等しい

　なお，性質8では，2つの内接円とEFとのそれぞれの接点が一致する場合を考えたが，接点が異なる場合においても同様の結果が得られる。

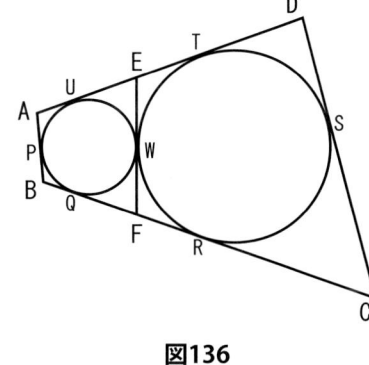

⑧　凸四角形を類似の条件である凹四角形に置き換える

　これまで取り上げた性質では，円が凸四角形の四つの辺に接する場合であったが，ここでは凹四角形の四つの辺に接する円を考えてみよう。

　つまり，図137のように凹四角形ABCDの二つの辺と二つの辺の延長とに円が接する場合である。このとき，凹四角形の四つの辺の関係をこれまでと同じように調べることにする。

　ABの延長上の接点をP，BC上の接点をQ，CD上の接点をR，ADの延長上の接点をSとする。
　　BP＝BQ，CQ＝CR，DR＝DS，AP＝AS
だから，
　　AB－CD＝AP－BP－CR－RD
　　　　　　＝AS－BQ－CQ－DS
　　　　　　＝AS－DS－BQ－CQ
　　　　　　＝AD－（BQ＋QC）
　　　　　　＝AD－BC
　よって，AB－CD＝AD－BCであることが分かる。
　従って，次の性質が得られる。

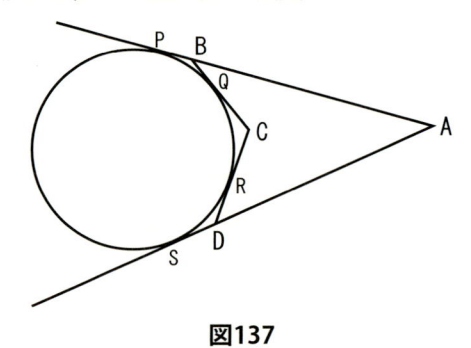

図137

性質9　「凹四角形ABCDの二辺BC，CDと二辺AB，ADそれぞれの延長と円が接するとき，AB－CD＝AD－BCである」（図137）
根拠とする性質：・円外の一点からの接線の長さは等しい

⑨　仮定と結論を入れ換えて逆をつくる

　性質Eの逆をつくると，次の性質が得られる。

性質10　「四角形ABCDで，AB＋CD＝AD＋BCであるならば，その四角形は円に外接する」
証明：　四角形がひし形のときは，対角線の交点から各辺までの距離が等しいので明らかである。そこで四辺の長さが異なる場合の四角形ABCDを考え，その中でも最小の長さの辺をADとする。このとき，AD＜ABである。仮定より，AB＋CD＝AD＋BCだから，BC＞CDである。よって，AB上にAD＝AEとなる点Eをとり，BC上にCD＝CFとなる点Fをとることができる。AB＋CD＝AE＋BE＋CD，AD＋BC＝AD＋BF＋FCより，AE＋BE＋CD＝AD＋BF＋FCだから，BE＝BFである。

　また，三辺DE，EF，DFの各垂直二等分線は一点で交わる。その交点からの四角形ABCDの各辺までの距離は等しい。すなわち，交点をOとし，Oから各辺までの距離をOP，OQ，OR，OSとする。DO＝EOより∠EDO＝∠DEO，AE＝ADより∠AED＝∠ADEである。

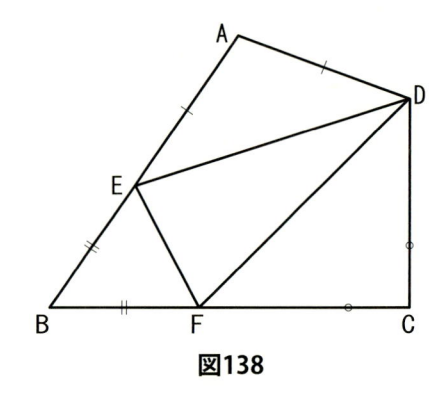

図138

∠OEP＝∠ODS，∠OSD＝∠OPE＝90°，OE＝ODより，△ODS≡△OEPだから，OS＝OPである。

同様に，△OFQ≡△ODRより，OQ＝ORである。

一方，∠PBO＝∠EBO＝∠FBO＝∠QBO，∠OPB＝∠OQB＝90°，OBは共通だから，△OBP≡△OBQである。よって，OP＝OQより，OS＝OP＝OQ＝ORである。従って，四角形ABCDはOを中心とする円に外接する。

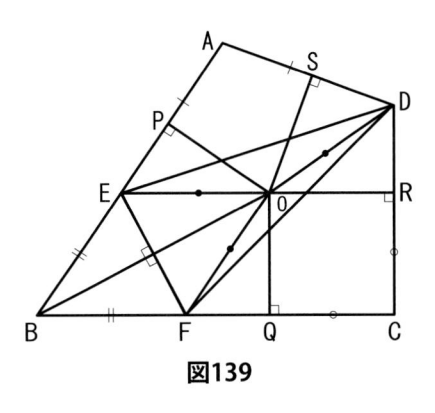

根拠とする性質：・直角三角形の合同条件 ・合同な図形の対応する辺や角は等しい ・三角形の各辺の垂直二等分線は一点で交わる ・二等辺三角形の底角は等しい

第6章 ロングストーリー

この章では，ストーリー化する内容がこれまでよりもやや長くなるものを取り上げる。第一話から第四話まであり，そのうちの第二話では特に長くなることから，（その一）から（その四）に分けることにした。

第一話 三角形の中線と垂線

次の性質をもとにストーリー化を図ることにしよう。

性質F 「△ABCの頂点Aと辺BCの中点Mを通る半直線に対し，頂点B，Cからそれぞれ垂線を引き，交点をP，QとするならばP，PM＝QMである」

この性質は，直角三角形の合同条件を使う練習問題としてしばしば利用されることがある。

証明： △BPMと△CQMにおいて，∠BPM＝∠CQM＝90°，BM＝CM，∠BMP＝∠CMQだから，△BPM≡△CQMである。よって，PM＝QMである。

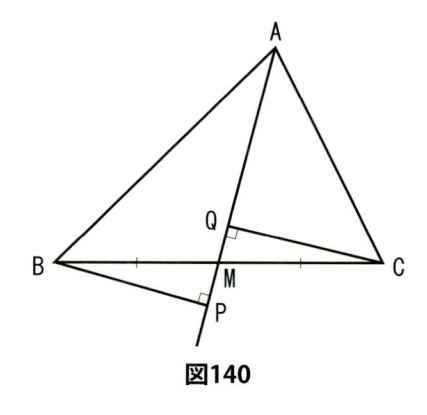

根拠とする性質： ・対頂角は等しい ・直角三角形の合同条件 ・合同な図形の対応する辺は等しい

図140

① **90°で二角相等の条件から90°の条件を減らす**

仮定の一つである頂点B，Cから引いた垂線の条件は，∠BPM＝∠CQMと∠BPM＝90°，∠CQM＝90°であるとみることができる。そこで，∠BPM＝90°，∠CQM＝90°の条件をはずして∠BPM＝∠CQMだけの条件に置き換えてみる。このときにも同じ結論が成り立つ。

すなわち，△BPMと△CQMにおいて，∠BPM＝∠CQM，BM＝CM，∠BMP＝∠CMQだから，△BPM≡△CQMである。よって，PM＝QMである。

従って，次の性質が得られる。

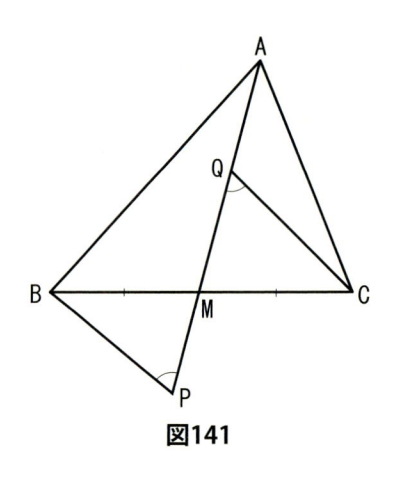

図141

性質1 「△ABCの頂点Aと辺BCの中点Mを通る半直線上に，頂点B，Cからそれぞれ∠BPM＝∠CQMであるように点P，QをとるならばPM＝QMである」（図141）

70

根拠とする性質：・対頂角は等しい　・三角形の合同条件　・三角形の内角の和は180°である　・合同な図形の対応する辺は等しい。

　性質1の証明は性質Fにおける証明と同様に行うことができる。性質Fの証明では∠BPMと∠CQMがともに90°であるという条件を使っていないことから，性質Fにおける仮定である90°の条件を取り除いたわけである。性質1は性質Fをその特殊な場合として含むことから，性質1は性質Fの一つの拡張である。

② **直角の条件を円の直径に関する性質に置き換える**

　円の性質の一つに，円の直径に対する円周角は直角であるという性質がある。
　そこで性質1において，頂点B，Cから垂線を引くかわりに，それを導く条件となる直径に対する円周角に置き換えると，次の性質が得られる。

性質2　「△ABCでAB＞ACとし，頂点Aと辺BCの中点Mを通る半直線と，BM，CMをそれぞれ直径とする円とのM以外の交点をP，Qとするならば，PM＝QMである」（図142）

根拠とする性質：・対頂角は等しい　・直角三角形の合同条件　・合同な図形の対応する辺は等しい　・直径に対する円周角は90°である

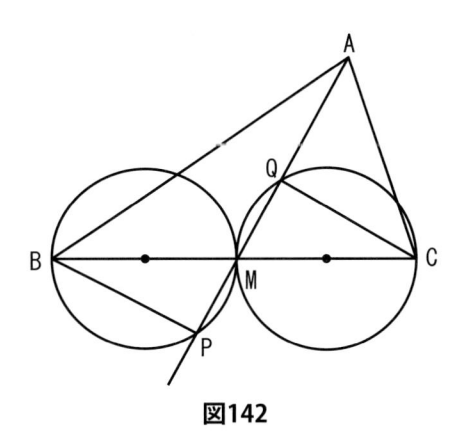

図142

③ **結論を同時に成り立つ他の結論に置き換える**

　性質1において，PM＝QM以外にも成り立つ結論がある。例えば，結論をBP＝CQに入れ換えてみると，次の性質が得られる。

性質3　「△ABCの頂点Aと辺BCの中点Mを通る半直線上に，頂点B，Cからそれぞれ∠BPM＝∠CQMであるように点P，Qをとるならば，BP＝CQである」

④ **等しい二角の条件を平行線の錯角の性質に置き換える**

　さらに，性質3の仮定を，∠BPM＝∠CQMを導くことができる条件であるBP∥CQに置き換えると，次の性質が得られる。

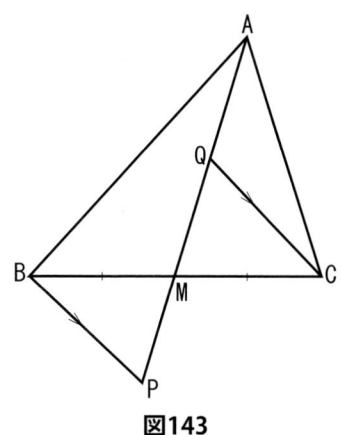

性質4　「△ABCの頂点Aと辺BCの中点Mを通る半直線上に点P，Qをとり，BP∥CQとするならば，BP＝CQである」（図143）

図143

根拠とする性質：・対頂角は等しい　・三角形の合同条件　・平行線の錯角は等しい　・合同

⑤ 平行線の条件を追加し，できた図から結論を探す

性質4の図にMを通りBPに平行な直線mを付け加え，ABとの交点をD，ACの延長との交点をEとし，できた図を見て成り立つ性質を探してみる。（図144）

BPとCQは長さが等しく，それらの長さはDMとMEの調和平均であるという性質が得られる。

性質5 「△ABCの頂点Aと辺BCの中点Mを通る半直線上に点P，QをとりBP∥CQとする。また，Mを通るBPに平行な直線mを引き，AB及びACの延長との交点をそれぞれD，Eとする。このとき，$BP = CQ = \dfrac{2DM \cdot ME}{DE}$である」

証明： 性質4より，BP＝CQであることを根拠として使用する。DM＝a，ME＝b，BP＝CQ＝xとおく。

$$\dfrac{x}{a} = \dfrac{BP}{DM} = \dfrac{AP}{AM}, \quad \dfrac{x}{b} = \dfrac{AQ}{AM},$$

$$\dfrac{x}{a} + \dfrac{x}{b} = \dfrac{AP}{AM} + \dfrac{AQ}{AM}$$

$$= \dfrac{AP + AQ}{AM}$$

△BPM≡△CQMより，PM＝QMだから，AP＋AQ＝AM＋PM＋AM－QM＝2AMである。$\dfrac{x}{a} + \dfrac{x}{b} = \dfrac{AP+AQ}{AM} = \dfrac{2AM}{AM} = 2$より，$\dfrac{x}{a} + \dfrac{x}{b} = 2$である。

よって，$(a+b)x = 2ab$，$x = \dfrac{2ab}{a+b}$，つまり，$BP = CQ = \dfrac{2DM \cdot ME}{DE}$である。

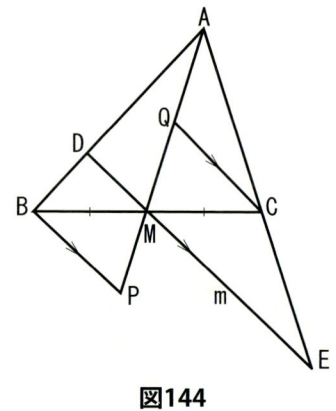

図144

根拠とする性質： ・対頂角は等しい　・平行線の錯角は等しい　・三角形の合同条件　・合同な図形の対応する辺は等しい　・平行線と比例についての性質

⑥ 中点をより一般の条件である任意の点に置き換える

次に，頂点Aと辺BCの中点とを結ぶ代わりに，中点という条件をより一般の条件である任意の点と結ぶことに置き換えてみよう。

すると，次の性質が得られる。

性質6 「△ABCの頂点Aと辺BC上の任意の点Mを通る半直線上に点P，QをとりBP∥CQとするならば，BP：CQ＝BM：CMである」

性質Fの証明では，直角三角形の合同条件を使用したが，この性質6の証明においては，直角三角形の合同条件を使用するかわりに三角形の相似条件を使用するこ

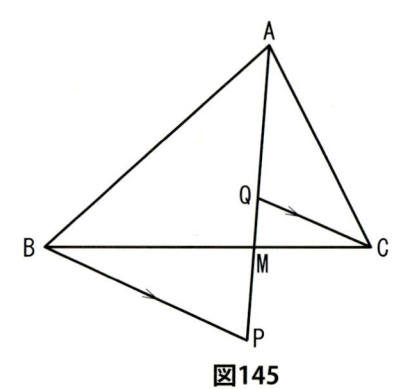

図145

とになる。

　すなわち，△BPMと△CQMにおいて，∠BPM＝∠CQM，∠PBM＝∠QCMより，△BPM∽△CQMである。よって，BP：CQ＝BM：MCである。

根拠とする性質：・三角形の相似条件　・平行線の錯角は等しい　・相似な図形の対応する辺の比は等しい

　性質6において，MがBCの中点ならば，BP：CQ＝BM：MC＝1：1であるから，BP＝CQとなる。従って，性質6は性質4を含み，性質6は性質4の一つの拡張といえる。

⑦　**辺上の点を類似の条件である延長上の点に置き換える**

　次に，性質Fに戻ろう。性質Fでは，辺BC上に点Mをとった。ここでは，BC上に点をとるかわりに，類似の条件である線分BCの延長上に点Mをとると，次の性質が得られる。

性質7　「△ABCの頂点Aと辺BCの延長上の点Mを通る直線に対し，頂点B，Cからそれぞれ垂線を引き，AMとの交点をP，Qとするとき，BM：MC＝2：1ならば，BP：CQ＝2：1である」

証明：　△PBMと△QCMにおいて，∠Mは共通，∠BPM＝∠CQMより△PBM∽△QCMだから，BP：CQ＝BM：CM＝2：1である。

根拠とする性質：・三角形の相似条件　・相似な図形の対応する辺の比は等しい。

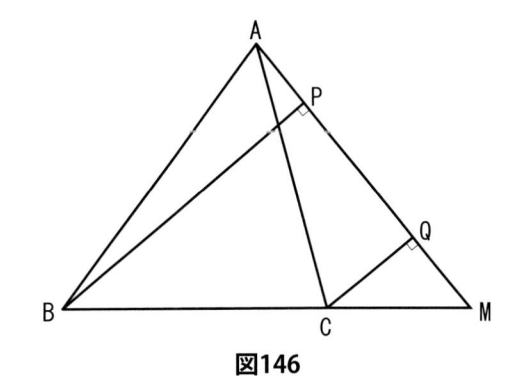

図146

⑧　**垂線を類似の条件である平行線に置き換える**

　性質7において仮定としたB，Cから引いた垂線を類似の条件である平行線に置き換えると，次の性質が得られる。

性質8　「△ABCの頂点Aと辺BCの延長上の任意の点Mを通る直線上に点P，Qをとり，BP∥CQとするならば，BP：CQ＝BM：CMである」

証明：　△PBMと△QCMにおいて，∠Mは共通，∠BPM＝∠CQMより，△PBM∽△QCMである。よって，BP：CQ＝BM：CMである。

根拠とする性質：・三角形の相似条件　・平行線の同位角は等しい　・相似な図形の対応する辺の比は等しい

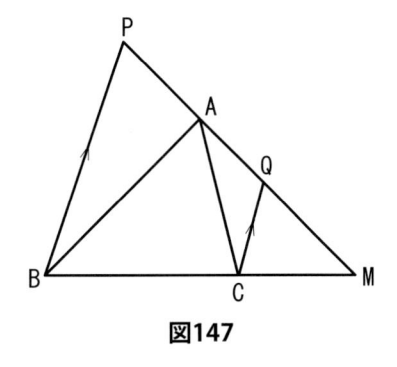

図147

　性質8において，MがBM：MC＝2：1を満たす点であれば，BP：CQ＝2：1となる。従っ

て，性質8は性質7を含むことから，性質8は性質7の一つの拡張といえる。

⑨ 三角形を類似の条件である四角形に置き換える

次に，三角形ABCを四角形ABCDに置き換え，辺BC上に二点M，Nをとり，半直線AM，DNを引く。このとき，AM∥DNであるとしよう。
このとき，次の性質が得られる。

性質9　「四角形ABCDで，BC上に点M，NをBM＝CN，AM∥DNにとる。半直線AM，DNにB，Cからそれぞれ垂線を引き，交点をP，Qとするならば，BP＝CQである」

証明：　∠BMP＝∠AMC＝∠DNC，∠BPM＝∠CQN＝90°，BM＝CNより，△BPM≡△CQNだから，BP＝CQである。

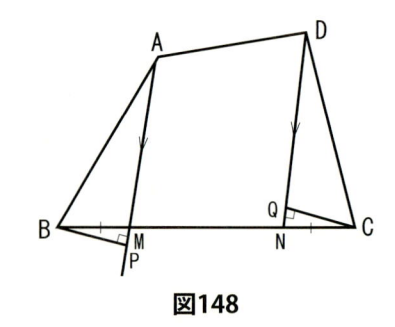

根拠とする性質：・対頂角は等しい　・直角三角形の合同条件　・平行線の同位角は等しい
　　　　　　　　　・合同な図形の対応する辺は等しい

図148

頂点AとDとが一致したときは，四角形ABCDは三角形ABCであるとみることができるので，性質9は性質Fの一つの拡張である。

ところで，性質9において，M，NをBM＝CNであり，かつ，AM∥DNであるようにとるにはどのようにすればよいのだろうか。
次の二通りが考えられる。

(ⅰ) AD，BCそれぞれの中点E，Fをとり，それらを結ぶ。その線分EFに平行に頂点A，Dから直線を引き，BCとの交点をそれぞれM，Nとすれば，性質9の条件を持つ図ができる。このとき，BF＝CF，また，AE＝DEより，MF＝NFだから，BM＝BF－MF＝CF－FN＝CNとなっている。

根拠とする性質：・平行線と比例についての性質の逆

図149

(ⅱ) AB＝CX，AB∥CXである点Xをとる。XとDとを結び，BCの交点をNとする。Aを通るDXに平行な直線を引き，BCとの交点をMとれば，性質9の条件を持つ図ができる。このとき，△ABM≡△XCNだから，BM＝CNとなっている。

根拠とする性質：・平行線の同位角は等しい　・平行線の錯角は等しい　・対頂角は等しい　・三角形の合同条

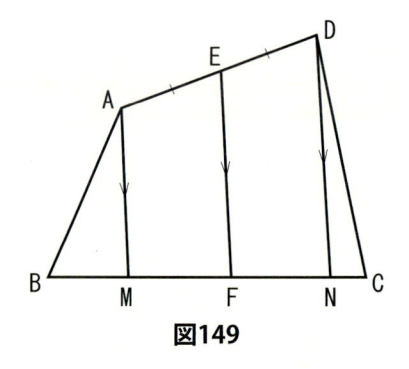

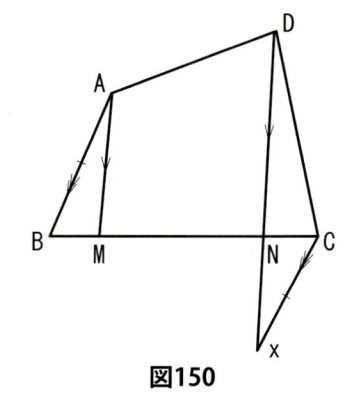

図150

件　・合同な図形の対応する辺は等しい　・三角形の内角の和は180°

⑩　線分の中点を類似の条件である頂角の二等分線と対辺との交点に置き換える

次に，性質Fで仮定とした辺BCの中点を，線分BCを二分する点とみて，これを類似の条件である頂角の二等分線と対辺との交点に置き換えてみよう。

線分BCの中点，すなわち，線分BCを二等分する点のかわりに，∠Aの二等分線とBCとの交点に置き換えると，次の性質が得られる。

性質10　「△ABCの∠Aの二等分線上に点P，Qをとり，BP∥CQとするならば，BP：CQ＝AB：ACである」

この性質の証明にはよく知られている，次の性質「△ABCの頂角Aの二等分線と辺BCとの交点をMとするならば，AB：AC＝BM：CMである」が使用される。すなわち，
　　△BPM∽△CQMより，BP：CQ＝BM：MC，
　　∠BAM＝∠CAMより，AB：AC＝BM：MCである。
よって，BP：CQ＝BM：MC＝AB：ACである。

根拠とする性質：・三角形の内角の二等分線とそれを挟む二辺の比についての性質　・三角形の相似条件　・平行線の錯角は等しい　・相似な図形の対応する辺の比は等しい

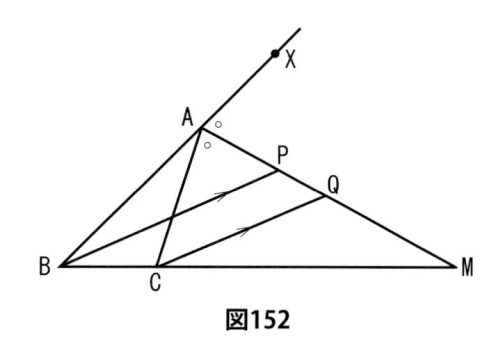

図151

さらに，三角形の内角である∠Aを，類似の条件である∠Aの外角に置き換えると，次の性質が得られる。

性質11　「△ABCの頂角Aの外角の二等分線上に点P，Qをとり，BP∥CQとするならば，BP：CQ＝AB：ACである」

この性質の証明には，よく知られている次の性質「△ABCの∠Aの外角の二等分線と辺BCの延長との交点をMとするならば，AB：AC＝BM：CMである」が使用される。すなわち，
BAの延長上の点をXとすると，
　　∠XAM＝∠CAMより，AB：AC＝BM：MC
　　△BPM∽△CQMより，BP：CQ＝BM：MC
である。よって，BP：CQ＝BM：MC＝AB：ACである。

図152

根拠とする性質：・三角形の外角の二等分線と二辺の比についての性質　・三角形の相似条件　・平行線の同位角は等しい　・相似な図形の対応する辺の比は等しい

⑪　二つの性質の仮定をあわせた仮定をつくり，結論を探す

　　性質Fと性質10のそれぞれの仮定の一部を新たな仮定として使用すると，既によく知られている次の性質が得られる。

性質12　「△ABCの∠Aの二等分線上に点B，Cから垂線を引き，交点をP，Qとする。このとき，BCの中点をMとするならば，△PMQは二等辺三角形である」

証明：　BP，CQをそれぞれ延長し，直線AC，ABの延長との交点をD，Eとする。（図153）
　　　　△ABP≡△ADPより，BP＝PD，AB＝AD，△AEQ≡△ACQ
　　　　より，CQ＝QE，AE＝ACである。また，△BCDにおいて，
　　　　BP＝PD，BM＝MCより，PM＝$\frac{1}{2}$CDである。
　　　　△CBEにおいても同様に，QM＝$\frac{1}{2}$BEである。よって，
　　　　BE＝AB－AE＝AD－AC＝CDより，PM＝QMだから，
　　　　△PMQは二等辺三角形である。

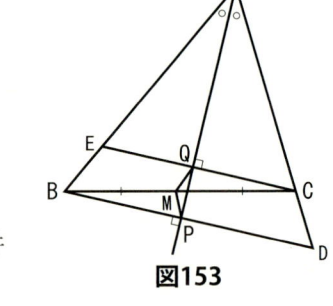

根拠とする性質：・中点連結の定理　・直角三角形の合同条件
　　　　　　　　　・合同な図形の対応する辺の長さは等しい

図153

⑫　角の二等分線を，より一般の条件である二つの角に分ける直線に置き換える

　　性質12において，三角形の∠Aの二等分線のかわりに，∠Aを任意の角に分ける直線に置き換え，同じ仮定とするとき，結論は成り立つであろうか。
　　このときにも△PMQが二等辺三角形になれば，性質12の一つの拡張が得られることになる。実際にこの性質は正しく，次の性質が得られる。

性質13　「三角形ABCの頂点Aを通り，BCと交わる直線にB，Cからそれぞれ垂線を引き，交点をP，Qとする。BCの中点をMとするとき，△PMQは二等辺三角形である」

証明：　頂点Aを通り，BCと交わる直線にB，C，Mからそれぞれ垂線を引き，交点をP，Q，Nとする。また，CQ，MNそれぞれの延長とABとの交点を，X，Yとする。△BCXにおいて，BM＝MC，CX∥MYより，BY＝YXである。また，XC∥YM∥BP，XY＝YBより，QN＝NPである。△MQN≡△MPNより，MQ＝MPだから，△PMQは二等辺三角形である。

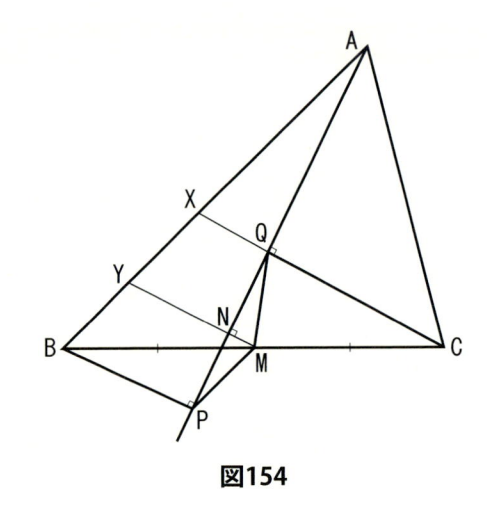

図154

根拠とする性質：中点連結の定理の逆　・平行線と比例についての性質　・直角三角形の合同条件　・合同な図形の対応する辺は等しい　・同位角が等しい二直線は平行である

性質13の証明ができると，この方法は性質12の証明にも使用できることが分かる。このように，拡張される前の性質の新しい証明方法が，拡張することにより見い出すことができる場合がある。

⑬ **内角の二等分線を類似の条件である外角の二等分線に置き換える**

性質12において，∠Aの二等分線のかわりに，∠Aの外角の二等分線に置き換える。
∠Aの外角の二等分線にB，Cからそれぞれ垂線を引き，交点をP，Qとする。また，BPの延長とCAの延長との交点をD，CQの延長とBAの延長との交点をEとする。BCの中点をMとして，△PMQが二等辺三角形であることを証明してみよう。

すなわち，

△ABP≡△ADPより，BP＝PDである。

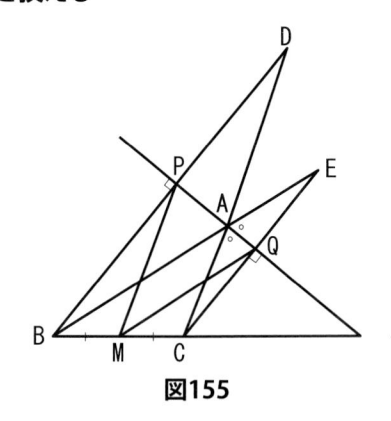

△BCDにおいて，BM＝MC，BP＝PDだから，MP＝$\frac{1}{2}$DCである。また，△ACQ≡△AEQより，CQ＝QEであり，BM＝MCだから，MQ＝$\frac{1}{2}$BEである。DC＝AC＋AD＝AE＋AB＝BE，MP＝$\frac{1}{2}$DC＝$\frac{1}{2}$BE＝MQより，△PMQは二等辺三角形である。

従って，次の性質が得られる。

性質14　「三角形ABCの∠Aの外角の二等分線にB，Cからそれぞれ垂線を引き，交点をP，Qとする。BCの中点をMとするとき，△PMQは二等辺三角形である」（図155）

根拠とする性質：・対頂角は等しい　・直角三角形の合同条件　・合同な図形の対応する辺は等しい　・中点連結の定理

⑭ **角の二等分線をより一般の条件である二つの角に分ける直線に置き換える**

性質14において，三角形の∠Aの外角の二等分線のかわりに，∠Aの外角を任意の角に分ける直線に置き換え，同じ仮定とするときはどうであろうか。

このときにも△PMQが二等辺三角形になれば，性質14の一つの拡張が得られることになる。実際にこの性質は正しく，次の性質が得られる。

性質15　「三角形ABCの頂点Aを通りBCの延長と交わる直線にB，Cからそれぞれ垂線を引き，交点をP，Qとする。BCの中点をMとするとき，△PMQは二等辺三角形である」（図156）

証明：　頂点Aを通りBCの延長と交わる直線に中点Mから垂線を引き，交点をNとする。

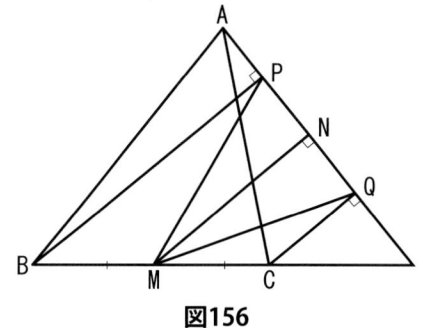

BP∥MN∥CQ，BM＝MCより，PN＝NQである。△NPM≡△NQMより，MP＝MQである。よって，△PMQは二等辺三角形である。

根拠とする性質：・平行線と比例についての性質　・直角三角形の合同条件　・合同な図形の対応する辺は等しい　・同位角が等しい二直線は平行である

⑮　**線分の中点を線分の両端から等距離にある点に置き換える**

　性質Fにおける辺BCの中点であるという条件は，BC上に二点M，Nをとり，BM＝CN，BM＋CN＝BCの二つの条件を同時に満たすこととみることができる。この二つの条件のうち，BM＋CN＝BCの条件をはずし，BM＝CNだけを仮定として使用すると，次の性質が得られる。

性質16　「△ABCの辺BC上に点M，NをBM＝CNであるようにとる。B，Cからそれぞれ半直線AM，ANに対し，垂線を引き，交点をそれぞれP，Qとするならば，BP：CQ＝AN：AMである」
（図157）

証明：△ABMと△ACNのそれぞれの面積を求める。
BM＝CN，Aからの高さは共通より，
△ABM＝△ACN
また，△ABM＝$\frac{1}{2}$AM・BP
△ACN＝$\frac{1}{2}$AN・CQ
よって，AM・BP＝AN・CQである。
この式を比例式に直すと，BP：CQ＝AN：AMが得られる。

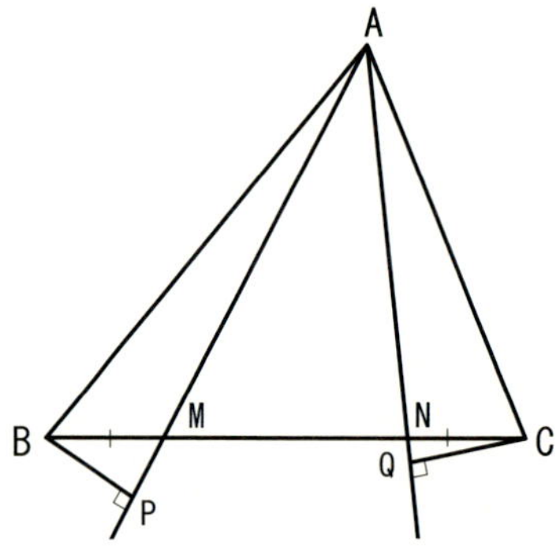

根拠とする性質：・三角形の面積は，$\frac{1}{2}$×底辺×高さである　・比例式において，内項の積と外項の積は等しい

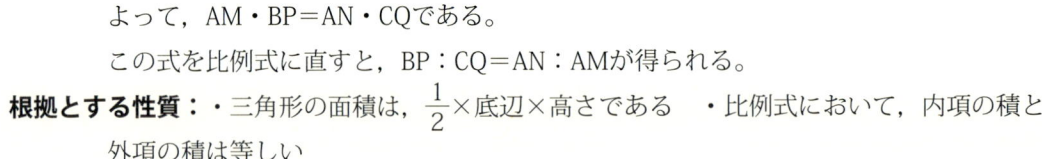

　性質16において，M，Nが一致したときが性質Fと考えることができるので，性質16は性質Fの一つの拡張といえる。

⑯　**辺上の点を類似の条件である辺の延長上の点に置き換える**

　点M，Nを図のようにBCの延長上にとってみよう。
BM＝CNであるようにCBの延長上にM，BCの延長上にNをとる。このとき，△ABMと△ACNのAからの高さは共通なので，△ABM＝△ACNである。

　頂点BからAMに垂線を引き，交点をP，また，CよりANに垂線を引き，交点をQとすると，

△ABM＝$\frac{1}{2}$AM・BP

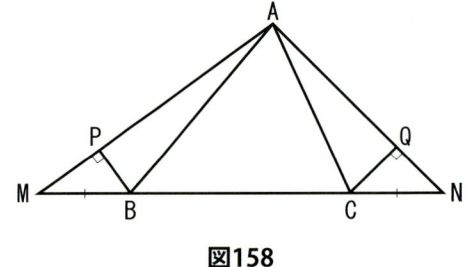

図158

$$\triangle ACN = \frac{1}{2}AN \cdot CQ$$
$$\frac{1}{2}AM \cdot BP = \frac{1}{2}AN \cdot CQ$$

よって，AM・BP＝AN・CQを比例式に直すと，BP：CQ＝AN：AMが得られる。
　従って，次の性質が得られる。

性質17　「△ABCの辺BCの延長上に点M，NをBM＝CNであるようにとる。頂点B，Cからそれぞれ線分AM，ANに対し垂線を引き，交点をそれぞれP，Qとするならば，BP：CQ＝AN：AMである」（図158）

根拠とする性質：・三角形の面積は，$\frac{1}{2}$×底辺×高さである
　　　　　　　　　・比例式において，内項の積と外項の積は等しい

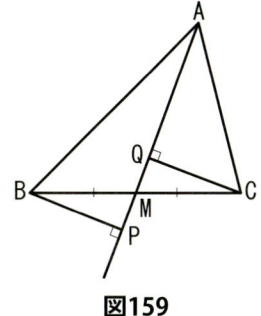

図159

⑰　仮定と結論を入れ換えて逆をつくる

　性質Fを仮定と結論に分けると，仮定は，BM＝CM，BP⊥AP，CQ⊥AMで，結論はPM＝QMである。（図159）
　性質Fの逆である次の二通りはいずれも正しいことが証明できる。

　逆1.「BM＝CM，BP⊥AP，PM＝QMならば，CQ⊥AMである」
　　　　　　　　　　　　　　　　　　　　　　　　　（図160）
　逆2.「BP⊥AP，CQ⊥AM，PM＝QMならば，BM＝CMである」
　　　　　　　　　　　　　　　　　　　　　　　　　（図161）

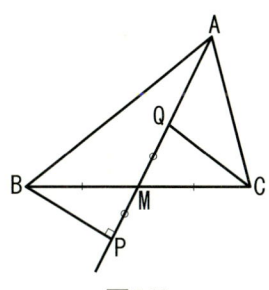

図160

　逆1の証明は，次のようにすることができる。
　△BPMと△CQMにおいて，BM＝CM，PM＝QM，∠BMP＝∠CMQより，△BPM≡△CQMだから，∠CQM＝∠BPM＝90°である。
　逆2の証明は，次のようにすることができる。
　△BPMと△CQMにおいて，∠BPM＝∠CQM＝90°。仮定より，PM＝QM，∠BMP＝∠CMQだから，△BPM≡△CQMである。よって，BM＝MCである。

根拠とする性質：・対頂角の大きさは等しい　・合同な図形の対応する辺は等しい　・三角形の合同条件

図161

⑱　線分の長さが等しいという条件を追加し，結論を探す

　性質16において，新たに仮定を追加して成り立つ性質を探してみよう。
　例えば，BP＝CQという条件と，△ABCが二等辺三角形ではないとする条件を追加すると，次の性質が得られる。

性質18　「△ABCの辺BC上に点M，NをBM＝CNであるようにとり，B，Cからそれぞれ半直線AM，ANに垂線を引き，それぞれの交点をP，Qとする。このとき，BP＝CQならば，MとNは一致する。ただし，△ABCは二等辺三角形ではないとする」

証明：　△BPM≡△CQNより，∠BMP＝∠CNQ，∠BMP＝∠AMNより，∠AMN＝∠CNQである。△AMNにおいて，∠CNQ＝∠ANC＝∠AMN＋∠MANだから，∠CNQ＝∠AMNより，∠MAN＝0°でなければならない。よって，MとNは一致する。

　　　　三角形が二等辺三角形のときは，BP＝CQであっても，MとNは必ずしも一致しない。

根拠とする性質：・直角三角形の合同条件　・対頂角は等しい　・三角形の外角はその内対角の和に等しい

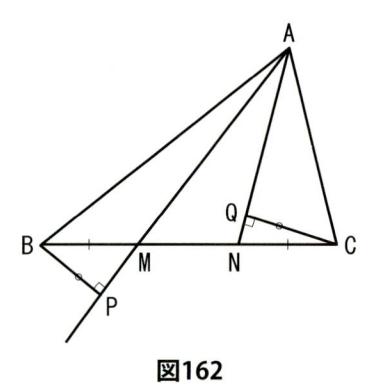

図162

⑲　線分の比についての条件を追加し，結論を探す

性質16ではBM＝CNを仮定したとき，BP：CQ＝AN：AMである結論を得た。性質16の逆が成り立つことは，性質16の証明の仮定を逆にたどれば証明できる。ここでは，BP：CQの比をBP：CQ＝AM：ANに置き換え，性質16の仮定にそれを付け加えて，新たな結論を探してみよう。

（ⅰ）MとNが一致しないとき。

　　　このとき，△ABM＝△ACN

$$\triangle ABM = \frac{1}{2} BP \cdot AM$$

$$\triangle ACN = \frac{1}{2} CQ \cdot AN$$

　　　　　BP・AM＝CQ・AN

　　よって，BP：CQ＝AN：AMである。

仮定より，BP：CQ＝AM：ANだから，AM：AN＝AN：AMである。

すなわち，$AM^2 = AN^2$，AM＝AN＞0だから，AM＝ANである。△AMNは二等辺三角形より，∠AMN＝∠ANM，∠AMB＝∠ANCである。BM＝CNより，△ABM≡△ACNである。よって，AB＝ACである。また，AB＝ACならば，△ABM≡△ACNより，AM＝ANであり，BP：CQ＝AM：ANであり，BP：CQ＝AN：AMである。

（ⅱ）MとNが一致するとき。

AMとANは一致することから，仮定が任意の三角形においても成り立ち，必ずしもAB＝ACであるとは限らない。

従って，次の性質が得られる。

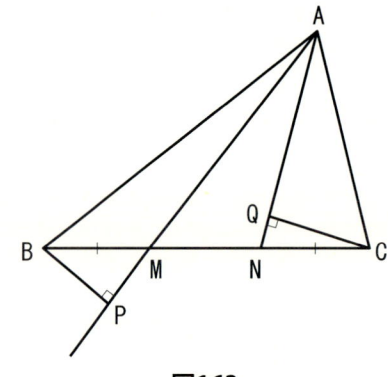

図163

性質19　「△ABCの辺BC上に異なる二点M，NをBM＝CNであるようにとり，B，Cからそれぞれ半直線AM，ANに対し垂線を引き，それぞれの交点をP，Qとする。このとき，BP：CQ＝AM：ANならば，△ABCは二等辺三角形である」

根拠とする性質：・三角形の面積は，$\frac{1}{2}$×底辺×高さである　・比例式において，内項の積と外項の積は等しい　・二等辺三角形の底角は等しい　・平角を分割した角の和は180°である　・三角形の合同条件

⑳　仮定の条件を減らし，結論を探す

性質19において，BP：CQ＝AM：ANの仮定は残し，BM＝CNの条件を取り除くと，結論として，BM：CN＝AM^2：AN^{2}が得られる。

この証明は次のようにすることができる。

すなわち，△ABM＝$\frac{1}{2}$BP・AM

△ACN＝$\frac{1}{2}$CQ・ANだから

$\frac{△ABM}{△ACN}=\frac{BP・AM}{CQ・AN}$である。

また，高さは共通だから，$\frac{△ABM}{△ACN}=\frac{BM}{CN}$である。

$\frac{BP・AM}{CQ・AN}=\frac{BM}{CN}$より，$\frac{BP}{CQ}=\frac{BM}{CN}・\frac{AN}{AM}$であり，

仮定より，$\frac{BP}{CQ}=\frac{AM}{AN}$だから，$\frac{BM}{CN}・\frac{AN}{AM}=\frac{AM}{AN}$である。

$\frac{BM}{CN}=\frac{AM}{AN}・\frac{AM}{AN}=\frac{AM^2}{AN^2}$，よって，$\frac{BM}{CN}=\frac{AM^2}{AN^2}$，

すなわち，BM：CN＝AM^2：AN^{2}である。

従って，次の性質が得られる。

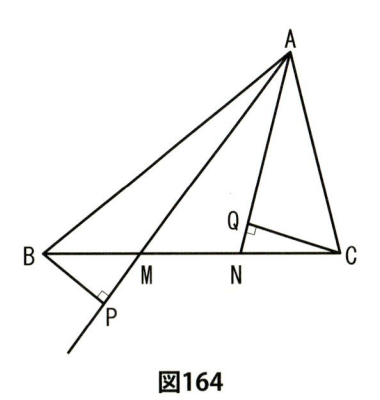

図164

性質20　「△ABCの辺BC上に二点M，Nをとり，B，Cからそれぞれ半直線AM，ANに対し垂線を引き，それぞれの交点をP，Qとする。このとき，BP：CQ＝AM：ANならば，BM：CN＝AM^2：AN^{2}である」（図164）

根拠とする性質：・三角形ABCの面積は，$\frac{1}{2}$×底辺×高さである

性質20では，BM＝CNの場合においても，BM：CN＝AM^2：AN^{2}は成り立っているはずである。従って，性質19における結論を他の結論であるBM：CN＝AM^2：AN^{2}としてもよいはずである。しかし，BM＝CNである条件が仮定されているので，AM＝ANが導かれ，その結果からさらに証明が進み，三角形が二等辺三角形であるという結論を得た。性質20では，BM＝CNの条件がないので，BM：CN＝AM^2：AN^{2}までの結論になったのである。この意味で，性質20は性質19の一つの拡張であるとも考えられる。

図168

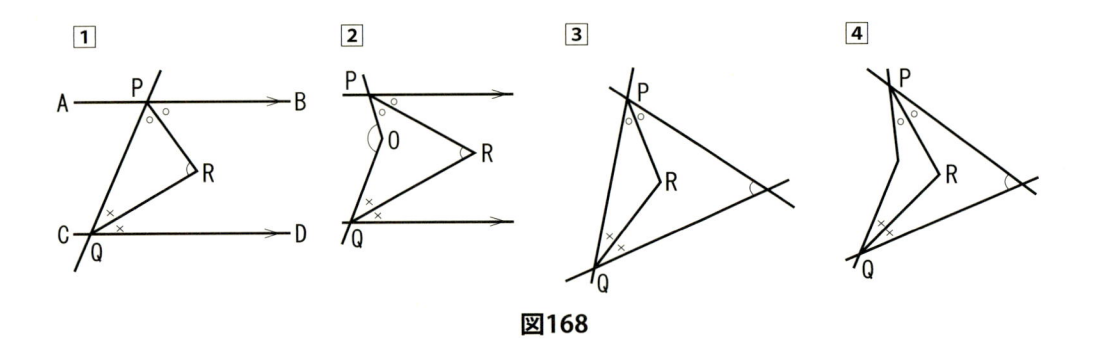

（その一）平行線に直線が交わる

①において，平行線と交わる直線PQ，及び同側内角の二等分線に注目してストーリー化を図る。

① 直線を類似の条件である平行線に置き換える

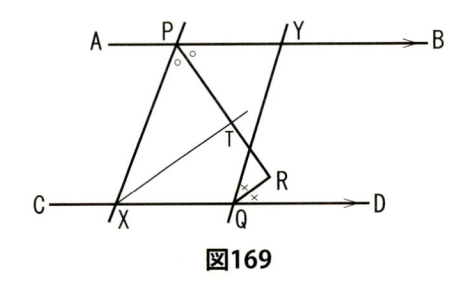

2直線の位置関係には，平行，交わる，重なるの三つの場合がある。①における直線PQを二本の直線が重なっているとみて，そのうちの一本を平行に移動させると，次の性質が得られる。

図169

性質1 「平行線AB，CD上にそれぞれ点P，Qをとる。Pを通る直線がCDと交わる点をXとする。また，Qを通り，PXに平行な直線がABと交わる点をYとする。∠BPX，∠DQYそれぞれの二等分線が点Rで交わるとき，∠PRQ＝90°である」（図169）

証明： Xを通るQRに平行な直線を引き，PRとの交点をTとする。PX∥QY，XT∥QRより，∠PXT＝∠TXDである。性質Gより，∠PTX＝90°である。よって，XT∥QRより，∠PRQ＝∠PTX＝90°である。

根拠とする性質：・平行線の同位角は等しい　・性質G

② 直線をより一般の条件である折れ線に置き換える

性質Gで仮定した直線PQを折れ線POQに置き換えると，∠POQが新たにできるので，この角と∠PRQとの関係を調べてみよう。

$$\begin{aligned}\angle POQ &= \angle BPO + \angle DQO \\ &= 2\angle BPR + 2\angle DQR \\ &= 2(\angle BPR + \angle DQR) \\ &= 2\angle PRQ\end{aligned}$$

従って，次の性質を見い出すことができる

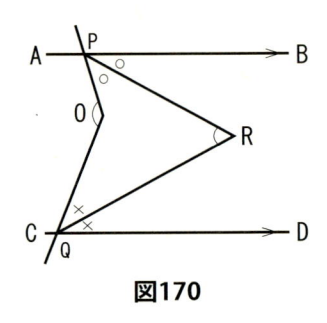

図170

性質2 「平行線AB，CDと折れ線との交点をそれぞれP，Qとし，折れ線の頂点をOとする。

84

∠BPO，∠DQOそれぞれの二等分線の交点をRとする。このとき，∠POQ＝2∠PRQ である」（図170）

根拠とする性質：・p.43の性質1

ここで，性質Gと性質2とを比較してみよう。

図167では点Oの存在が見あたらなかったが，性質2の視点から見ると直線PQ上に点Oをとると，点Oは図172における∠POQにあたると見ることができる。つまり，性質Gは∠POQが180°である特別な折れ線としてみることができる。

従って，性質2は性質Gを特別な場合として含むので性質Gの拡張といえる。

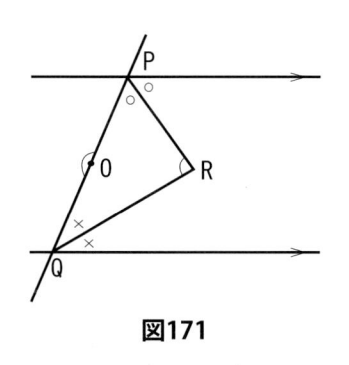

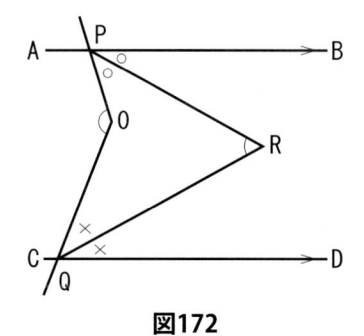

図171　　　　　　　図172

③　**角を類似の条件であるその補角に置き換える**

性質Gでは，平行線の内部にできる同側内角をそれぞれ二等分した。ここではその一方をその角の補角に置き換えると，次の性質を見い出すことができる。

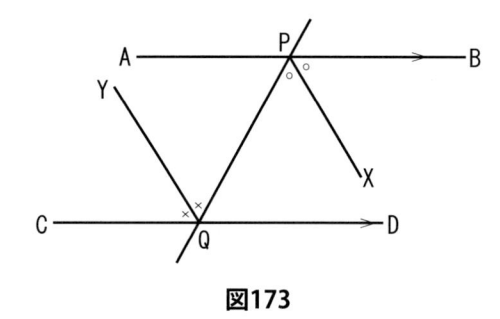

図173

性質3　「平行線AB，CDに直線が交わるとき，その交点をP，Qとする。∠BPQ，∠CQPそれぞれの二等分線は平行である」（図173）

証明：　∠BPQ＝∠CQPより，∠QPX＝∠PQYである。よって，PX∥QYである。

根拠とする性質：・平行線の錯角は等しい，及びその逆

④　**角の二等分線を類似の条件である角を三等分する線に置き換える**

性質Gでは，仮定として同側内角をそれぞれ二等分したが，これを類似の条件である∠BPQを三等分する仮定に置き換えると∠PQDの二等分線との交角が二つできる。

これらの二つの交角の和x_1+x_2を求めてみよう。

∠PQDの二等分線と∠BPQを三等分する線（三等分線ということにする）との交角をx_1，x_2とし，∠BPQ＝3a，∠DQP＝2bとする。

$x_1+x_2=(2a+b)+(a+b)=3a+2b=180°$

従って，次の性質を見い出すことができる。

性質4 「平行線AB, CDに直線が交わるとき, その交点をP, Qとする。また, ∠BPQの三等分線と∠DQPの二等分線の交点をR₁, R₂とする。このとき, ∠PR₁Qと∠PR₂Qの平均は90°である」（図174）

根拠とする性質：・p.43の性質1 ・同側内角の和は180°である

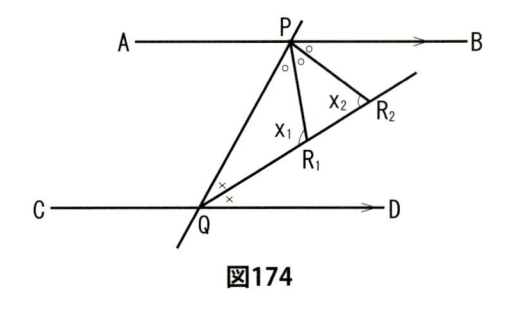

図174

⑤ 角の三等分線を類似の条件である角の四等分線に置き換える

性質4で仮定した∠BPQの三等分線を四等分線に置き換えてみよう。

∠PQDの二等分線と∠BPQの四等分線との交角をx_1, x_2, x_3とし, ∠BPQ＝4a, ∠DQP＝2bとする。

$$x_1+x_2+x_3=(3a+b)+(2a+b)+(a+b)$$
$$=(4a+2b)+(2a+b)=270°$$

従って, 次の性質が得られる。

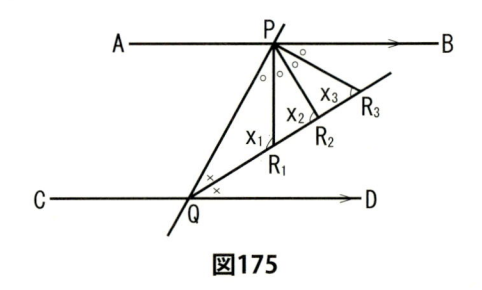

図175

性質5 「平行線AB, CDに直線が交わるとき, その交点をP, Qとする。また, ∠BPQの四等分線と∠DQPの二等分線の交点をR₁, R₂, R₃とする。このとき, ∠PR₁Q, ∠PR₂Q, ∠PR₃Qの平均は90°である」（図175）

根拠とする性質：・p.43の性質1　・同側内角の和は180°である

⑥ より一般の条件である角のn等分に置き換える

これまで∠BPQを二等分する場合から四等分する場合までを調べてきた。

その結果, いずれの場合においても交角の平均は90°であるという共通の結論が得られた。三つの場合を見直してみると, 交角が一つずつ増えるに伴って, 交角の和は90°ずつ増えていることから, ∠BPQをn等分する場合を考えると, 交角の総数は(n-1)個であるから, それらの総和は90°×(n-1), (n-1)個の交角の平均は90°であることが予想される。

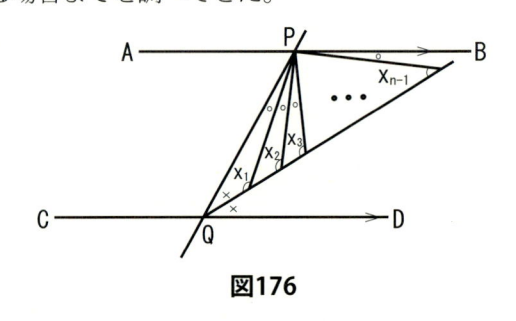

図176

実際に, この予想は正しく, 次のように証明することができる。

すなわち, ∠BPQをn等分した一つをa, ∠DQPを二等分した一つをbとし, ∠BPQのn等分線と∠DQPの二等分線の交角をx_1, x_2, x_3, …, x_{n-1}とする。

$$x_1+x_2+x_3+\cdots+x_{n-1}$$
$$=(n-1)a+b+(n-2)a+b+(n-3)a+b+\cdots+a+b$$

$$= (n-1+n-2+\cdots+1)a+(n-1)b$$
$$= \frac{1}{2}n(n-1)a+(n-1)b$$
$$= \frac{1}{2}(n-1)(na+2b)$$
$$= \frac{1}{2}\times 180°\cdot(n-1)$$
$$= 90°(n-1)$$

よって，交角は(n-1)個できるから，それらの平均は90°である。

従って，次の性質を見い出すことができる。

性質6　「平行線AB，CDに直線が交わるとき，その交点をP，Qとする。∠BPQのn等分線と∠DQPの二等分線とによってできる(n-1)個の交角の平均は90°である」（図176）

根拠とする性質：・p.43の性質1　・平行線の同側内角の和は180°である　・1からn-1までの自然数の和は，$\frac{1}{2}n(n-1)$である

⑦　**2つの角の二等分線を類似の条件である角の三等分線に置き換える**

性質4で∠DQPも三等分すると，四つの交角x_1, x_2, x_3, x_4ができる。

このとき，x_1+x_4，及び，$x_1+x_2+x_3+x_4$を求めてみよう。

いま，∠BPQ＝3a，∠DQP＝3bとすると，
$$x_1+x_4 = (2a+2b)+(a+b)$$
$$= 3a+3b = 180°$$
である。また，
$$x_1+x_2+x_3+x_4$$
$$=(2a+2b)+(a+2b)+(2a+b)+(a+b)$$
$$=2(3a+3b)=180°\times 2=360°$$

従って，次の二つの性質を見い出すことができる。

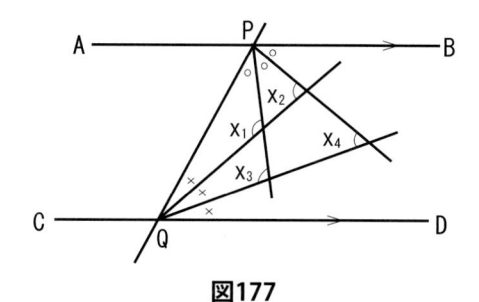

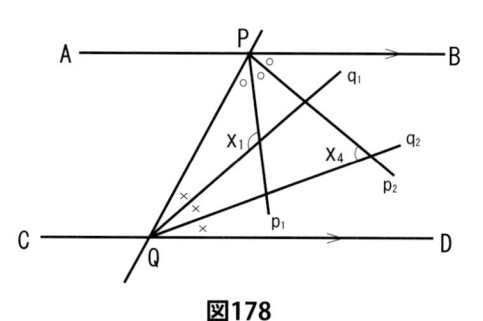

図177

図178

性質7　「平行線AB，CDに直線が交わるとき，その交点をP，Qとする。∠BPQの三等分線をPQに近い方からp_1, p_2とし，∠DQPの三等分線をPQに近い方からq_1, q_2とする。p_1とq_1，及び，p_2とq_2とによってできる交角のうち，x_1とx_4の平均は90°である」（図178）

根拠とする性質：・p.43の性質1　・平行線の同側内角の和は180°である

性質8　「平行線AB，CDに直線が交わるとき，その交点をP，Qとする。∠BPQの三等分線と∠DQPの三等分線とによってできる4つの交角x_1, x_2, x_3, x_4の平均は90°である」（図177）

⑧ より一般の条件である角のn等分線に置き換え，一部の角に注目する

性質7は∠BPQ，及び，∠DQPをそれぞれn等分する場合に拡張することができる。それを調べることにしよう。

いま，∠BPQをn等分した一つをa，∠DQPをn等分した一つをbとし，交角をPQに近い方から，x_1, x_2, …, x_{n-1}とする。

$x_1 + x_2 + \cdots + x_{n-1}$
$= (n-1)a + (n-1)b + (n-2)a + (n-2)b + \cdots + a + b$
$= (n-1+n-2+\cdots+1)a + (n-1+n-2+\cdots+1)b$
$= \frac{1}{2}n(n-1)a + \frac{1}{2}n(n-1)b$
$= \frac{1}{2}(n-1)(na+nb)$
$= \frac{1}{2} \times 180° \cdot (n-1)$
$= 90°(n-1)$

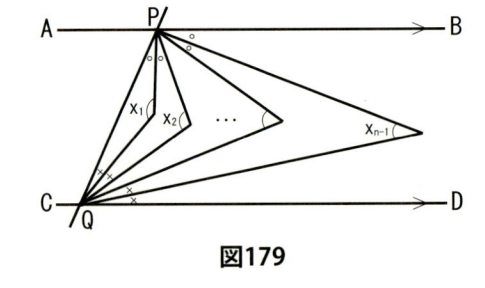

よって，(n-1)個の交角の平均は90°である。

従って，次の性質を見い出すことができる。

図179

性質9　「平行線AB，CDに直線が交わるとき，その交点をP，Qとする。∠BPQのn等分線をPQに近い方からp_1, p_2, …, p_{n-1}とし，同様に，∠DQPのn等分線をm_1, m_2, …, m_{n-1}とする。p_1とm_1との交角，p_2とm_2との交角，…，p_{n-1}とm_{n-1}との交角の平均は90°である」（図179）

根拠とする性質：・p.43の性質1　・平行線の同側内角の和は180°である　・1からn-1までの自然数の和は，$\frac{1}{2}n(n-1)$である

⑨ より一般の条件である角のn等分線に置き換え，すべての角に注目する

性質8も拡張することができる。∠BPQのn等分線をPQに近い方からp_1, p_2, …, p_{n-1}とし，同様に，∠DQPのn等分線をm_1, m_2, …, m_{n-1}とする。m_1とp_1, p_2, …, p_{n-1}との交角を点Qに近い方から，$x_{1,1}$, $x_{1,2}$, …, $x_{1,n-1}$とする。同様に，m_2とp_1, p_2, …, p_{n-1}との交角を$x_{2,1}$, $x_{2,2}$, …, $x_{2,n-1}$, …, m_{n-1}とp_1, p_2, …, p_{n-1}との交角を$x_{n-1,1}$, …, $x_{n-1,n-1}$とする。また，すべての交角の和をSとする。

m_1とp_1, p_2, …, p_{n-1}との交角の和を求める。

$x_{1,1} + x_{1,2} + \cdots + x_{1,n-1}$
$= (n-1)a + (n-1)b + (n-2)a + (n-1)b + \cdots + a + (n-1)b$
$= (n-1+n-2+\cdots+1)a + (n-1)(n-1)b$
$= \frac{1}{2}n(n-1)a + (n-1)(n-1)b$

m_2とp_1, p_2, …, p_{n-1}との交角の和を求める。

$x_{2,1}+x_{2,2}+\cdots+x_{2,n-1}$
$=(n-1)a+(n-2)b+(n-2)a+$
$\quad(n-2)b+\cdots+a+(n-2)b$
$=(n-1+n-2+\cdots+1)a+(n-1)(n-2)b$
$=\dfrac{1}{2}n(n-1)a+(n-1)(n-2)b$

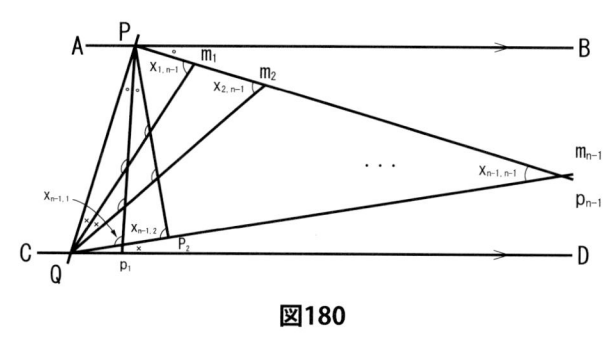

・
・
・

m_{n-1}とp_1, p_2, …, p_{n-1}との交角の和を求める。
$x_{n-1,1}+x_{n-1,2}+\cdots+x_{n-1,n-1}=(n-1)a+b+(n-2)a+b+\cdots+a+b$
$\qquad\qquad\qquad\qquad\qquad\quad=(n-1+n-2+\cdots+1)a+(n-1)b$
$\qquad\qquad\qquad\qquad\qquad\quad=\dfrac{1}{2}n(n-1)a+(n-1)b$

すべての交角の和を求める。
$S=\dfrac{1}{2}n(n-1)a+(n-1)(n-1)b+\dfrac{1}{2}n(n-1)a+(n-1)(n-2)b+\cdots$
$\quad+\dfrac{1}{2}n(n-1)a+(n-1)b$
$=\dfrac{1}{2}n(n-1)(n-1)a+(n-1)(n-1+n-2+\cdots+1)b$
$=\dfrac{1}{2}n(n-1)(n-1)a+\dfrac{1}{2}n(n-1)(n-1)b$
$=\dfrac{1}{2}(n-1)(n-1)(na+nb)$
$=\dfrac{1}{2}\times 180°\cdot(n-1)(n-1)$
$=90°(n-1)(n-1)$

よって，$S=90°(n-1)(n-1)$となり，交角の総数は$(n-1)(n-1)$個であるから，交角の平均は90°である。

従って，次の性質を見い出すことができる。

性質10 「平行線AB，CDに直線が交わるとき，その交点をP，Qとする。∠BPQのn等分線p_1, p_2, …, p_{n-1}と∠DQPのn等分線m_1, m_2, …, m_{n-1}とによってできるすべての交角の平均は90°である」(図180)

根拠とする性質：・p.43の性質1　・平行線の同側内角の和は180°である　・1からn-1までの自然数の和は，$\dfrac{1}{2}n(n-1)$である

以上のことから，∠BPQ，及び∠DQPそれぞれのn等分線とによってできるすべての交角の平均をとると，常に初めの性質Gにおける結論と同じになることが分かる。

⑩ 角の二等分線を類似の条件である角の三等分線に置き換える

性質5は，性質Gの仮定である∠BPQを二等分することから四等分することに置き換えたが，∠DQPについては，二等分する仮定のままで換えることをしなかった。

ここでは，∠DQPを三等分する条件に置き換えて，そのときにできる六つの交角の和について調べることにする。

いま，六つの交角をx_1, x_2, x_3, …, x_6とし，∠BPQを四等分するときの一つをa，∠DQPを三等分するときの一つをbとする。

$x_1+x_2+\cdots+x_6$
$=(3a+2b)+(2a+2b)+\cdots+(a+b)$
$=3(4a+3b)$
$=180°\times 3=540°$

よって，六つの交角の平均は90°となることが分かる。

従って，次の性質を見い出すことができる。

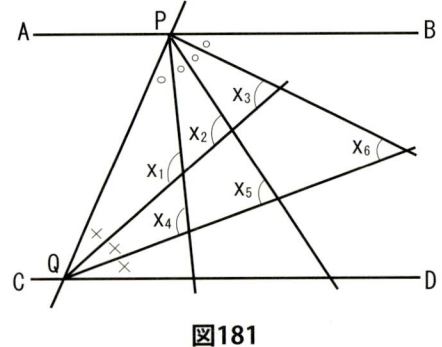

図181

性質11 「平行線AB，CDに直線が交わるとき，その交点をP，Qとする。∠BPQの四等分線と，∠DQPの三等分線とによってできるすべての交角の平均は90°である」

根拠とする性質：・p.43の性質1　・平行線の同側内角の和は180°である

⑪ より一般の条件である角のm等分線と角のn等分線に置き換える

性質11は拡張することができる。∠BPQをm等分，∠DQPをn等分する。このときにできるすべての交角の平均を求めると，次の性質を見い出すことができる。

性質12 「平行線AB，CDに直線が交わるとき，その交点をP，Qとする。∠BPQのm等分線と∠DQPのn等分線とによってできる(m-1)(n-1)個の交角の平均は90°である」

この性質の証明は，性質10の証明と同様の手順で行うことができるのでここでは省略する。

（その二）平行線に折れ線が交わる

次に図168の2に移ろう。平行線であることと折れ線が交わることは換えないで，他の条件を換えることによりストーリー化を図ることにする。

⑫ 内側の角を類似の条件である外側の角に置き換える

2では平行線に挟まれる部分でかつ直線PQに関して同じ側にある二つの角に注目したが，一方の角を平行線の外側につくることを考えてみよう。

このとき，次の性質を見い出すことができる。

第6章 ロングストーリー

性質13　「平行線AB，CD上にそれぞれ点P，Qをとる。また，平行線の外側に点Oをとり，折れ線POQをつくる。∠BPO，及び，∠DQOそれぞれの二等分線の交点をRとするとき，∠POQ＝2∠PRQである」（図183）

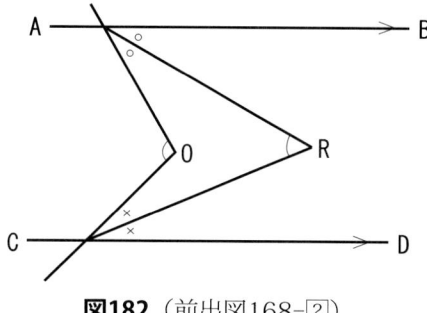

証明：∠BPO＝2a，∠DQO＝2b，∠PRQ＝y，ABとOQの交点をTとする。

くさび形RPTQにおいて，∠PTQ＝∠DQTだから，a＋y＋b＝2bより，y＝b－aである。

また，∠POQ＝xとすると，△OPTにおいて，x＋2a＝2b，x＝2b－2a，よって，x＝2(b－a)＝2y，すなわち，∠POQ＝2∠PRQである。

根拠とする性質：・平行線の錯角は等しい　・三角形の外角はその内対角の和に等しい
　　　　　　　　・p.44の性質2

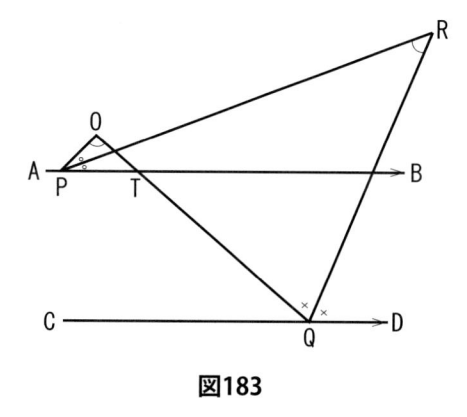

図182　（前出図168-[2]）

図183

ここで，p.48の性質1の拡張とこの性質13を比べてみよう。

二直線の位置関係には，平行，交わる，重なるの三つの場合がある。そこで，性質13の仮定である平行線CDがABに重なる特殊な場合を考えると，性質1の拡張が得られることが分かる。

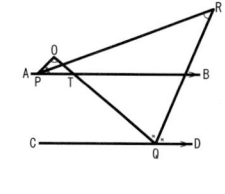

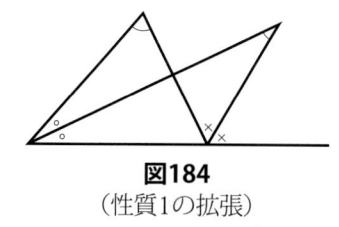

図184（性質1の拡張）

⑬　**角の二等分線を類似の条件である角の三等分線に置き換える**

P.84の性質2において，∠BPOの二等分線を三等分線に置き換え，∠BPOの三等分線と∠DQOの二等分線とによってできる二つの交角の和と，∠POQとの関係を調べてみよう。

∠BPOを三等分したときの一つをa，∠DQOを二等分したときの一つをbとし，2つの交角をx_1，x_2とする。

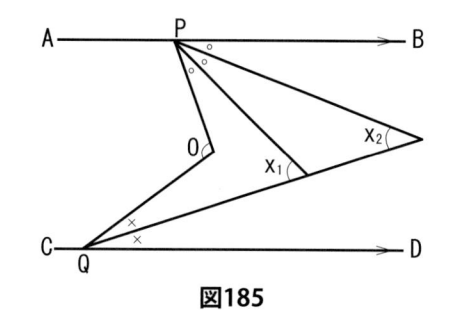

　　$x_1＋x_2＝(2a＋b)＋(a＋b)＝3a＋2b$

∠POQ＝3a＋2bより，$x_1＋x_2＝$∠POQである。

従って，次の性質を見い出すことができる。

図185

性質14　「平行線AB，CDに折れ線が交わるとき，その交点をP，Qとし，折れ線の頂点をOと

する。折れ線によってできる∠POQは，
∠BPOの三等分線と∠DQOの二等分線と
によってできる二つの交角の和に等しい」
（図186）

根拠とする性質： ・p.43の性質1

図186

さらに，他の類似の条件に置き換えてみよう。

性質14において，∠BPOの三等分線を四等分線
に置き換えてみると，交角が三つできるので，それ
らをx_1，x_2，x_3とする。これらの和Xを求めると，

$x_1+x_2+x_3$
$=(3a+b)+(2a+b)+(a+b)$
$=(4a+2b)+(2a+b)$

一方，∠POQ＝4a+2bより，

$x_1+x_2+x_3=∠POQ+\frac{1}{2}∠POQ$

よって，$X=\frac{3}{2}∠POQ$である。

図187

同様に，∠BPOを五等分する場合には，
X＝2∠POQであることが得られる。

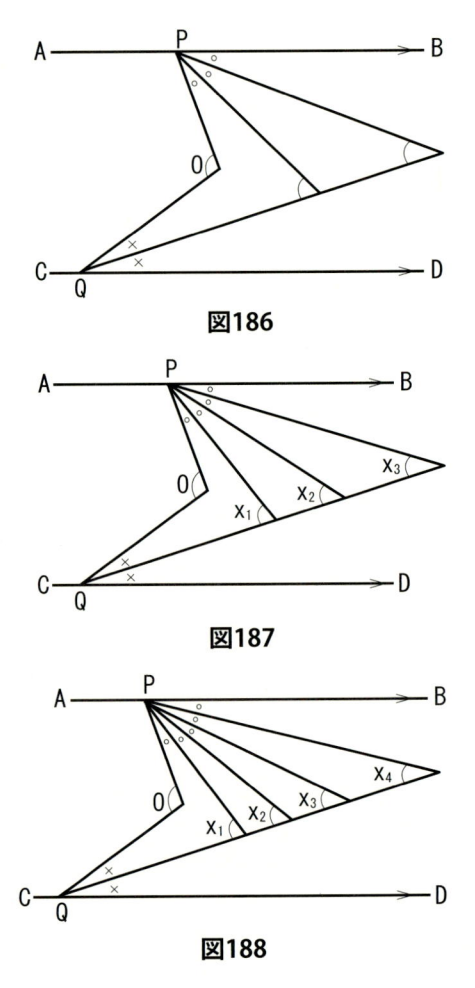

図188

⑭ **より一般の条件である角のn等分線に置き換える**

∠POQと交角の和との関係を見直してみよう。

∠BPOを二等分したときの交角の和は$X=\frac{1}{2}∠POQ$，三等分したときはX＝∠POQ，四等分

したときは$X=\frac{3}{2}∠POQ$，五等分したときはX＝2∠POQであることから推測すると，

次の性質を見い出すことができる。

性質15 「平行線AB，CDに折れ線が交わるとき，その交点をP，Qとし，折れ線の頂点をOと
する。∠BPOのn等分線と∠DQOの二等分線とによってできるすべての交角の和をX
とすると，$X=\frac{1}{2}(n-1)∠POQ$で，すべての交角の平均は，$\frac{1}{2}∠POQ$で一定である」（図189）

証明： ∠BPOをn等分した一つをa，∠DQOを二等分した一つをbとし，∠BPOのn等分線と
∠DQOの二等分線の交角をx_1，x_2，x_3，…，x_{n-1}とする。

$x_1+x_2+x_3+\cdots+x_{n-1}$
$=(n-1)a+b+(n-2)a+b+(n-3)a+b+\cdots+a+b$

$$= (n-1+n-2+n-3+\cdots +1)a+(n-1)b$$
$$= \frac{1}{2}n(n-1)a+(n-1)b$$
$$= \frac{1}{2}(n-1)(na+2b)$$
$$= \frac{1}{2}(n-1)\angle POQ$$

よって，(n-1)個の交角の平均は，
$\frac{1}{2}\angle POQ$である。

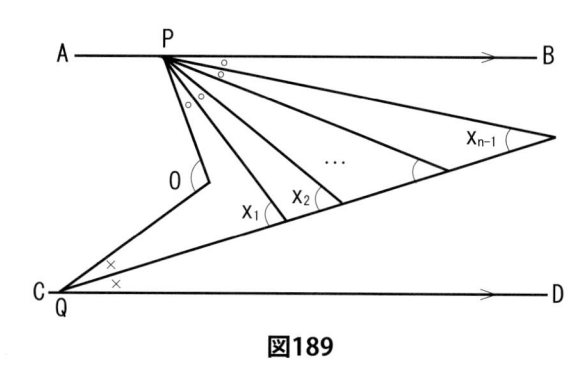

図189

根拠とする性質： ・p.43の性質1 ・1からn-1までの自然数の和は，$\frac{1}{2}n(n-1)$である

⑮ **角の二等分線を類似の条件である角の三等分線に置き換える**

性質14において，∠BPOと∠DQOのそれぞれの三等分線の交角を考えてみよう。

四つの交角のうち，まず，x_1とx_2の和Xを求めてみる。

∠BPOを三等分した一つをa，∠DQOを三等分した一つをbとする。
$$x_1+x_2 = 2a+2b+a+b$$
$$= 3a+3b$$
$$= \angle POQ$$
すなわち，X＝∠POQである。

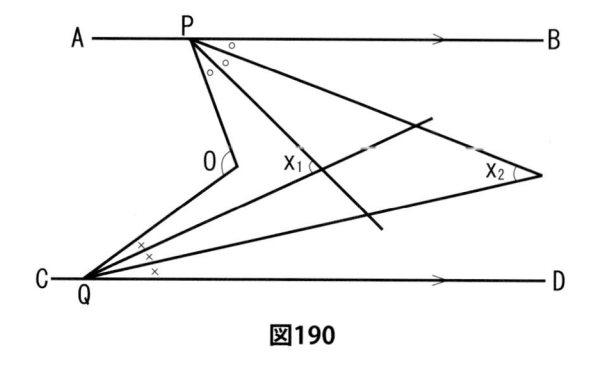

図190

同様に，∠BPOの四等分線と∠DQOの四等分線との交角x_1, x_2, x_3の和Xを求めると，
$$X = 3a+3b+2a+2b+a+b$$
$$= (4a+4b)+(2a+2b)$$
$$= \angle POQ+\frac{1}{2}\angle POQ$$
すなわち，$X=\frac{3}{2}\angle POQ$である。

図191

従って，次の性質を見い出すことができる。

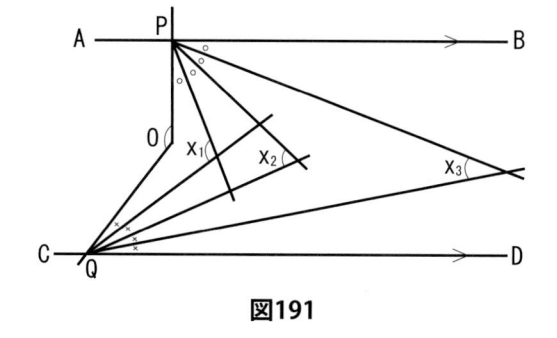

性質16 「平行線AB，CDに折れ線が交わるとき，その交点をP，Qとし，折れ線の頂点をOとする。∠BPO，∠DQOをそれぞれの二等分，三等分，四等分する三通りの場合を考える。∠BPO，∠DQOをそれぞれ等分する直線のうち，折れ線POQからみて，同じ順番で選んだ直線によってできる交角の和をXとすると，Xは$\frac{1}{2}\angle POQ$ずつ増加する」

根拠とする性質： ・p.43の性質1

⑯ **より一般の条件である角のn等分線に置き換え，一部の角に注目する**

性質16をもとにすると，②すなわち性質2(p.84)は拡張することができ，次の性質を見い出すことができる。

性質17 「平行線AB，CDに折れ線が交わるとき，その交点をP，Qとする。折れ線の頂点をOとすると，∠BPOのn等分線p_1, p_2, …, p_{n-1}と∠DQOのn等分線m_1, m_2, …, m_{n-1}とによってできる交角のうち，p_1とm_1との交角，p_2とm_2との交角，…，p_{n-1}とm_{n-1}との交角，これらすべての交角の平均は，$\frac{1}{2}∠POQ$である」

証明： ∠BPOをn等分した一つをa，∠DQOをn等分した一つをbとし，交角を折れ線POQに近い方からx_1, x_2, …, x_{n-1}とする。

$x_1+x_2+…+x_{n-1}$
$=(n-1)a+(n-1)b+(n-2)a+$
$(n-2)b+…+a+b$
$=(n-1+n-2+…+1)a+$
$(n-1+n-2+…+1)b$
$=\frac{1}{2}n(n-1)a+\frac{1}{2}n(n-1)b$
$=\frac{1}{2}(n-1)(na+nb)$
$=\frac{1}{2}(n-1)∠POQ$

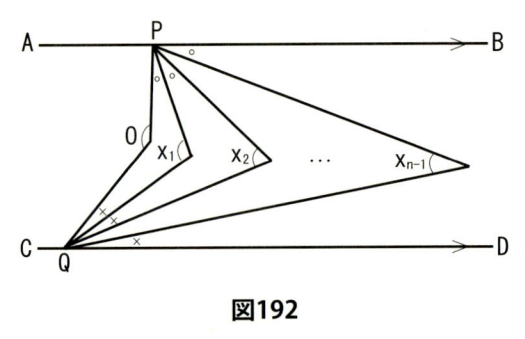

よって，(n-1)個の交角の平均は，$\frac{1}{2}∠POQ$である。

図192

根拠とする性質： ・p.43の性質1 ・1からn-1までの自然数の和は，$\frac{1}{2}n(n-1)$である

⑰ **より一般の条件である角のn等分線に置き換え，すべての角に注目する**

性質17において，∠BPO，及び∠DQOそれぞれのn等分線によりできるすべての交角の和を求めてみよう。

∠BPOのn等分線を折れ線POQに近い方からp_1, p_2, …, p_{n-1}とし，∠DQOのn等分線を折れ線POQに近い方からm_1, m_2, …, m_{n-1}とする。m_1とp_1, p_2, …, p_{n-1}との交角をPOQに近い方から，$x_{1,1}$, $x_{1,2}$, …, $x_{1,n-1}$とする。m_2とp_1, p_2, …, p_{n-1}との交角をPOQに近い方から，$x_{2,1}$, $x_{2,2}$, …, $x_{2,n-1}$とする。同様に，m_{n-1}とp_1, p_2, …, p_{n-1}との交角をPOQに近い方から，$x_{n-1,1}$, $x_{n-1,2}$, …, $x_{n-1,n-1}$とする。また，すべての交角の和をXとする。

図193

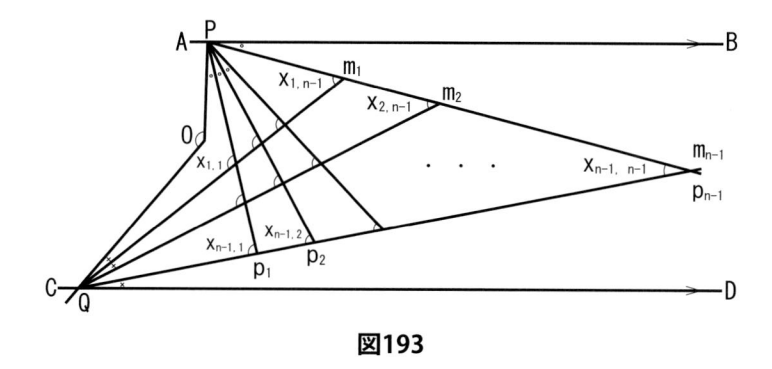

∠BPOをn等分した一つをa，∠DQOをn等分した一つをbとする。

m_1とp_1，p_2，…，p_{n-1}との交角の和を求める。

$\quad x_{1,1}+x_{1,2}+\cdots+x_{1,n-1}$
$=(n-1)a+(n-1)b+(n-2)a+(n-1)b+\cdots+a+(n-1)b$
$=(n-1+n-2+\cdots+1)a+(n-1)(n-1)b$
$=\dfrac{1}{2}n(n-1)a+(n-1)(n-1)b$

m_2とp_1，p_2，…，p_{n-1}との交角の和を求める。

$\quad x_{2,1}+x_{2,2}+\cdots+x_{2,n-1}$
$=(n-1)a+(n-2)b+(n-2)a+(n-2)b+\cdots+a+(n-2)b$
$=(n-1+n-2+\cdots+1)a+(n-1)(n-2)b$
$=\dfrac{1}{2}n(n-1)a+(n-1)(n-2)b$

$\quad\cdot$
$\quad\cdot$
$\quad\cdot$

m_{n-1}とp_1，p_2，…，p_{n-1}との交角の和を求める。

$\quad x_{n-1,1}+x_{n-1,2}+\cdots+x_{n-1,n-1}$
$=(n-1)a+b+(n-2)a+b+\cdots+a+b$
$=\dfrac{1}{2}n(n-1)a+(n-1)b$

すべての交角の和を求める。

$X=\dfrac{1}{2}n(n-1)a+(n-1)(n-1)b+\dfrac{1}{2}n(n-1)a+(n-1)(n-2)b+\cdots+\dfrac{1}{2}n(n-1)a+(n-1)b$

$=\dfrac{1}{2}n(n-1)(n-1)a+(n-1)(n-1+n-2+\cdots+1)b$

$=\dfrac{1}{2}n(n-1)(n-1)a+\dfrac{1}{2}n(n-1)(n-1)b$

$=\dfrac{1}{2}(n-1)(n-1)(na+nb)$

$$=\frac{1}{2}(n-1)(n-1)\angle POQ$$

よって，$X=\frac{1}{2}(n-1)(n-1)\angle POQ$となり，交角の総数は$(n-1)(n-1)$個であるから，交角の平均は，$\frac{1}{2}\angle POQ$である。

従って，次の性質を見い出すことができる。

性質18　「平行線AB，CDに折れ線が交わるとき，その交点をP，Qとし，折れ線の頂点をOとする。∠BPOのn等分線p_1, p_2, …, p_{n-1}と∠DQOのn等分線m_1, m_2, …, m_{n-1}とによってできるすべての交角の平均は，$\frac{1}{2}\angle POQ$である」（図193）

根拠とする性質：・p.43の性質1　・1からn-1までの自然数の和は，$\frac{1}{2}n(n-1)$である

つまり，交角の平均をとると，常にP.84の性質2における結論と同じになることが分かる。

⑱　**三等分線を類似の条件である四等分線に置き換える**

p.84の性質2において，∠BPOを四等分する条件に置き換え，∠DQOを三等分する条件に置き換える。そのときにできる六つの交角の和を求めてみよう

いま，六つの交角をx_1, x_2, x_3, …, x_6とし，∠BPOを四等分するときの一つをa，∠DQOを三等分するときの一つをbとする。

$$x_1+x_2+\cdots+x_6$$
$$=(3a+2b)+(2a+2b)+(a+2b)$$
$$+(3a+b)+(2a+b)+(a+b)$$
$$=3(4a+3b)$$
$$=3\angle POQ$$

よって，六つの交角の平均は，$\frac{1}{2}\angle POQ$となることが分かる。

従って，次の性質を見い出すことができる。

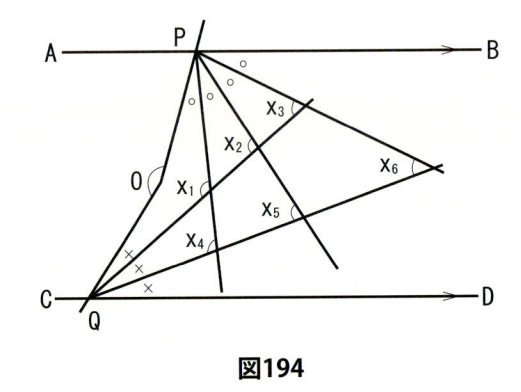

図194

性質19　「平行線AB，CDに折れ線が交わるとき，その交点をP，Qとし，折れ線の頂点をOとする。∠BPOの四等分線と∠DQOの三等分線とによってできるすべての交角の平均は，$\frac{1}{2}\angle POQ$である」（図194）

根拠とする性質：・p.43の性質1

⑲　**より一般の条件である角のm等分線，角のn等分線に置き換える**

これまでの性質14や性質19をもとにすると性質2が拡張できることが予想でき，実際に次

の性質を見い出すことができる。

性質20　「平行線AB，CDに折れ線が交わるとき，その交点をP，Qとし，折れ線の頂点をOとする。∠BPOのm等分線と∠DQOのn等分線とによってできる(m-1)(n-1)個のすべての交角の平均は，$\frac{1}{2}$∠POQである」

この性質の証明は，性質18における証明の手続きと同様にすることができるのでここでは省略する。

以上のことから，すべての交角の平均は，常に$\frac{1}{2}$∠POQであることが分かる。

（その三）交わる二直線に他の直線が交わる

図195は，P.83の性質Gで仮定した平行な直線という条件を，交わるという条件に置き換えたものである。二直線の交点をTとし，∠TPQ，及び，∠TQPそれぞれの二等分線の交点をXとする。交点Xは，△TPQの内接円の中心，すなわち，内心である。内心に関連した性質として，∠PXQ＝$\frac{1}{2}$∠PTQ＋90°があることはよく知られている。この性質は既にp.48で取り上げたものである。

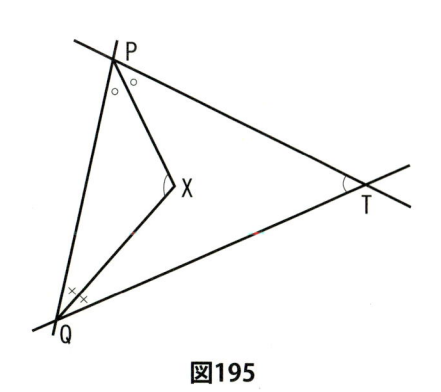

ここでは，三角形の内心に関連した性質「三角形TPQの内心をXとするとき，∠PXQ＝90°＋$\frac{1}{2}$∠Tである」をG1と名付けて，この性質G1をもとにストーリー化を図ることにしよう。

図195

⑳　**二等分線を類似の条件である三等分線に置き換える**

∠TPQの二等分線を三等分線に置き換えると，二つの交角x_1，x_2ができる。この二つの交角の和とその平均を求めてみよう。

いま，∠TPQを三等分するときの一つをa，∠TQPを二等分するときの一つをb，∠T＝tとする。

$$x_1+x_2=(t+2a+b)+(t+a+b)$$
$$=t+(t+3a+2b)$$
$$=t+180°$$

よって，二つの交角の和は，∠T＋180°，平均は，$\frac{1}{2}$∠T＋90°である。

従って，次の性質を見い出すことができる。

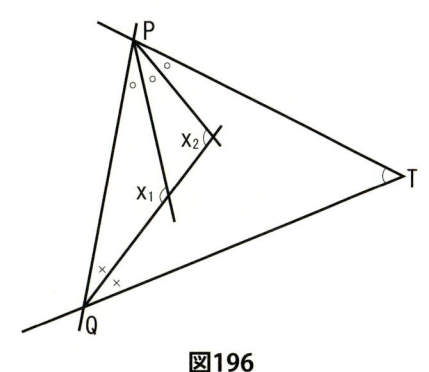

図196

性質21　「二直線が点Tで交わり，他の直線がその二直線と二点P，Qで交わるとき，∠TPQの三等分線と∠TQPの二等分線とによってで

きる二つの交角の平均は，$\frac{1}{2}\angle T+90°$である」（図196）

根拠とする性質：・p.44の性質2　・三角形の内角の和は180°である

さらに，∠TPQの三等分線を類似の条件である四等分線に置き換えると交角が三つできる。これらの和と平均を求めてみよう。

$x_1+x_2+x_3$
$=(t+3a+b)+(t+2a+b)+(t+a+b)$
$=(t+4a+2b)+(\frac{1}{2}t+2a+b)+\frac{3}{2}t$
$=180°+90°+\frac{3}{2}t$
$=270°+\frac{3}{2}t$

すなわち，$\frac{1}{3}(x_1+x_2+x_3)=\frac{1}{2}t+90°$である。
従って，次の性質を見い出すことができる。

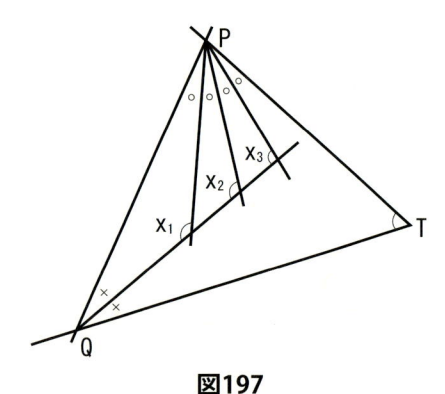

図197

性質22　「2つの直線が点Tで交わり，他の直線がその二本の直線と二点P，Qで交わるとき，∠TPQの四等分線と∠TQPの二等分線とによってできる三つの交角の平均は，$\frac{1}{2}\angle T+90°$である」（図197）

根拠とする性質：・p.44の性質2　・三角形の内角の和は180°である

なお，∠TPQを五等分する場合も同様の手続きを踏むと，四つの交角の平均は，$\frac{1}{2}\angle T+90°$であることが分かる。

㉑　より一般の条件である角のn等分線に置き換える

これまで調べたことから分かったことは，性質G1において，∠TPQの二等分線をそれと類似の条件である三等分線や四等分線に置き換えても結論は変わらず，交角の平均は，常に，$\frac{1}{2}\angle T+90°$であるということである。これらのことから，∠TPQのn等分線と∠TQPの二等分線とによってできる(n-1)個の交角の平均は，$\frac{1}{2}\angle T+90°$であることが予想される。

実際にこの予想は正しく，その証明は次のようにすることができる。

いま，∠TPQをn等分する一つをa，∠TQPを二等分する一つをb，∠PTQ＝t，直線PQに近い順に交角を$x_1, x_2, \cdots, x_{n-1}$とする。

$x_1+x_2+\cdots+x_{n-1}$
$=(t+(n-1)a+b)+(t+(n-2)a+b)+\cdots+(t+a+b)$
$=(n-1)t+(n-1+n-2+\cdots+1)a+(n-1)b$

$$= (n-1)t + \frac{1}{2}n(n-1)a + (n-1)b$$
$$= \frac{1}{2}(n-1)(2t+na+2b)$$
$$= \frac{1}{2}(n-1)(t+180°)$$

よって，(n-1)個の交角の平均は，$\frac{1}{2}t+90°$，

すなわち，$\frac{1}{2}\angle T+90°$である。

従って，次の性質を見い出すことができる。

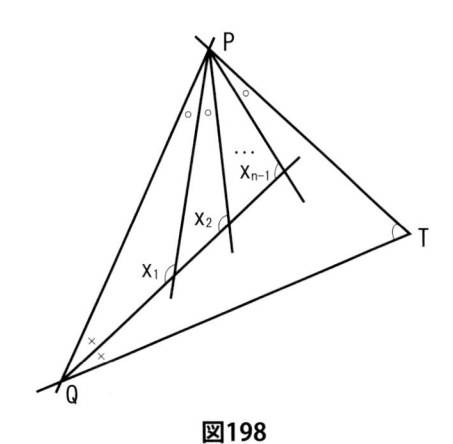

性質23 「二つの直線が点Tで交わり，他の直線がその二本の直線と二点P，Qで交わるとき，∠TPQのn等分線と∠TQPの二等分線とによってできる(n-1)個の交角の平均は，$\frac{1}{2}\angle T+90°$である」(図198)

根拠とする性質：・p.44の性質2　・三角形の内角の和は180°である　・1からn-1までの自然数の和は，$\frac{1}{2}n(n-1)$である

図198

㉒ 角の二等分線を類似の条件である角の三等分線に置き換える

性質G1の仮定である∠TPQ，及び，∠TQPそれぞれの二等分線を，三等分線に置き換えると四つの交角ができる。このうちの二つの交角x_1，x_2の和とその平均を求めてみよう。

いま，∠TPQを三等分する一つをa，∠TQPを三等分する一つをb，∠T=tとする。

$$x_1+x_2 = (t+2a+2b)+(t+a+b)$$
$$= t+(t+3a+3b)$$
$$= t+180°$$

よって，$\frac{1}{2}(x_1+x_2) = \frac{1}{2}t+90°$である。

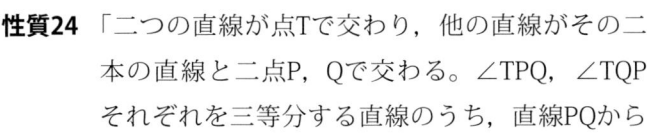

従って，次の性質を見い出すことができる。

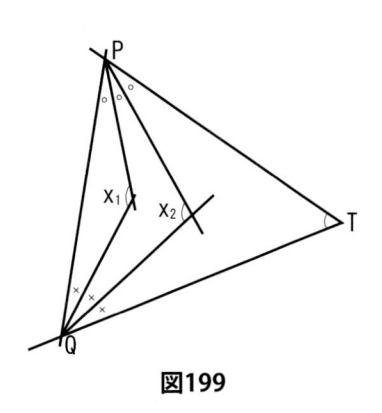

性質24 「二つの直線が点Tで交わり，他の直線がその二本の直線と二点P，Qで交わる。∠TPQ，∠TQPそれぞれを三等分する直線のうち，直線PQからみて，同じ順番で選んだ直線によってできる交角の平均は，$\frac{1}{2}\angle T+90°$である」(図199)

図199

根拠とする性質：・p.44の性質2　・三角形の内角の和は180°である

さらに，∠TPQ，及び，∠TQPをそれぞれを四等分するときにできる同様の三つの交角の和と，その平均を求めてみよう。

いま，∠TPQを四等分する一つをa，∠TQPを四等分する一つをb，∠T=tとする。

$x_1+x_2+x_3$
$=(t+3a+3b)+(t+2a+2b)+(t+a+b)$
$=3t+6a+6b$
$=(t+4a+4b)+(\frac{1}{2}t+2a+2b)+\frac{3}{2}t$
$=180°+90°+\frac{3}{2}t$
$=\frac{3}{2}t+270°$

よって，四等分するときにできる三つの交角の平均は，$\frac{1}{2}t+90°$，すなわち，$\frac{1}{2}\angle T+90°$である。
従って，次の性質を見い出すことができる。

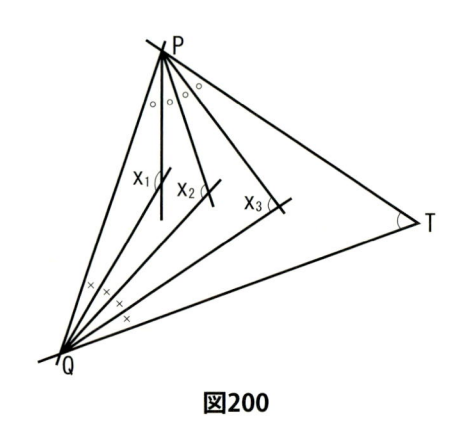

性質25　「二つの直線が点Tで交わり，他の直線がその二本の直線と二点P，Qで交わる。∠TPQ，∠TQPそれぞれを四等分する直線のうち，直線PQからみて，同じ順番で選んだ直線によってできる交角の平均は，$\frac{1}{2}\angle T+90°$である」（図200）

根拠とする性質：・p.44の性質2　・三角形の内角の和は180°である

なお，∠TPQ，∠TQPをそれぞれ五等分する場合も同様の手続きを踏むと，同様の四つの交角の平均は，$\frac{1}{2}\angle T+90°$であることが分かる。

㉓　より一般の条件である角のn等分線に置き換え，一部の角に注目する

これまで調べたことから分かったことは，性質G1において仮定した∠TPQ，及び，∠TQPそれぞれの二等分線を，三等分線，四等分線，五等分線に置き換えてもいずれも結論は変わらず，常に，$\frac{1}{2}\angle T+90°$であるということである。

これらのことから，∠TPQ，∠TQPそれぞれのn等分線によってできる(n-1)個の交角の和の平均は，$\frac{1}{2}\angle T+90°$であることが予想される。

実際にこの予想は正しく，その証明は次のようにすることができる。

いま，∠TPQをn等分する一つをa，∠TQPをn等分する一つをb，∠T=tとし，交角をPQに近い方からx_1, x_2, …, x_{n-1}とする。

$x_1+x_2+\cdots+x_{n-1}$
$=t+(n-1)(a+b)+t+(n-2)(a+b)+\cdots+t+a+b$
$=(n-1)t+(n-1+n-2+\cdots+1)a+(n-1+n-2+\cdots+1)b$
$=(n-1)t+\frac{1}{2}n(n-1)a+\frac{1}{2}n(n-1)b$
$=\frac{1}{2}(n-1)(2t+na+nb)$
$=\frac{1}{2}(n-1)(t+180°)$

よって，(n-1)個の交角の平均は，$\frac{1}{2}t+90°$，すなわち，$\frac{1}{2}\angle T+90°$である。

従って，次の性質を見い出すことができる。

性質26　「点Tで交わる二直線に他の直線が点P，Qで交わるとする。∠TPQのn等分線p_1，p_2，…，p_{n-1}と∠TQPのn等分線m_1，m_2，…，m_{n-1}との交角のうち，p_1とm_1との交角，p_2とm_2との交角，…，p_{n-1}とm_{n-1}との交角すべての平均は，$\frac{1}{2}\angle T+90°$である」（図201）

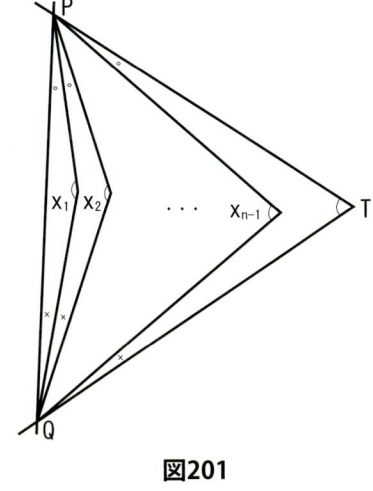

根拠とする性質：・p.44の性質2　・三角形の内角の和は180°である　・1からn-1までの自然数の和は，$\frac{1}{2}n(n-1)$である

㉔　結論を同時に成り立つ他の結論に置き換える

性質24において，角の三等分線によってできる角のうちx_1，x_2に注目して結論を導いたが，ここでは，四つの交角すべてを対象としてそれらの和と，その平均を求めてみる。

いま，四つの交角をx_1，x_2，x_3，x_4とする。
∠TPQ，∠TQPをそれぞれ三等分するとき，その一つずつをa，bとする。

$x_1+x_2+x_3+x_4$
$=(t+2a+2b)+(t+a+2b)+(t+2a+b)+(t+a+b)$
$=4t+6a+6b$
$=2(t+3a+3b)+2t$
$=360°+2t$

よって，交角の平均は，$\frac{1}{2}t+90°$，すなわち，$\frac{1}{2}\angle T+90°$である。

従って，次の性質を見い出すことができる。

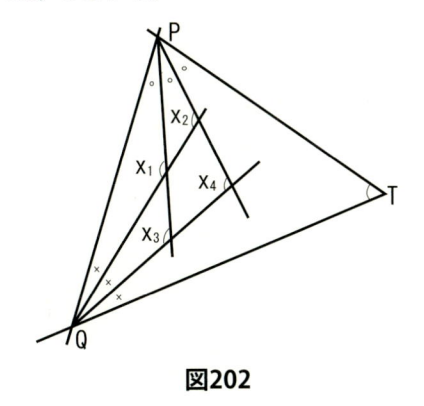

性質27　「二つの直線が点Tで交わり，他の直線がその二本の直線と二点P，Qで交わるとき，∠TPQ，∠TQPそれぞれの三等分線とによってできる四つの交角の平均は，$\frac{1}{2}\angle T+90°$である」（図202）

根拠とする性質：・p.44の性質2　・三角形の内角の和は180°である　・1からn-1までの自然数の和は，$\frac{1}{2}n(n-1)$である

さらに，∠TPQ，及び，∠TQPをそれぞれ四等分する場合を調べてみよう。
いま，∠TPQ，∠TQPをそれぞれ四等分するとき，その一つずつをa，bとする。∠T＝tとす

る。交角は九つできるので，それらをx_1, x_2, …, x_9とする。

$x_1+x_2+\cdots+x_9$
$=(t+3a+3b)+(t+2a+3b)$
$\quad+(t+a+3b)+\cdots+(t+a+b)$
$=9t+18a+18b$
$=4(t+4a+4b)+(\frac{1}{2}t+2a+2b)+\frac{9}{2}t$
$=4\times 180°+90°+\frac{9}{2}t$
$=810°+\frac{9}{2}t$

よって，交角の平均は，$\frac{1}{2}t+90°$，すなわち，$\frac{1}{2}\angle T+90°$である。

この結果は三等分するときの場合と同じである。

根拠とする性質：・p.44の性質2　・三角形の内角の和は180°である

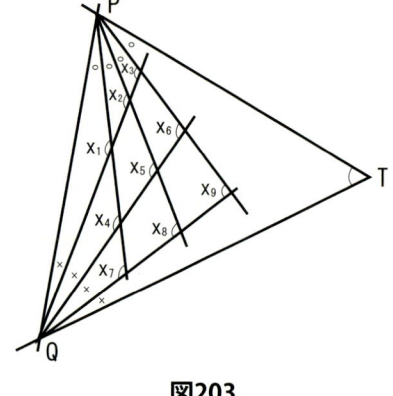

図203

㉕　**より一般の条件である角のn等分線に置き換え，すべての角に注目する**

これまでの結果から考えると，∠TPQ，及び，∠TQPをそれぞれn等分するときも(n-1)(n-1)個の交角の平均は，$\frac{1}{2}\angle T+90°$であることが予想される。

実際にこの予想は正しく，次のように証明することができる。

いま，∠TPQのn等分線をPQに近い方から，p_1, p_2, …, p_{n-1}とし，また，∠TQPのn等分線をPQに近い方から，m_1, m_2, …, m_{n-1}とする。m_1とp_1, p_2, …, p_{n-1}との交角を点Qに近い方から，$x_{1,1}$, $x_{1,2}$, …, $x_{1,n-1}$, m_2とp_1, p_2, …, p_{n-1}との交角を点Qに近い方から，$x_{2,1}$, $x_{2,2}$, …, $x_{2,n-1}$, 同様に，m_{n-1}とp_1, p_2, …, p_{n-1}との交角を点Qに近い方から，$x_{n-1,1}$, $x_{n-1,2}$, …, $x_{n-1,n-1}$とする。また，∠PTQ=t，すべての交角の和をSとする。

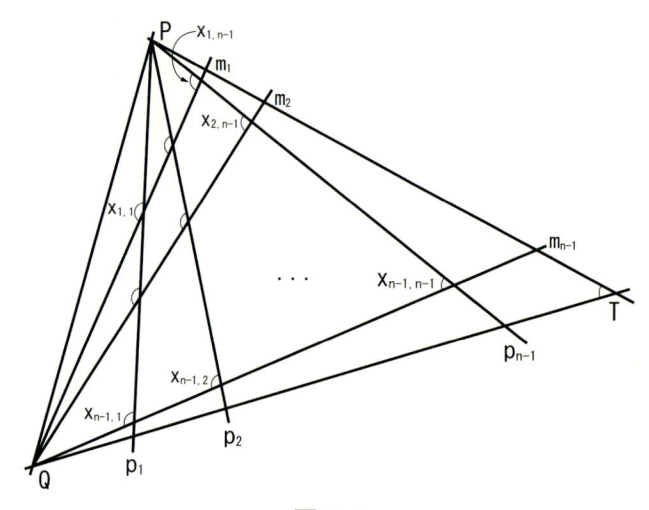

図204

∠TPQ，∠TQPをそれぞれn等分するとき，その一つずつをa，bとする。

m_1 と p_1, p_2, …, p_{n-1} との交角の和を求める。

$\quad x_{1,1} + x_{1,2} + \cdots + x_{1,n-1}$

$= (t+(n-1)a+(n-1)b) + (t+(n-2)a+(n-1)b) + \cdots + (t+a+(n-1)b)$

$= (n-1)t + (n-1+n-2+\cdots+1)a + (n-1)(n-1)b$

$= (n-1)t + \frac{1}{2}n(n-1)a + (n-1)(n-1)b$

m_2 と p_1, p_2, …, p_{n-1} との交角の和を求める。

$\quad x_{2,1} + x_{2,2} + \cdots + x_{2,n-1}$

$= (t+(n-1)a+(n-2)b) + (t+(n-2)a+(n-2)b) + \cdots + (t+a+(n-2)b)$

$= (n-1)t + (n-1+n-2+\cdots+1)a + (n-1)(n-2)b$

$= (n-1)t + \frac{1}{2}n(n-1)a + (n-1)(n-2)b$

$\quad\quad\quad \cdot$
$\quad\quad\quad \cdot$
$\quad\quad\quad \cdot$

m_{n-1} と p_1, p_2, …, p_{n-1} との交角の和を求める。

$\quad x_{n-1,1} + x_{n-1,2} + \cdots + x_{n-1,n-1}$

$= (t+(n-1)a+b) + (t+(n-2)a+b) + \cdots + (t+a+b)$

$= (n-1)t + (n-1+n-2+\cdots+1)a + (n-1)b$

$= (n-1)t + \frac{1}{2}n(n-1)a + (n-1)b$

すべての交角の和を求める。

$S = (n-1)t + \frac{1}{2}n(n-1)a + (n-1)(n-1)b + (n-1)t + \frac{1}{2}n(n-1)a + (n-1)(n-2)b + \cdots + (n-1)t + \frac{1}{2}n(n-1)a + (n-1)b$

$= (n-1)(n-1)t + \frac{1}{2}n(n-1)(n-1)a + (n-1)(n-1+n-2+\cdots+1)b$

$= (n-1)(n-1)t + \frac{1}{2}n(n-1)(n-1)a + \frac{1}{2}n(n-1)(n-1)b$

$= (n-1)(n-1)t + \frac{1}{2}(n-1)(n-1)(na+nb)$

$= \frac{1}{2}(n-1)(n-1)(2t+na+nb)$

$= \frac{1}{2}(n-1)(n-1)(t+t+na+nb)$

$= \frac{1}{2}(n-1)(n-1)(t+180°)$

$= (n-1)(n-1)(\frac{1}{2}t+90°)$

よって，S＝(n-1)(n-1)($\frac{1}{2}$t+90°)となり，交角の数の合計は(n-1)(n-1)個であるから，交角の平均は，$\frac{1}{2}$t+90°，すなわち，$\frac{1}{2}$∠T+90°である。

従って，次の性質を見い出すことができる。

性質28　「点Tで交わる二直線に他の直線が交わるとき，その交点をP，Qとする。
　　　　　∠TPQと∠TQPそれぞれのn等分線によってできるすべての交角の平均は，$\frac{1}{2}$∠T+90°である」(図204)
根拠とする性質：・p.44の性質2　・三角形の内角の和は180°である　・1からn-1までの自然数の和は，$\frac{1}{2}$n(n-1)である

㉖　**角の二等分線を類似の条件である角の四等分線と，三等分線に置き換える**

性質G1において，∠TPQの二等分線を四等分線に，及び，∠TQPの二等分線を三等分線にそれぞれ置き換えると六つの交角ができる。これら六つの交角の和と，その平均を求めてみよう。

いま，∠TPQを四等分するその一つをa，∠TQPを三等分するその一つをbとする。また，∠T＝tとし，交角をx_1, x_2, …, x_6とする。

　　$x_1+x_2+\cdots+x_6$
　＝(t+3a+2b)+(t+2a+2b)+
　　(t+a+2b)+…+(t+a+b)
　＝6t+2(3+2+1)a+9b
　＝6t+12a+9b
　＝3(t+4a+3b)+3t
　＝540°+3t

よって，$\frac{1}{6}(x_1+x_2+\cdots+x_6)=\frac{1}{2}$t+90°である。

図205

従って，次の性質を見い出すことができる。

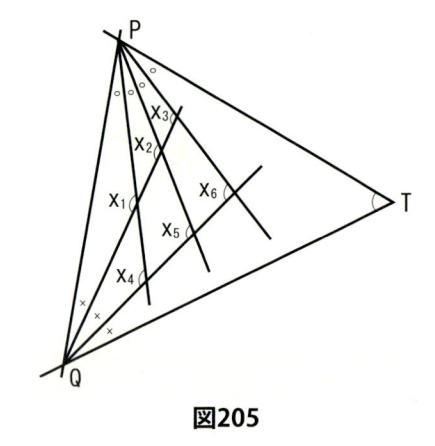

性質29　「二つの直線が点Tで交わり，他の直線がその二本の直線と二点P，Qで交わるとき，
　　　　　∠TPQの四等分線と∠TQPの三等分線とによってできるすべての交角の平均は，
　　　　　$\frac{1}{2}$∠T+90°である」
根拠とする性質：・p.44の性質2　・三角形の内角の和は180°である

なお，∠TPQを五等分，及び，∠TQPを四等分すると，12個の交角ができる。このときにできる12個の交角の和を求めると，6t+1080°であり，その平均を求めると，$\frac{1}{2}$∠T+90°であることも分かる。

㉗　より一般の条件である角のm等分線，角のn等分線に置き換える

これまでのことから，次の性質があることが予想される。

性質30　「点Tで交わる二直線に他の直線がP，Qで交わるとき，∠TPQのm等分線と∠TQPのn等分線とによってできるすべての交角の平均は，$\frac{1}{2}\angle T+90°$である」（図206）

実際にこの予想が正しいことを証明することができる。その証明は，性質28における証明方法と同様の手続きを踏むことによって得られるのでここでは省略する。

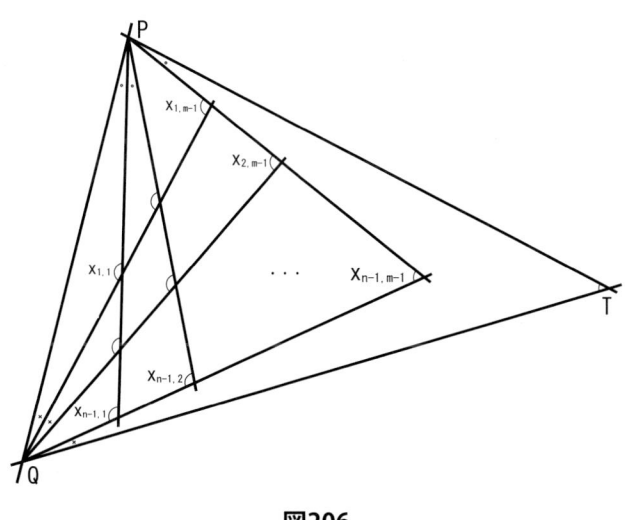

図206

（その四）交わる二直線に折れ線が交わる

p.84の図168-④をもとにストーリー化を図ることにするが，④は性質Gから見い出された新しい性質である。初めに，この④について考えてみよう。

㉘　平行線と直線を類似の条件である交わる直線と折れ線に置き換える

④は，性質Gで仮定とした平行線を交わる二直線に置き換え，また，平行線と交わる直線を折れ線に置き換えたものである。

この図に関しては既にp.45の性質4として取り扱われている。そこで，改めてこの性質をG2と名付けることにする。すなわち，

性質G2　「点Tで交わる二直線に折れ線が交わるとき，交点をP，Qとする。折れ線の頂点をSとし，∠TPS，及び，∠TQSそれぞれの二等分線によってできる交点をXとする。このときにできる交角は，$\angle PXQ=\frac{1}{2}(\angle PTQ+\angle PSQ)$である」（図207）

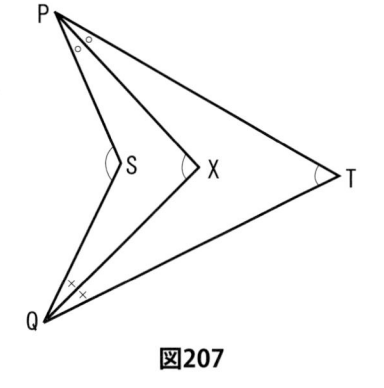

図207

㉙ 角の二等分線を類似の条件である角の三等分線に置き換える

性質G2の仮定である∠TPSの二等分線を三等分線に置き換えてみよう。

このとき，交角はx_1とx_2の二つができるので，これらの和と，∠PTQ，∠PSQとの関係を調べることにする。

いま，∠TPSを三等分する一つをa，∠TQSを二等分する一つをbとする。また，∠PTQ＝t，∠PSQ＝sとする。

$$x_1+x_2=(t+2a+b)+(t+a+b)$$
$$=(t+3a+2b)+t$$
$$=s+t$$

よって，2つの交角の平均は$\frac{1}{2}(s+t)$，すなわち，$\frac{1}{2}(\angle PTQ+\angle PSQ)$である。

従って，次の性質を見い出すことができる。

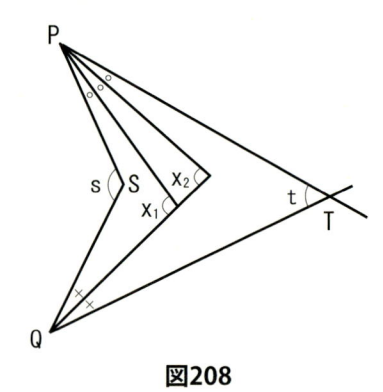

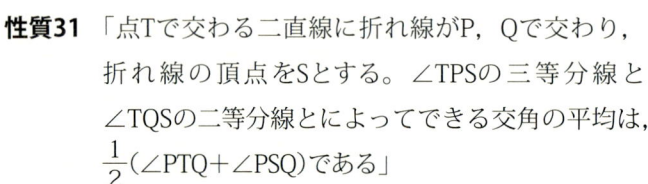

性質31　「点Tで交わる二直線に折れ線がP，Qで交わり，折れ線の頂点をSとする。∠TPSの三等分線と∠TQSの二等分線とによってできる交角の平均は，$\frac{1}{2}(\angle PTQ+\angle PSQ)$である」

根拠とする性質：・p.44の性質2

図208

さらに，∠TPSを四等分線するときの交角の和は，$\frac{3}{2}(\angle PTQ+\angle PSQ)$となり，交角の平均は同じく，$\frac{1}{2}(\angle PTQ+\angle PSQ)$となることも分かる。

㉚ より一般の条件である角のn等分線に置き換える

性質31などから，次の性質が成り立つことが予想される。

性質32　「点Tで交わる二直線に折れ線がP，Qで交わり，折れ線の頂点をSとする。∠TPSのn等分線と∠TQSの二等分線とによってできるすべての交角の平均は，$\frac{1}{2}(\angle PTQ+\angle PSQ)$である」（図209）

実際にこの性質は正しく，次のように証明することができる。

いま，∠TPSをn等分する線を折れ線PSQに近い順に，$p_1, p_2, \cdots, p_{n-1}$とし，それらと∠TQSの二等分線との交角をそれぞれ$x_1, x_2, \cdots, x_{n-1}$とする。また，∠T＝t，∠PSQ＝s，∠TPSをn等分する一つをa，∠TQSを二等分する一つをbとし，すべての交角の和をXとする。

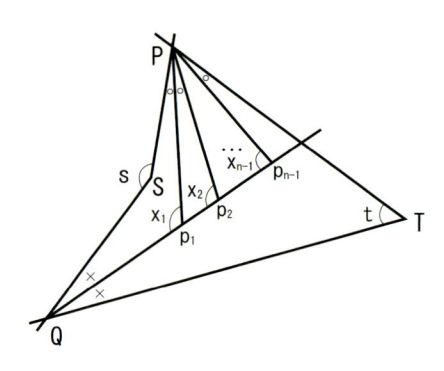

図209

106

$$x_1+x_2+\cdots+x_{n-1}$$
$$=(t+(n-1)a+b)+(t+(n-2)a+b)+\cdots+(t+a+b)$$
$$=(n-1)t+(n-1+n-2+\cdots+1)a+(n-1)b$$
$$=(n-1)t+\frac{1}{2}n(n-1)a+(n-1)b$$
$$=\frac{1}{2}(n-1)(2t+na+2b)$$
$$=\frac{1}{2}(n-1)(t+s)$$

よって，交角の和は，$X=\frac{1}{2}(n-1)(t+s)$であることが分かった。

従って，(n-1)個の交角の平均は，$\frac{1}{2}(\angle PTQ+\angle PSQ)$である。

根拠とする性質： ・p.44の性質2　・1からn-1までの自然数の和は，$\frac{1}{2}n(n-1)$である

㉛　角の二等分線を類似の条件である角の三等分線に置き換える

∠TPS，及び，∠TQSそれぞれの三等分線の交角に注目してみよう。

交角の和は，選び方によって二つの場合が考えられる。図210のように，それぞれの角を等分する線のうち，折れ線PSQからみて同じ順序で選んだ線によってできる交角x_1，x_2を対象とする場合と，図211のように，すべての交角を対象とする場合である。

まず，図210の場合を考えてみよう。

交角が二つできるので，x_1，x_2とし，∠TPSを三等分する一つをa，∠TQSを三等分する一つをbとし，∠PTQ=t，∠PSQ=sとする。
$$x_1+x_2=(t+2a+2b)+(t+a+b)$$
$$=(t+3a+3b)+t$$
$$=s+t$$

すなわち，二つできる交角の和は，∠PTQ+∠PSQである。

従って，次の性質を見い出すことができる。

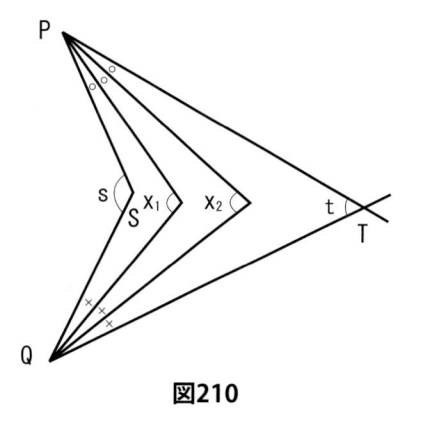

図210

性質33　「点Tで交わる二直線に他の折れ線がP，Qで交わり，折線の頂点をSとする。∠TPSの三等分線を折れ線PSQに近い方からp_1，p_2とし，同様に，∠TQSの三等分線をq_1，q_2とする。p_1とq_1の交角と，p_2とq_2との交角の平均は，$\frac{1}{2}(\angle PTQ+\angle PSQ)$である」（図210）

根拠とする性質：　・p.44の性質2

次に，図211の場合を考えてみよう。

四つの交角を，x_1, x_2, x_3, x_4とする。

$$\begin{aligned}
&x_1+x_2+x_3+x_4 \\
&=(t+2a+2b)+(t+a+2b) \\
&\quad +(t+2a+b)+(t+a+b) \\
&=4t+6a+6b \\
&=2(t+3a+3b)+2t \\
&=2t+2s
\end{aligned}$$

よって，交角の和は，$2(\angle PTQ+\angle PSQ)$であり，その平均は，$\dfrac{1}{2}(\angle PTQ+\angle PSQ)$である。

従って，次の性質を見い出すことができる。

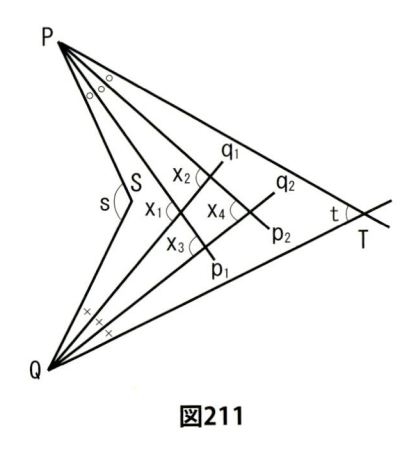

図211

性質34　「点Tで交わる二直線に他の折れ線がP，Qで交わり，折れ線の頂点をSとする。$\angle TPS$の三等分線と$\angle TQS$の三等分線とによってできる四つの交角の平均は，$\dfrac{1}{2}(\angle PTQ+\angle PSQ)$である」(図211)

根拠とする性質：・p.44の性質2

㉜　**より一般の条件である角のn等分線に置き換え，一部の角に注目する**

点Tで交わる二直線に他の折れ線が点P，Qで交わり，折れ線の頂点をSとする。$\angle TPS$のn等分線を折れ線PSQに近い方からp_1, p_2, …, p_{n-1}とし，$\angle TQS$のn等分線を同様にm_1, m_2, …, m_{n-1}とする。p_1とm_1との交角，p_2とm_2との交角，…，p_{n-1}とm_{n-1}との交角をx_1, x_2, …, x_{n-1}とする。このときにできる(n-1)個の交角の和を求めてみよう。

いま，$\angle TPS$, $\angle TQS$をそれぞれn等分するとき，その一つずつをa, bとし，$\angle PTQ=t$, $\angle PSQ=s$とする。

$$\begin{aligned}
&x_1+x_2+\cdots+x_{n-1} \\
&=(t+(n-1)(a+b))+(t+(n-2)(a+b))+\cdots \\
&\quad +(t+a+b) \\
&=(n-1)t+(n-1+n-2+\cdots+1)a+(n-1+n-2 \\
&\quad +\cdots+1)b \\
&=(n-1)t+\dfrac{1}{2}n(n-1)a+\dfrac{1}{2}n(n-1)b \\
&=\dfrac{1}{2}(n-1)(2t+na+nb)
\end{aligned}$$

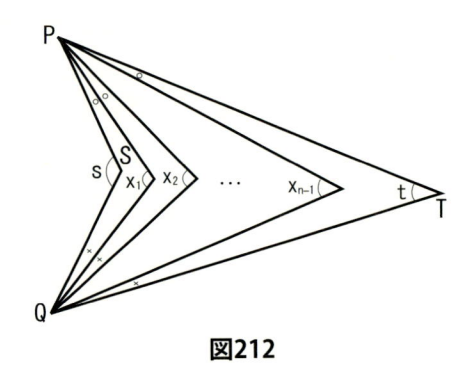

図212

$$= \frac{1}{2}(n-1)(t+s)$$

よって，交角の和は，$\frac{1}{2}(n-1)(\angle PTQ + \angle PSQ)$である。

従って，次の性質を見い出すことができる。

性質35　「点Tで交わる二直線に他の折れ線が点P，Qで交わり，折れ線の頂点をSとする。∠TPSのn等分線p_1，p_2，…，p_{n-1}と，∠TQSのn等分線m_1，m_2，…，m_{n-1}とによってできる交角のうち，p_1とm_1との交角，p_2とm_2との交角，…，p_{n-1}とm_{n-1}との交角の平均は，$\frac{1}{2}(\angle PTQ + \angle PSQ)$である」（図212）

根拠とする性質：・p.44の性質2　・1からn-1までの自然数の和は，$\frac{1}{2}n(n-1)$である

㉝　**より一般の条件である角のn等分線に置き換え，すべての角に注目する**

性質33，34などから，次の性質が成り立つことが予想される。

性質36　「点Tで交わる二直線に他の折れ線がP，Qで交わり，折れ線の頂点をSとする。∠TPSのn等分線と∠TQSのn等分線とによってできるすべての交角の平均は，$\frac{1}{2}(\angle PTQ + \angle PSQ)$である」（図213）

実際にこの性質は正しく，次のように証明することができる。

∠TPSのn等分線を折れ線PSQに近い方からp_1，p_2，…，p_{n-1}とし，∠TQSのn等分線を折れ線PSQに近い方からm_1，m_2，…，m_{n-1}とする。m_1とp_1，p_2，…，p_{n-1}との交角を折れ線PSQに近い方から，$x_{1,1}$，$x_{1,2}$，…，$x_{1,n-1}$とする。m_2とp_1，p_2，…，p_{n-1}との交角を折れ線PSQに近い方から，$x_{2,1}$，$x_{2,2}$，…，$x_{2,n-1}$とする。同様に，m_{n-1}とp_1，p_2，…，p_{n-1}との交角を折れ線PSQに近い方から，$x_{n-1,1}$，$x_{n-1,2}$，…，$x_{n-1,n-1}$とする。

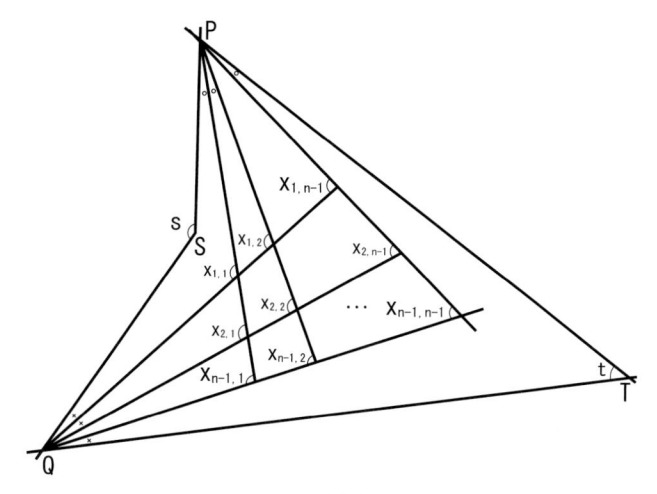

図213

∠TPS，∠TQSそれぞれをn等分するとき，その一つずつをa，bとする。
m_1とp_1，p_2，…，p_{n-1}との交角の和を求める。

　　$x_{1,1} + x_{1,2} + \cdots + x_{1,n-1}$

$$\begin{aligned}
&= t+(n-1)a+(n-1)b+t+(n-2)a+(n-1)b+\cdots+t+a+(n-1)b \\
&= (n-1)t+(n-1+n-2+\cdots+1)a+(n-1)(n-1)b \\
&= (n-1)t+\frac{1}{2}n(n-1)a+(n-1)(n-1)b
\end{aligned}$$

m_2と$p_1, p_2, \cdots, p_{n-1}$との交角の和を求める。

$$\begin{aligned}
&x_{2,1}+x_{2,2}+\cdots+x_{2,n-1} \\
&= t+(n-1)a+(n-2)b+t+(n-2)a+(n-2)b+\cdots+t+a+(n-2)b \\
&= (n-1)t+(n-1+n-2+\cdots+1)a+(n-1)(n-2)b \\
&= (n-1)t+\frac{1}{2}n(n-1)a+(n-1)(n-2)b
\end{aligned}$$

$\vdots$

m_{n-1}と$p_1, p_2, \cdots, p_{n-1}$との交角の和を求める。

$$\begin{aligned}
&x_{n-1,1}+x_{n-1,2}+\cdots+x_{n-1,n-1} \\
&= t+(n-1)a+b+t+(n-2)a+b+\cdots+t+a+b \\
&= (n-1)t+(n-1+n-2+\cdots+1)a+(n-1)b \\
&= (n-1)t+\frac{1}{2}n(n-1)a+(n-1)b
\end{aligned}$$

すべての交角の和を求める。

$$\begin{aligned}
X &= (n-1)t+\frac{1}{2}n(n-1)a+(n-1)(n-1)b+(n-1)t+\frac{1}{2}n(n-1)a+ \\
&\quad (n-1)(n-2)b+\cdots+(n-1)t+\frac{1}{2}n(n-1)a+(n-1)b \\
&= (n-1)(n-1)t+\frac{1}{2}n(n-1)(n-1)a+(n-1)(n-1+n-2+\cdots+1)b \\
&= (n-1)(n-1)t+\frac{1}{2}n(n-1)(n-1)a+\frac{1}{2}n(n-1)(n-1)b \\
&= (n-1)(n-1)t+\frac{1}{2}(n-1)(n-1)(an+bn) \\
&= \frac{1}{2}(n-1)(n-1)(2t+an+bn) \\
&= \frac{1}{2}(n-1)(n-1)(t+t+an+bn) \\
&= \frac{1}{2}(n-1)(n-1)(t+s) \quad (\because) \; t+an+bn=s
\end{aligned}$$

よって，$X=\frac{1}{2}(n-1)(n-1)(t+s)$となり，交角の数は全部で$(n-1)(n-1)$個であるから，すべての交角の平均は，$\frac{1}{2}(t+s)$，すなわち，$\frac{1}{2}(\angle PTQ+\angle PSQ)$である。

根拠とする性質：・p.44の性質2　・1から$n-1$までの自然数の和は，$\frac{1}{2}n(n-1)$である

㉞　角の三等分線を類似の条件である角の四等分線に置き換える

性質33は$\angle TPS$を三等分したが，これを四等分してみよう。$\angle TQS$は三等分のままにすると交角は全部で六個できる。これら六個$x_1, x_2, \cdots, x_6$の和を求めてみる。

いま，$\angle TPS$を四等分し，その一つをa，$\angle TQS$を三等分し，その一つをbとし，$\angle T=t$，$\angle PSQ=s$とする。

$$x_1+x_2+x_3+x_4+x_5+x_6$$

$$= (t+3a+2b)+(t+2a+2b)+(t+a+2b)+$$
$$\cdots +(t+a+b)$$
$$=6t+12a+9b$$
$$=3(t+4a+3b)+3t$$
$$=3s+3t$$

よって，交角の和は，$3(\angle PSQ+\angle PTQ)$である。

従って，次の性質を見い出すことができる。

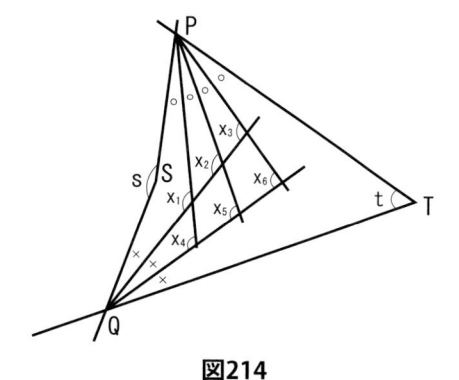

性質37　「点Tで交わる二直線に他の折れ線がP，Qで交わり，折れ線の頂点をSとする。$\angle TPS$の四等分線と$\angle TQS$の三等分線とによってできる六個の交角の平均は，$\frac{1}{2}(\angle PTQ+\angle PSQ)$である」(図214)

根拠とする性質：・p.44の性質2

㉟　より一般の条件である角のm等分線と角のn等分線に置き換える

性質37から，$\angle TPS$のm等分線と$\angle TQS$のn等分線とによってできるすべての交角の平均は，$\frac{1}{2}(\angle PTQ+\angle PSQ)$であることが予想される。

実際に，この性質は正しく，次のように証明することができる。

$\angle TPS$をm等分するときの一つをa，$\angle TQS$をn等分するときの一つをbとし，$\angle T=t$，$\angle PSQ=s$とする。$\angle TPS$のm等分線を折れ線PSQに近い方からp_1，p_2，$\cdots$，p_{m-1}，$\angle TQS$のn等分線を同様にq_1，q_2，$\cdots$，q_{n-1}とする。証明は次の方針で行う。

q_1とp_1，p_2，$\cdots$，p_{m-1}との交角$x_{1,1}$，$x_{1,2}$，$\cdots$，$x_{1,m-1}$の和を求める。次に，q_2とp_1，p_2，$\cdots$，

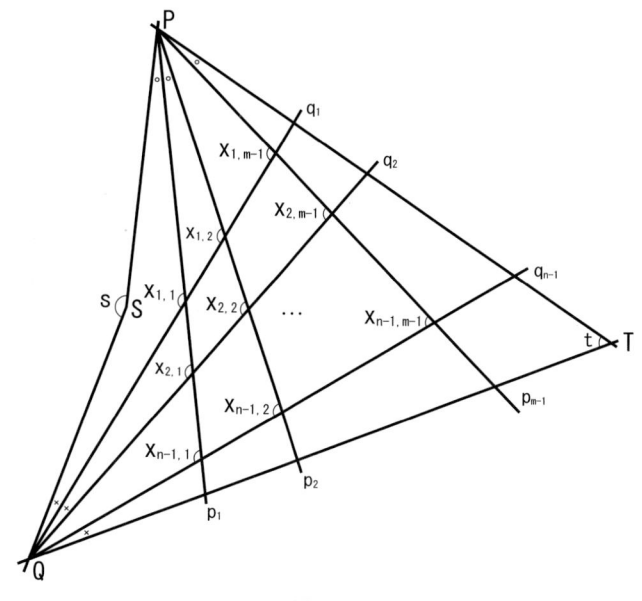

p_{m-1}との交角$x_{2,1}$, $x_{2,2}$, …, $x_{2,m-1}$の和を求める。同様の手続きをして，q_{n-1}とp_1, p_2, …, p_{m-1}との交角$x_{n-1,1}$, $x_{n-1,2}$, …, $x_{n-1,m-1}$の和を求める。さらに，これらの和Xを求め，交角の数の合計は，(m-1)(n-1)個であることより平均を求める。

q_1とp_1, p_2, …, p_{m-1}との交角$x_{1,1}$, $x_{1,2}$, …, $x_{1,m-1}$の和を求める。

$\quad x_{1,1}+x_{1,2}+\cdots+x_{1,m-1}$
$=t+(m-1)a+(n-1)b+t+(m-2)a+(n-1)b+\cdots+t+a+(n-1)b$
$=(m-1)t+(m-1+m-2+\cdots+1)a+(m-1)(n-1)b$
$=(m-1)t+\dfrac{1}{2}m(m-1)a+(m-1)(n-1)b$
$=\dfrac{1}{2}(m-1)(2t+ma+2(n-1)b)$

q_2とp_1, p_2, …, p_{m-1}との交角$x_{2,1}$, $x_{2,2}$, …, $x_{2,m-1}$の和を求める。

$\quad x_{2,1}+x_{2,2}+\cdots+x_{2,m-1}$
$=t+(m-1)a+(n-2)b+t+(m-2)a+(n-2)b\cdots+t+a+(n-2)b$
$=(m-1)t+(m-1+m-2+\cdots+1)a+(m-1)(n-2)b$
$=(m-1)t+\dfrac{1}{2}m(m-1)a+(m-1)(n-2)b$
$=\dfrac{1}{2}(m-1)(2t+ma+2(n-2)b)$

　　　　・
　　　　・
　　　　・

q_{n-1}とp_1, p_2, …, p_{m-1}との交角$x_{n-1,1}$, $x_{n-1,2}$, …, $x_{n-1,m-1}$の和を求める。

$\quad x_{n-1,1}+x_{n-1,2}+\cdots+x_{n-1,m-1}$
$=t+(m-1)a+b+t+(m-2)a+b+\cdots+(t+a+b)$
$=(m-1)t+(m-1+m-2+\cdots+1)a+(m-1)b$
$=(m-1)t+\dfrac{1}{2}m(m-1)a+(m-1)b$
$=\dfrac{1}{2}(m-1)(2t+ma+2b)$

すべての交角の和を求める。
$X=\dfrac{1}{2}(m-1)(2t+ma+2(n-1)b)+\dfrac{1}{2}(m-1)(2t+ma+2(n-2)b)+\cdots+\dfrac{1}{2}(m-1)(2t+ma+2b)$
$=\dfrac{1}{2}(m-1)(2t(n-1)+am(n-1)+2b(n-1+n-2+\cdots+1))$
$=\dfrac{1}{2}(m-1)(2t(n-1)+am(n-1)+2b\cdot\dfrac{1}{2}n(n-1))$
$=\dfrac{1}{2}(m-1)(n-1)(2t+am+bn)$
$=\dfrac{1}{2}(m-1)(n-1)(t+t+am+bn)$
$=\dfrac{1}{2}(m-1)(n-1)(t+s)$ (∵ $t+am+bn=s$)

よって，交角の平均は，$\dfrac{1}{2}(\angle PTQ+\angle PSQ)$である。

従って，次の性質を見い出すことができる。

第6章　ロングストーリー

性質38　「点Tで交わる二直線に他の折れ線がP，Qで交わり，折れ線の頂点をSとする。このとき，∠TPSのm等分線と∠TQSのn等分線によってできるすべての交角の平均は，$\frac{1}{2}$(∠PTQ＋∠PSQ)である」(図215)

根拠とする性質：・p.44の性質2　・1からn-1までの自然数の和は，$\frac{1}{2}$n(n-1)である

㊱　仮定と結論を入れ換えて逆をつくる

性質Gの逆である次の二つの性質を考えてみよう。

性質39　「二直線AB，CDに他の直線がP，Qで交わるとき，∠BPQ及び∠DQPそれぞれの角の二等分線の交角が90°ならば，AB//CDである」(図216)

図216

性質40　「平行な直線AB，CDに他の直線がP，Qで交わるとき，∠BPQの二等分線上の点RとQを結ぶ。このとき，∠R＝90°ならば，QRは∠DQPを二等分する」(図217)

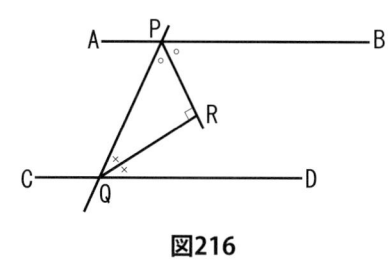

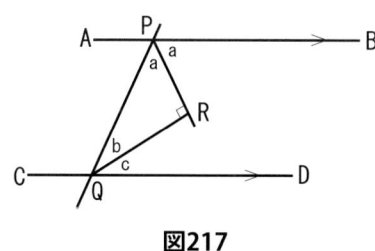

図217

これらの性質が正しいことは，次のように証明することができる。

証明(39)：$\frac{1}{2}$∠BPQ＝a，$\frac{1}{2}$∠DQP＝bとする。このとき，a＋b＝90°，2a＋2b＝2(a＋b)＝180°，すなわち，∠BPQ＋∠DQP＝180°である。よって，AB//CDである。

根拠とする性質：・三角形の内角の和は180°である　・同側内角の和が180°ならば二直線は平行である

証明(40)：$\frac{1}{2}$∠BPQ＝a，∠PQR＝b，∠DQR＝cとする。このとき，AB//CDより，a＋c＝∠R＝90°である。また，△PQRにおいて，∠R＝90°より，a＋b＝90°である。よって，a＋c＝a＋bより，b＝c，つまり，QRは∠DQPを二等分する。

根拠とする性質：・三角形の内角の和は180°である　・p.43の性質1

㊲　仮定と結論を入れ換えて逆をつくる

p.84の性質2の逆である次の二つの性質を考えてみよう。

性質41　「二直線AB，CDに折れ線がP，Qで交わり，折れ線の頂点をSとする。∠BPS及び∠DQSそれぞれの角の二等分線の交点をXとする。このとき∠PSQ＝2∠PXQならば，AB//CDである」(図218)

図218

性質42　「平行な直線AB，CDに折れ線がP，Qで交わり，折れ線の頂点をSとする。∠BPSの

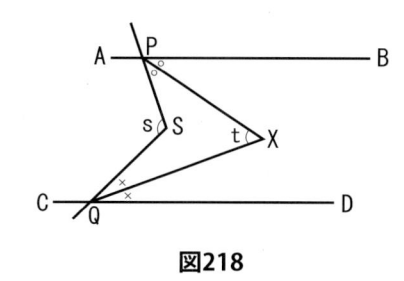

113

二等分線上の点XとQを結ぶとき，∠PSQ＝2∠PXQならば，QXは∠DQSを二等分する」（図219）

これらが正しいことは，次のように証明することができる。

証明(41)：$\frac{1}{2}$∠BPS＝a，$\frac{1}{2}$∠DQS＝b，∠PXQ＝t，∠PSQ＝sとする。
くさび形PXQSにおいて，a＋b＋t＝s，仮定であるs＝2tより，a＋b＋t＝2t，a＋b＝tである。∠BPX＋∠DQX＝∠PXQより，AB∥CDである。
（注）a＋b＝tならばAB∥CDの証明。
Xを通りABに平行な直線TRを引くと，∠BPX＝∠PXT＝a，∠PXQ＝t＝a＋bより，∠QXT＝∠PXQ－∠PXT＝a＋b－a＝b，∠QXT＝b＝∠DQX，
よって，TR∥CD，TR∥ABより，AB∥CDである。

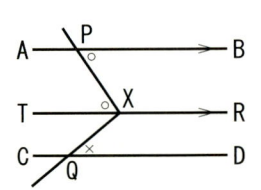

根拠とする性質： ・p.43の性質1　・平行線の錯角は等しい，及びその逆

証明(42)：$\frac{1}{2}$∠BPS＝a，∠XQS＝b，∠DQX＝c，∠PXQ＝t，∠PSQ＝sとする。
AB∥CDよりt＝a＋c，仮定よりs＝2tだから，s＝2a＋2cである。一方，AB∥CDよりs＝2a＋b＋cである。よって，2a＋2c＝2a＋b＋c，2c＝b＋c，b＝cである。すなわち，QXは∠DQSを二等分する。

根拠とする性質： ・p.43の性質1

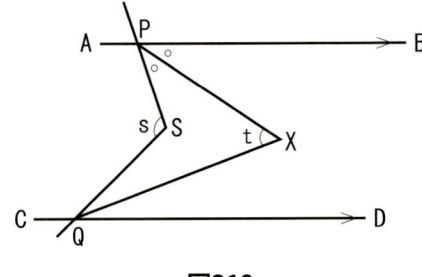

図219

㊳　仮定と結論を入れ換えて逆をつくる

p.97の性質G1の逆である次の性質を考えてみよう。

性質43　「点Tで交わる二直線に他の直線がP，Qで交わるとする。∠TPQの二等分線上に点XをとりXとQを結ぶとき，∠PXQ＝90°＋$\frac{1}{2}$∠PTQならば，QXは∠TQPを二等分する」（図220）

これが正しいことは，次のように証明することができる。

いま，$\frac{1}{2}$∠TPQ＝a，∠XQP＝b，∠TQX＝c，∠PXQ＝x，∠PTQ＝tとする。
仮定より，x＝90°＋$\frac{1}{2}$t，2x＝180°＋tである。
また，△XPQにおいて，x＝180°－a－b，くさび形TPXQにおいて，t＝x－a－c，
xを代入すると，t＝180°－a－b－a－c
　　　　　　　t＝180°－2a－b－c

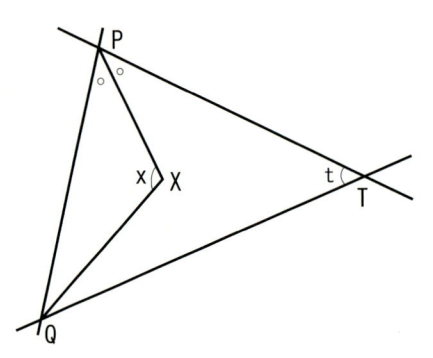

図220

仮定である2x=180°+tのxとtにこれらを代入すると，
360°−2a−2b=180°+180°−2a−b−cが得られる。よって，b=c, すなわち，QXは∠TQP を二等分する。

根拠とする性質： ・三角形の内角の和は180°で
　　　　　　　　　　ある　・p.44の性質2

㊴　仮定と結論を入れ換えて逆をつくる

p.105の性質G2の逆である次の性質を考えてみよう。

性質44　「点Tで交わる二直線に折れ線がP，Qで交わり，折れ線の頂点をSとする。また，∠TPSの二等分線上に点XをとりXとQを結ぶ。このとき，∠PXQ＝$\frac{1}{2}$(∠PTQ＋∠PSQ)ならば，QXは∠TQSを二等分する」

図221

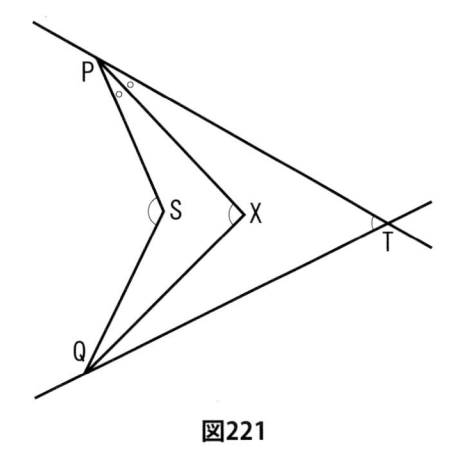

これが正しいことは，次のように証明することができる。

いま，$\frac{1}{2}$∠TPS＝a, ∠XQS＝b, ∠XQT＝c, ∠PXQ＝x, ∠PTQ＝t, ∠PSQ＝yとする。仮定より，x＝$\frac{1}{2}$(t+y), 2x＝t+yである。くさび形PTQSにおいて，t＝y−2a−b−c, くさび形PXQSにおいて，x＝y−a−bである。

これらを2x＝t+yに代入すると，2(y−a−b)＝y−2a−b−c+yが得られる。よって，b=c, すなわち，QXは∠TQSを二等分する。

根拠とする性質： ・p.44の性質2

㊵　反例をつくる

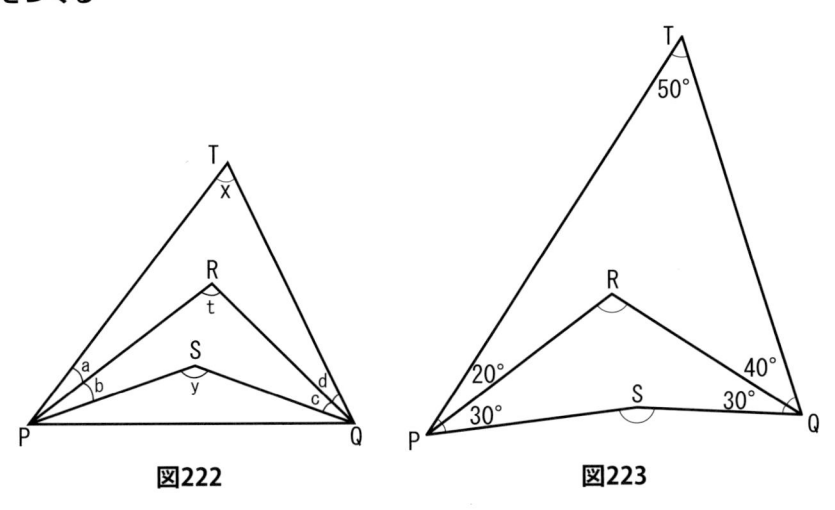

図222　　　**図223**

⑫では，仮定の一部と結論の一部を入れ換えてつくった逆を考えたが，ここでは仮定と結論をすべて入れ換えた逆をつくってみよう。

「点Tで交わる二直線に折れ線がP，Qで交わり，折れ線の頂点をSとする。くさび形PSQTの内

部に点Rをとり，RとP，RとQをそれぞれ結ぶとき，$\angle PRQ = \frac{1}{2}(\angle PTQ + \angle PSQ)$ならば，
PR，QRは∠TPS，∠TQSをそれぞれ二等分する」(図222)
このことが正しいかどうかを考えることにする。

いま，∠TPR＝a，∠SPR＝b，∠RQS＝c，∠TQR＝d，∠PRQ＝t，∠PTQ＝x，∠PSQ＝yとして，$\angle PRQ = \frac{1}{2}(\angle PTQ + \angle PSQ)$のときに，a，b，c，dの関係を調べてみよう。
くさび形PTQRにおいて，t＝x＋a＋d
くさび形PTQSにおいて，y＝x＋a＋b＋c＋d
である。仮定より，2t＝x＋yだから，これらを代入すると，2(x＋a＋d)＝x＋x＋a＋b＋c＋d
が得られる。よって，a＋d＝b＋c，すなわち，このことは，PR，QRは必ずしも∠TPS，∠TQSをそれぞれ二等分するとは限らないことを意味しており，a＋d＝b＋cの関係で決まる角度ならば自由に設定することができるということである。

つまり，ここで考えた逆は成り立つとは限らないことが分かる。その証明には反例を一つあげればよい。この場合にはいろいろあげられるが，例えば，図223のような反例をあげることができる。

第三話　台形と平行線

次の性質はよく知られているものである。

性質H　「台形ABCDでAD∥BCとし，対角線の交点をO，交点Oを通り底辺BCに平行な直線がAB，CDと交わる点をP，Qとする。このとき，PO＝QOである」

この性質の証明は次のようにすることができる。
いま，AD＝a，BC＝b，PO＝x，QO＝yとする。
x：b＝AO：AC＝DQ：DC＝y：b，これより，x：b
＝y：bである。よって，x＝y，すなわち，PO＝QOである。

根拠とする性質：・平行線と比例についての性質

では，性質Hをもとにストーリー化を図ることにしよう。

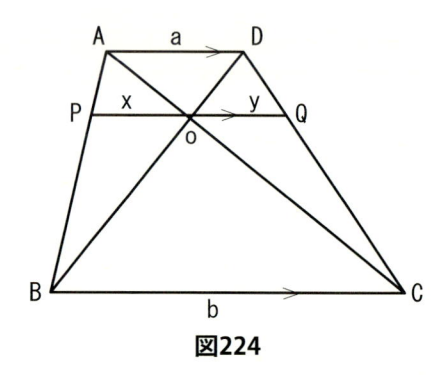

① **対角線の交点を通る線分をより一般の条件である対角線と二点で交わる線分に置き換える**
初めに，ADに平行な線分PQに注目する。
性質Hでは，PQは対角線の交点によって二つの線分POとQOに分けられるが，PQを平行に上下に移動させると三つの線分に分けられる。そこで，分けられた三つの線分の長さについての性質を探すことにする。
線分PQが対角線によって三つの線分に分けられるとき，その三つの線分について，次の性

質を見い出すことができる。

性質1　「台形ABCDでAD∥BCとし，対角線の交点を通らない底辺BCに平行な直線を引き，その直線が辺AB，DC，DB，ACと交わる点をそれぞれP，Q，R，SとするならばPR＝SQである」

線分PQの位置により次の二通りの場合ができる。
　（ⅰ）PQが対角線の交点OとBCとの間にある場合（図225）
　（ⅱ）PQが対角線の交点OとADとの間にある場合（図226）

まず，（ⅰ）の場合を考えてみよう。
　△ABCにおいて，AP：AB＝PS：BC，△DBCにおいて，DQ：DC＝RQ：BCである。BC∥PQより，AP：AB＝DQ：DCだから，PS：BC＝RQ：BCである。
　これより，PS＝RQである。よって，PR＝PS－RS＝RQ－RS＝SQより，PR＝SQである。

　次に（ⅱ）の場合を考えよう。
　（ⅰ）と同様に，PS＝RQである。よって，PR＝PS＋SR＝RQ＋SR＝SQ，すなわち，PR＝SQである。

根拠とする性質：・平行線と比例についての性質

　性質Hの仮定は，PQが二本の対角線と交わること，かつ，二本の対角線の交点を通ることと言い直すことができる。このうち，後者の条件を取り除いたときが，（ⅰ），（ⅱ）であることから，性質1は性質Hの一つの拡張にあたる。

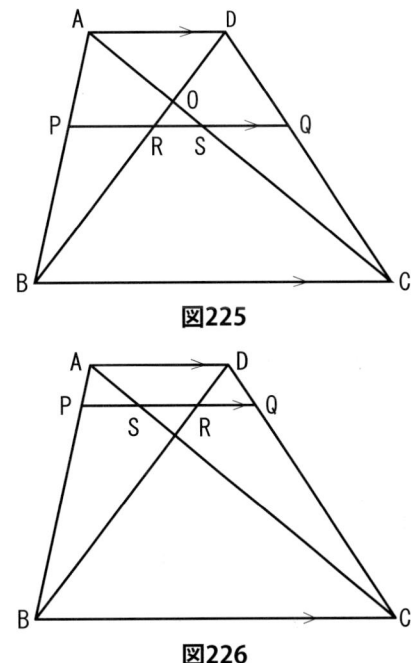

図225

図226

② **三つの線分の長さが等しくなるための必要十分条件を調べる**
　性質1の（ⅰ）の場合で，三つの線分PR，RS，SQに関して，これらの線分の長さは常に等しくはない。そこで，PR＝RS＝SQであるのはどのような場合かを考えてみる。

　いま，PR＝RS＝SQであるとし，ARを延長し，辺BCとの交点をMとする。
　△ABCにおいて，仮定からPR∥BC，PR＝RSであるから，BM＝MCである。また同様に，△DBCにおいて，DSの延長はBCの中点Mを通るから，AP：PB＝AR：RM＝AD：BM＝2AD：2BM＝2AD：BCである。よって，AP：PB＝2AD：BCとなる。つまり，PR＝RS

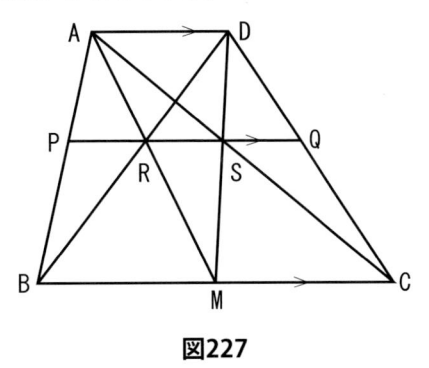

図227

図228-1　　　　　　　　　図228-2

図228-3

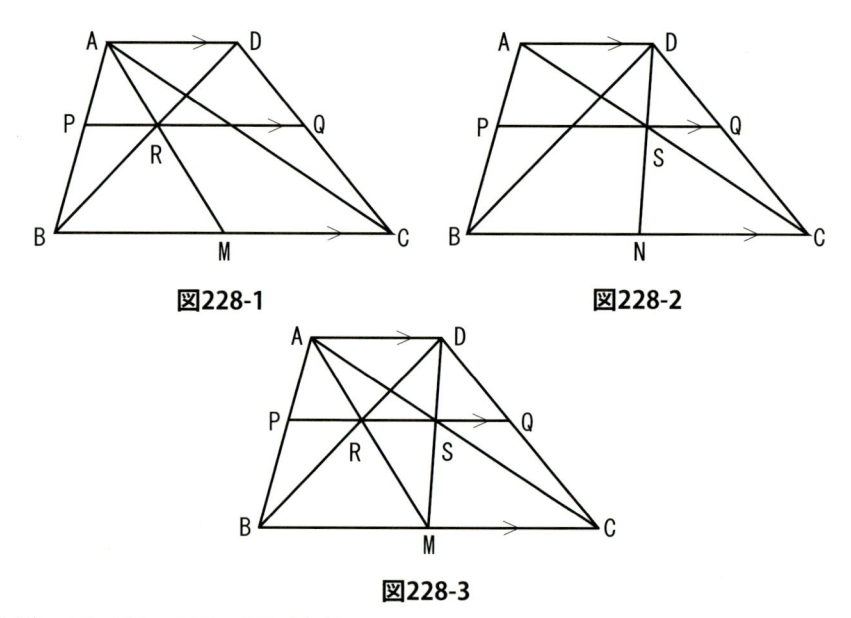

＝SQならば，AP：PB＝2AD：BCである。

　逆に，点PをAP：PB＝2AD：BCとなるようにとり，BCに平行な線分PQをひけば，PQは対角線によって三等分されることがいえる。

　なぜならば，AP：PB＝2AD：BCである点Pを通るBCに平行な線分PQを引き，対角線BD，ACとの交点をそれぞれR，Sとする。また，ARの延長とBCとの交点をMとする。(図228-1)

　PR∥BMより，AP：PB＝AR：RMである。また，AD∥BMより，AR：RM＝AD：BM＝2AD：2BMである。仮定より，AP：PB＝2AD：BCだから，2AD：2BM＝2AD：BCである。よって，2BM＝BC，すなわち，MはBCの中点である。

　一方，DSの延長とBCとの交点をNとする。(図228-2)

　PQ∥BCより，AP：PB＝DQ：QCである。また，SQ∥BCより，DQ：QC＝DS：SN＝AD：CN＝2AD：2CNである。仮定より，AP：PB＝2AD：BCより，2AD：2CN＝2AD：BCだから，NはBCの中点である。

　よって，MとNとは一致する。PS∥BC，BM＝CMより，PR＝RSであり，同様に，SQ＝RSである。以上より，PR＝RS＝SQである。(図228-3)

　従って，次の性質を見い出すことができる。

性質2　「台形ABCDでAD∥BCとし，辺BCに平行な直線が辺AB，DCと交わる点をそれぞれP，Qとする。また，線分PQが対角線BD，ACと交わる点をそれぞれR，Sとする。PR＝RS＝SQであるための必要十分条件は，AP：PB＝2AD：BCである」(図227)

根拠とする性質：平行線と比例についての性質　・三角形の頂点と底辺の中点とを結ぶ線分は底辺と平行な線分の中点を通る

③　線分の比を類似の条件である他の比に置き換える

　性質2において，PR＝RS＝SQを，PR：RS：SQ＝1：1：1とみて，右辺の比を他の比に置き

換えて，PR：RS：SQ＝1：2：1になる場合を調べてみよう。

ARを延長し辺BCとの交点をMとする。△ABCで，仮定からPS∥BC，PR：RS＝1：2より，BM：MC＝PR：RS＝1：2であるから，BC＝BM＋MC＝BM＋2BM＝3BMである。

また，△DBCで，DSの延長とBCとの交点をNとする。AP：PB＝AR：RM＝AD：BM＝3AD：3BM＝3AD：BC，よって，PR：RS：SQ＝1：2：1になるときは，AP：PB＝3AD：BCでなければならない。

逆に，AP：PB＝3AD：BCならば，PR：RS：SQ＝1：2：1になることを示すことができる。なぜならば，

PQ∥BCより，AP：PB＝AR：RM＝AD：BM＝3AD：3BMである。仮定よりAP：PB＝3AD：BC，よって，3AD：3BM＝3AD：BCより，3BM＝BCである。BM：MC＝BM：(BC－BM)＝BM：(3BM－BM)＝BM：2BM＝1：2，PS∥BCより，PR：RS＝BM：MC＝1：2である。PR＝SQより，PR：RS：SQ＝1：2：1である。

従って，次の性質を見い出すことができる。

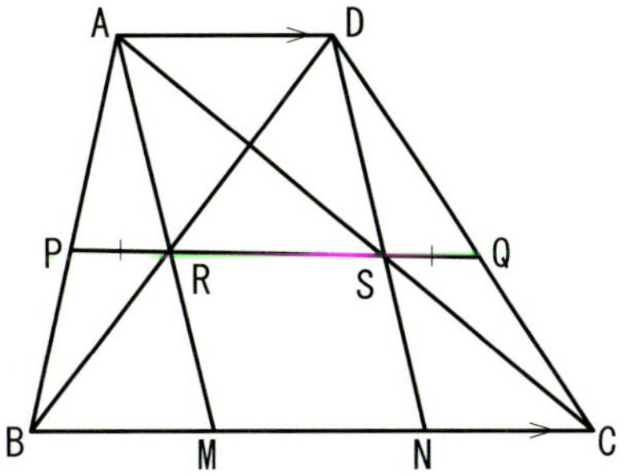

性質3　「台形ABCDで辺BCに平行な直線が辺AB，DCと交わる点をそれぞれP，Qとし，また，対角線BD，ACと交わる点をそれぞれR，Sとする。PR：RS：SQ＝1：2：1であるための必要十分条件は，AP：PB＝3AD：BCである」
（図229）

根拠とする性質：・平行線と比例についての性質　・△ABCで，PQ∥BCを引き，図230のように頂点Aを通る任意の直線をAXYとするとき，PX：XQ＝BY：YCである。

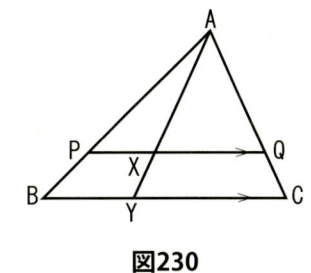

図229

図230

④　**任意の点を特殊な条件である中点に置き換える**

図225の特殊な場合を考える。つまり，AB上の点PをABの中点とし，三つの線分PR，RS，SQの長さが等しくなる場合を考えてみよう。

性質2の結果より，2AD：BC＝AP：PB＝1：1である。よって，2AD＝BCである。

つまり，三つの線分PR，RS，SQの長さが等しくなるときは，台形の下底の長さは上底の長さの2倍でなければならないことが分かる。

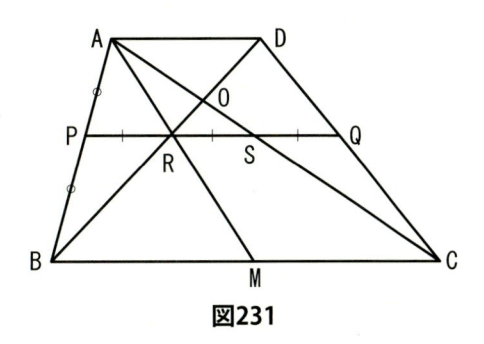

また，逆に，PQ∥BC，2AD＝BC，AP＝BPのときには，ARの延長とBCとの交点をMとすると，AP：PB＝AR：RM＝AD：BM＝2AD：2BM＝BC：2BM＝1：1より，BC＝2BMである。つま

図231

り，MはBCの中点である。よって，PR＝RSである。PR＝SQより，PR＝RS＝SQであることが分かる。

従って，次の性質を見い出すことができる。

性質4　「台形ABCDでAD∥BCとし，辺ABの中点Pを通り，辺BCに平行な直線が辺DCと交わる点をQとする。また，対角線DB，ACと交わる点をそれぞれR，Sとする。このとき，PR＝RS＝SQであるための必要十分条件は，BC＝2ADである」（図231）

根拠とする性質：・平行線と比例についての性質　・三角形の頂点と底辺の中点とを結ぶ線分は底辺と平行な線分の中点を通る

⑤　**線分の端点を一般の条件である線分上の任意の点に置き換える**

次に，台形ABCDの対角線に注目することにしよう。

台形ABCDの対角線BDは頂点Dと辺BC上の端点Bとを結ぶ線分である。そこで，Dと結ぶ点を端点Bという特殊な点ではなく，BC上の任意の点Xに置き換えてみよう。

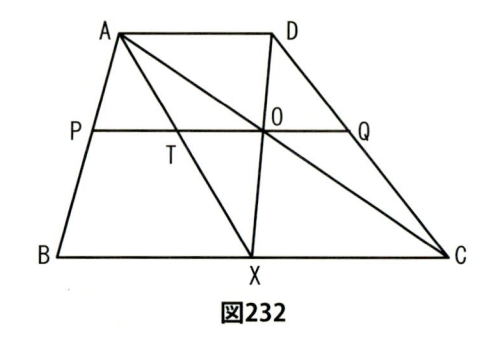

DXと対角線ACとの交点Oを通るBCに平行な直線PQを引き，POとOQの関係を調べる。

いま，BX：XC＝m：nとする。また，AXとPQとの交点をTとすると，△ABCでPO∥BCより，PT：TO＝BX：XC＝m：nである。また，性質HよりTO＝OQだから，PO：OQ＝(PT＋TO)：OQ＝(m＋n)：nである。

図232

従って，次の性質を見い出すことができる。

性質5　「台形ABCDの辺BC上の任意の点Xと頂点Dを結び，対角線ACとDXとの交点をO，交点Oを通りBCに平行な直線がAB，CDと交わる点をそれぞれP，Qとする。
　　　　このとき，BX：XC＝m：nならば，PO：OQ＝(m＋n)：nである」（図232）

根拠とする性質：・平行線と比例についての性質　・性質H

性質5において，BC上の点XがBCの端点であるとき，すなわち，DXが対角線DBになるときm＝0であるからPO：OQ＝n：n＝1：1となり，これは性質Hであるから，性質5は性質Hの一つの拡張である。

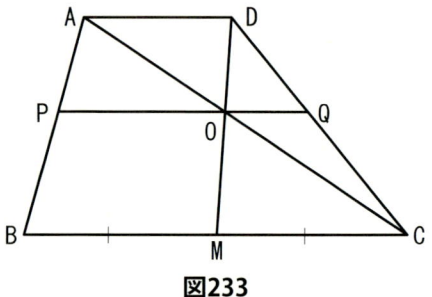

⑥　**線分上の任意の点を特殊な条件である辺の中点に置き換える**

性質5において，点XをBCの中点にしてみよう。

このとき，m：n＝1：1であるから，PO：OQ＝2：1である。

図233

従って，次の性質を見い出すことができる。

性質6　「台形ABCDの頂点DとBCの中点Mとを結ぶ線分DMと対角線ACとの交点をO，交点Oを通りBCに平行な直線がAB，CDと交わる点をそれぞれP，Qとする。このとき，PO＝2OQである」（図233）

性質6は既知の性質を使って独自に証明することもできる。（図234）

いま，AとMとを結び，PQとの交点をTとする。台形AMCDにおいて，性質Hより，TO＝OQである。また，△ABCにおいて，PO∥BC，BM＝MCより，PT＝TOだから，PT＝TO＝OQ，すなわち，PO＝2OQである。

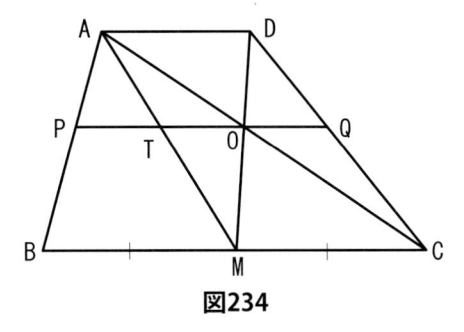

図234

⑦　結ぶ点を辺の中点に置き換え，線分の長さが等しくなるための必要十分条件を調べる

台形ABCDにおいてAD∥BCとする。頂点A，DとBCの中点Mとをそれぞれ結ぶ。辺ABの中点Pを通りBCに平行な直線とDCとの交点をQとし，PQとAM，DMの交点をT，Sとする。このとき，PT＝QSであるが，常にPT＝QS＝TSとは限らない。そこで，PT＝QS＝TSであるための必要十分条件を考えてみよう。

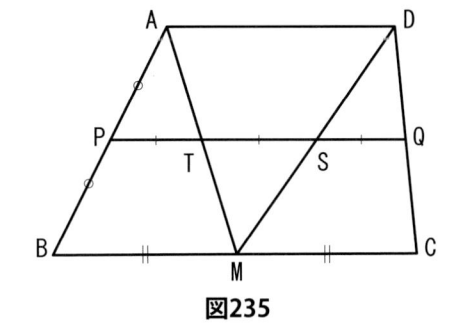

図235

仮定より，PT∥BM，QS∥CMだから，PT＝$\frac{1}{2}$BM＝$\frac{1}{2}$MC＝QS，よって，PT＝QSである。また，TS＝PTのときは，△MADにおいて，MT＝TA，MS＝SDより，TS＝$\frac{1}{2}$ADだから，PT＝$\frac{1}{2}$BM，TS＝$\frac{1}{2}$AD，TS＝PTより，AD＝BMである。すなわち，BC＝2ADのときであるといえる。

また，逆に，BC＝2ADのときは，△ABMにおいて，AP＝PB，PT∥BMより，AT＝TM，PT＝$\frac{1}{2}$BMである。同様に，△DMCにおいて，SQ＝$\frac{1}{2}$MCである。△AMDにおいて，MT＝TA，MS＝SD，TS∥ADより，TS＝$\frac{1}{2}$ADである。BC＝2ADより，TS＝$\frac{1}{4}$BC＝$\frac{1}{2}$BMだから，PT＝TS＝SQである。

従って，次の性質を見い出すことができる。

性質7　「台形ABCDにおいて，AD//BCとする。頂点AとBCの中点Mとを結び，頂点DとMとを結ぶ。辺ABの中点Pを通りBCに平行な直線とDCとの交点をQとし，また，線分PQとAM，DMとの交点をそれぞれT，Sとするとき，PT＝TS＝SQであるための必要十分条件は，BC＝2ADである」（図235）

根拠とする性質：・中点連結の定理，及びその逆

⑧　線分の中点をより一般の条件である任意の点に置き換える

性質7において，点PがABの中点ならば，PT＝SQであった。仮定である中点PをAB上の任意の点に置き換えてもPT＝SQが成り立つことが分かる。

なぜならば，PT：BM＝AP：AB＝DQ：DC＝SQ：MC，よって，PT：BM＝SQ：MC，BM＝MCより，PT＝SQである。

従って，次の性質を見い出すことができる。

性質8　「台形ABCDの頂点AとBCの中点Mとを結び，また，頂点DとMとを結ぶ。辺AB上の任意の点Pを通りBCに平行な直線とDCとの交点をQとし，また，線分PQとAM，DMとの交点をそれぞれT，Sとするとき，PT＝QSである」（図236）

根拠とする性質：・平行線と比例についての性質

図236

さらに，性質8において，辺BC上の中点Mのかわりに，任意の点Xに置き換えてみよう。
PT：BX＝AP：AB＝DQ：DC＝QS：CXだから，PT：BX＝QS：CXである。
従って，次の性質を見い出すことができる。

性質9　「台形ABCDの頂点AとBC上の任意の点Xとを結び，また，頂点DとXとを結ぶ。辺ABの任意の点Pを通るBCに平行な直線とDCとの交点をQとし，また，線分PQとAX，DXとの交点をそれぞれT，Sとする。このとき，PT：SQ＝BX：XCである」

根拠とする性質：・平行線と比例についての性質

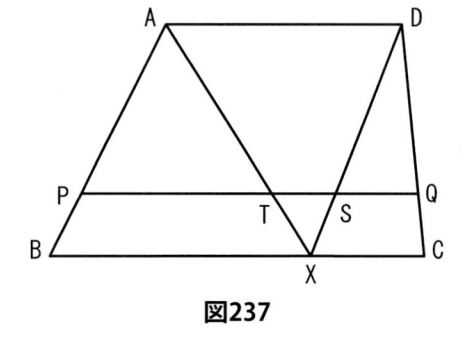

図237

性質9において，XがBCの中点であるときは，BX：XC＝1：1より，PT＝QSであるから，性質9は性質8の一つの拡張といえる。

⑨　中点の条件を線分の端点から等距離にある二点に置き換える

性質8において，MがBCの中点であるということを，BC上にM，Nをとり，BM＝CN，BM＋

CN＝BCという二つの条件を満たす点とみることができる。
　そこで，二つの条件のうちBM＝CNの条件だけを使用し，PTとQSの関係を調べると，次の性質を見い出すことができる。

性質10　「台形ABCDの辺BC上に二点M，Nをとり，BM＝CNとする。頂点Aと点Mを結び，頂点Dと点Nとを結ぶ。また，辺AB上の任意の点Pを通るBCに平行な直線とDCとの交点をQとし，線分PQとAM，DNとの交点をそれぞれT，Sとする。このとき，PT＝QSである」(図238)

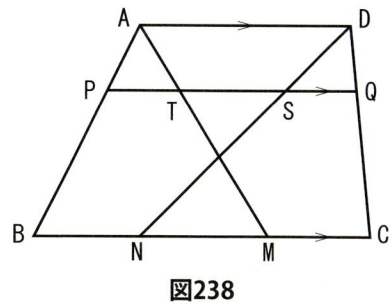

図238

証明：　PQ∥BCより，PT：BM＝AP：AB＝DQ：DC＝SQ：NCである。すなわち，PT：BM＝SQ：NC，BM＝NCだから，PT＝QSである。

根拠とする性質：・平行線と比例についての性質

　さらに，BC上の二点M，Nを任意の点とすると，PT：QS＝BM：CNであることが証明できる。
　なぜならば，PT：BM＝AP：AB＝DQ：DC＝SQ：NC，すなわち，PT：BM＝SQ：NCである。この式で内項同士を入れ換えると，PT：QS＝BM：NCとなる。
　従って，次の性質を見い出すことができる。

性質11　「台形ABCDの頂点AとBC上の任意の点Mとを結び，また頂点DとBC上の任意の点Nとを結ぶ。辺AB上の任意の点Pを通りBCに平行な直線とDCとの交点をQとし，また，線分PQとAM，DNとの交点をそれぞれT，SとするときPT：QS＝BM：CNである」(図239)

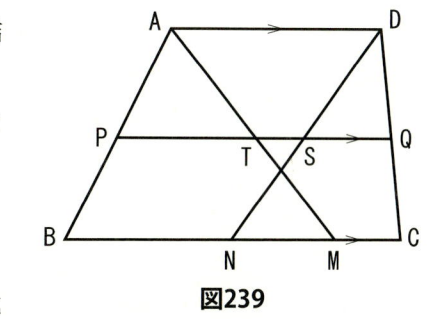

図239

根拠とする性質：・平行線と比例についての性質　・比例式の内項同士を入れ換えても成り立つ

⑩　**仮定と結論を入れ換えて逆をつくる**

　性質6の逆をつくると，次の性質を見い出すことができる。

性質12　「台形ABCDの頂点DとBC上の点Mとを結ぶ線分DMと対角線ACとの交点をO，交点Oを通りBCに平行な直線がAB，CDと交わる点をP，Qとする。このとき，PO＝2QOならば，MはBCの中点である」

　この性質が正しいことは，次のように示すことができる。

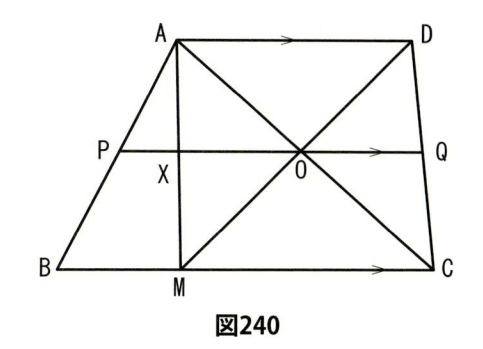

図240

いま，AMとPQとの交点をXとする。台形AMCDにおいて性質Hを適用することができ，XO＝OQである。仮定より，PO＝2QO＝2XO，PO＝PX＋XO，PX＋XO＝2XOより，PX＝XOである。よって，
PO//BCより，BM＝CMである。つまり，MはBCの中点である。

根拠とする性質：・性質H　・△ABCで，AB，AC上の点をP，Qとする。PQ//BCを引き，頂点Aを通る任意の直線とPQ，BCとの交点をX，Yとするとき，PX：XQ＝BY：YCである。（図241）

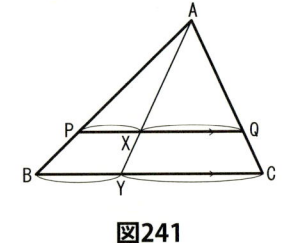

⑪　**仮定と同様の条件を追加し，結論を探す**

性質8では台形ABCDの下底BCの中点Mと頂点A，Dとをそれぞれ結んだが，さらに上底においてもADの中点LとB，Cとをそれぞれ結ぶ。また，AMとBLの交点をR，DMとCLの交点をSとする。

R，Sを通る直線とAB，DCとの交点をそれぞれP，Qとする。このときにできる図を見て，成り立ちそうな性質を探してみよう。

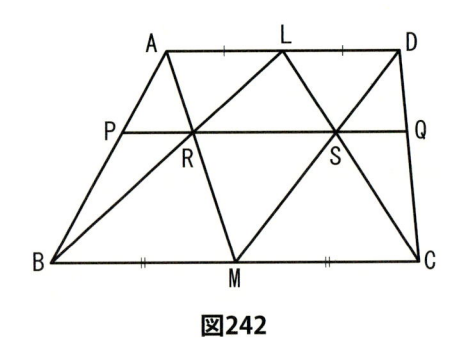

これまでの性質との関連からみて，線分PQに関してPQ//BCであるかどうか，また，PR，RS，SQの関係について調べることにする。

まず，PQ//BCであるかどうかを考えてみる。すなわち，
仮定より，AD//BC，AL＝LD，BM＝MCだから，LR：RB＝AL：BM＝LD：MC＝LS：SCである。△LBCで，LR：RB＝LS：SCより，RS//BCである。よって，PQ//BCである。

次に，PR，RS，SQの関係を調べてみよう。
図242において，LとMを結び，PQとの交点をTとする。四角形ABML，LMCDはいずれも台形であり，PT//BM，TQ//MCより，性質Hを適用することができ，PR＝RT，TS＝SQである。また，P.122性質8より，PR＝SQである。よって，PR：RS：SQ＝1：2：1である。

従って，次の性質を見い出すことができる。

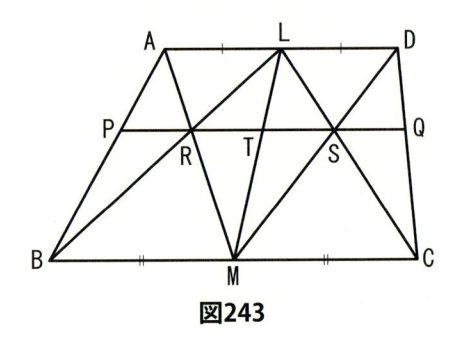

性質13　「台形ABCDの上底AD，下底BCの中点をそれぞれL，Mとする。AMとBLの交点をR，DMとCLの交点をSとする。R，Sを通る直線とAB，DCとの交点をP，Qとする。このとき，PQ//BCであり，PR：RS：SQ＝1：2：1である」（図243）

根拠とする性質：・性質H　・P.122の性質8　・平行線と比例についての性質，及びその逆

⑫ 中点の条件を線分の端点から等距離にある二点に置き換える

性質13は拡張することができる。つまり，AD上の中点をL，BC上の中点をMとしたが，AD上に二点N_1，N_2をとり，また，BC上に二点M_1，M_2をとり，$AN_1=DN_2$，$BM_1=CM_2$とする仮定に置き換えてみる。

N_1とN_2が一致し，さらにM_1とM_2が一致したときが性質13となるので，この性質が証明されれば，性質13の拡張を得ることができる。なお，この性質の証明は次のようにすることができる。

いま，AM_1とBN_1の交点をR，DM_2とCN_2との交点をSとする。二点R，Sを通る直線がAB，DCと交わる点をそれぞれP，Qとする。

$AN_1:BM_1=N_1R:RB$，$DN_2:CM_2=N_2S:SC$，$AN_1:BM_1=DN_2:CM_2$より，$N_1R:RB=N_2S:SC$，N_1N_2//BCより，RS//BC，すなわち，PQ//BCである。

従って，次の性質を見い出すことができる。

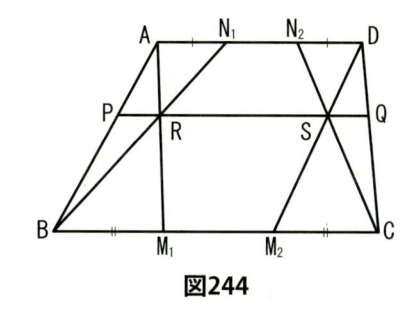

図244

性質14 「台形ABCDの上底AD上に二点N_1，N_2をとり，また，下底BC上に二点M_1，M_2をとり，$AN_1=DN_2$，$BM_1=CM_2$とする。AM_1とBN_1の交点をR，DM_2とCN_2の交点をSとする。二点R，Sを通る直線とBCは平行である」（図244）

根拠とする性質：・平行線と比例についての性質，及びその逆

⑬ 仮定に平行線の条件を追加し，結論を探す

性質Hの条件に新たにAB，DCそれぞれにD，Aを通る平行な線を追加すると，図245ができる。これまでの性質との関連をもとに，この図を見て成り立ちそうな性質を探してみよう。

Dを通りABに平行な直線が対角線AC，及び，辺BCと交わる点をそれぞれS，Nとし，Aを通りDCに平行な直線が対角線BD，及び，辺BCと交わる点をそれぞれR，Mとする。また，二点R，Sを通る直線がAB，DCと交わる点をP，Qとする。

このとき，PQ//BCであることが証明できる。

証明： AD：BM＝DR：RB，AD：CN＝DS：SN，
BN＝AD＝CMより，BM＝CNだから，DR：RB＝DS：SNである。よって，RS//BN，すなわち，PQ//BCである。
　また，PR＝PS－RS＝RQ－RS＝SQより，
PR＝SQである。

従って，次の性質を見い出すことができる。

図245

性質15 「台形ABCDの頂点Dから辺ABに平行な直線を引き，BCとの交点をNとし，Aから辺DC

に平行な直線を引き，BCとの交点をMとする。対角線BDとAMとの交点をR，ACとDNとの交点をSとする。このとき，二点R，Sを通る直線はBCに平行であり，二点R，Sを通る直線がAB，DCと交わる点をそれぞれP，Qとするならば，PR＝SQである」（図245）

根拠とする性質：・平行線と比例についての性質，及びその逆　・平行四辺形の性質

⑭　**図に線分を追加し，できた図から結論を探す**

性質Hの図には，対角線がBOの台形PBCOがあり，また，対角線がOCの台形OBCQがある。

そこで，線分PC，BQを追加した図をつくると，性質Hが適用できそうな図になる。PCとBDの交点と，ACとBQとの交点とを結ぶ直線が底辺BCに平行であることが導ければ性質Hを適用でき，新しい性質を見い出すことができる。

それを調べてみよう。

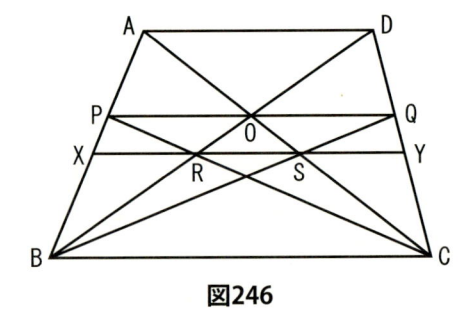

図246

いま，PCとBDの交点をR，ACとBQとの交点をSとし，直線RSとABとの交点をX，DCとの交点をYとする。

性質Hより，PQ∥BC，PO＝OQだから，OR：RB＝PO：BC＝OQ：BC＝OS：SCである。△OBCにおいて，OR：RB＝OS：SCより，RS∥BC，すなわち，XY∥BCである。

さらに，台形PBCOにおいて，性質Hより，XR＝RSである。また，台形OBCQにおいて，RS＝SYだから，線分XYはR，Sによって三等分されることが分かる。

従って，次の性質を見い出すことができる。

性質16　「台形ABCDの対角線の交点をO，交点Oを通りADに平行な直線がAB，CDと交わる点をP，Qとする。また，PCとBDの交点Rと，ACとBQの交点Sとを結ぶ直線がAB，DCと交わる点をそれぞれX，Yとする。このとき，XY∥BCであり，XR＝RS＝SYである」（図246）

根拠とする性質：・平行線と比例についての性質，及びその逆　・性質H

⑮　**二つの図を重ねて，できた図から結論を探す**

これまでに取り上げた⑧の図236と性質Hの図を重ねてみる。できた図を見て，成り立ちそうな性質を探してみよう。

新たに生じた交点に注目する。

ⅰ）直線PQとAM，DMとの交点について

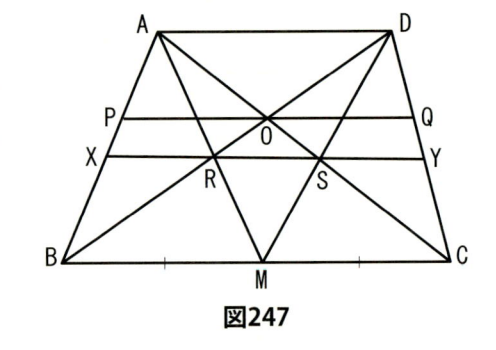

図247

△ABCにおいて，PQ∥BC，BM＝CMより，AMはPOを二等分する。また，同様に，DMはQOを二等分する。従って，性質HよりPO＝OQだから対角線とAM，DMによって，PQは四等分されることが分かる。

ⅱ)対角線とAM，DMとの交点について

BDとAMとの交点をR，ACとDMとの交点をSとする。R，Sを通る直線とAB，DCとの交点をそれぞれX，Yとする。

AD∥BC，BM＝CMより，DR：RB＝AD：BM＝AD：CM＝DS：SMである。△DBMで，DR：RB＝DS：SMより，RS∥BM，すなわち，XY∥BCである。よって，BM＝MCより，XR＝RS，RS＝SYだから，XR＝RS＝SYである。

従って，次の性質を見い出すことができる。

性質17 「台形ABCDの対角線の交点を通る底辺BCに平行な直線がAB，DCと交わる点をそれぞれP，Qとする。また，BCの中点をMとし，AMとBDとの交点をR，DMとACとの交点をSとする。このとき，次のことが得られる。
 ⅰ)PQはAM，対角線，DMによって四等分される。
 ⅱ)直線RSはBCに平行である。
 ⅲ)直線RSとAB，DCとの交点をそれぞれX，Yとするとき，R，Sは線分XYを三等分する。（図247）

根拠とする性質：・△ABCの辺AB，AC上に点P，Qをとり，PQ∥BCとするとき，辺BCの中点と頂点Aを結ぶ直線はPQの中点を通る ・平行線と比例についての性質，及びその逆
 ・性質H

⑯ 二つの図を重ねて，できた図から結論を探す

これまでに取り上げた⑪の図242と性質Hの図を重ねてみる。ただし，いずれにおいてもBCに平行な線分PQは除く。できた図を見て成り立ちそうな性質を探してみよう。

新たに生じた交点に注目する。
AMとBLとの交点をR，DMとLCとの交点をSとする。三点R，O，Sの位置関係を調べることにしよう。

AD∥BC，AL＝LD，BM＝MCより，AL：BM＝AR：RM，AL：BM＝2AL：2BM＝AD：BC＝AO：OCである。△AMCにおいて，AR：RM＝AO：OCより，RO∥MC，すなわち，RO∥BCである。同様に，△DBMにおいて，DS：SM＝DO：OBより，OS∥BM，すなわち，OS∥BCである。ROとOSはいずれも底辺BCに平行であることから，三点R，O，Sは一直線上にあるといえる。

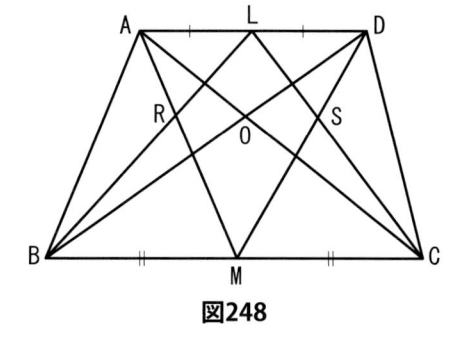

従って，次の性質を見い出すことができる。

図248

性質18　「台形ABCDでAD//BCとする。辺BCとADの中点をそれぞれM，Lとし，AMとBLの交点をR，DMとLCの交点をS，対角線の交点をOとすると，三点R，O，Sは同一直線上にある」（図248）

根拠とする性質：・平行線と比例についての性質，及びその逆　・線分RO，OS，BCについて，RO//BC，OS//BCならば，RS//BCである

　この性質18はよく知られているパップスの定理の特別な場合にあたる。
「パップスの定理」を掲げておこう。
「二直線m，nがあり，m上に三点A，L，Dをこの順序でとり，また，直線n上に三点B，M，Cをこの順序でとる。ACとBDの交点をO，AMとBLの交点をR，DMとCLの交点をSとする。このとき，R，O，Sは同一直線上にある」（図249）

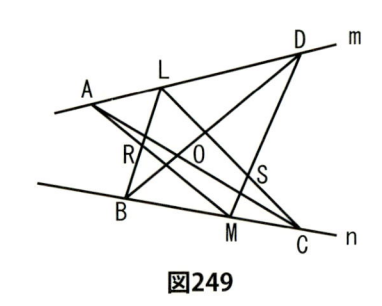

図249

　パップスの定理において，二直線m，nが平行で，AL＝LD，BM＝MCの場合が性質18である。従って，性質18はパップスの定理の特別な場合に当たることが分かる。

⑰　**下底に平行な線分を上底と下底に交わる線分に置き換え，二つの線分が等長になるための必要十分条件を調べる**

　これまでは台形の下底に平行な直線に関しての性質を取り上げてきたが，ここでは，対角線の交点を通り，上底と下底に交わる直線を考える。
　台形ABCDの対角線AC，BDの交点Oを通る直線と，平行な辺AD，BCとの交点をそれぞれP，Qとするとき，一般的には，PO＝OQではない。
　PO＝OQとなるのはどのような場合かを考えてみよう。

　いま，PO＝OQとする。このとき，AD//BCよりAO：OC＝PO：OQ＝1：1であるから，AO＝COである。
　同様に，OD＝OBだから，四角形ABCDは平行四辺形であることが分かる。
　また，逆に，四角形ABCDが平行四辺形であれば，対角線の交点Oを通る直線が対辺によって切られる線分の中点は常にOであるといえる。
　すなわち，対角線の交点Oを通る直線が辺AD，BCと交わる点をX，Yとすると，△AOX≡△COYより，OX＝OYが得られるからである。
　従って，次の性質があることが分かる。

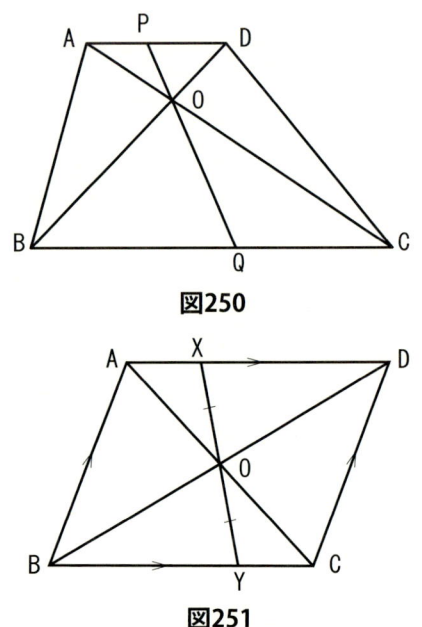

図250

図251

性質19　「台形ABCDにおいてAD//BCとする。対角線の交点Oを通る直線と上底AD，下底BCとの交点をそれぞれP，Qとする。PO＝OQであるための必要十分条件は，AD＝BCである」

根拠とする性質：・平行線と比例についての性質　・平行四辺形になるための条件　・三角形の合同条件

⑱　平行線の条件を仮定に追加し，結論を探す

性質Hでは対角線の交点Oを通り下底に平行な直線を引いたが，ここではOを通り台形の脚にそれぞれ平行な直線を引き，できた図から成り立ちそうな性質を探してみよう。

補助線としてOを通りBCに平行な直線を引き，AB，DCとの交点をそれぞれX，Yとする。
性質HよりXO＝YOであり，また，四角形ABQP，RSCDはともに平行四辺形であるから，AR＝AP－PR＝DR－PR＝DPである。(∵)AP＝XO＝YO＝DR)
従って，次の性質を見い出すことができる。

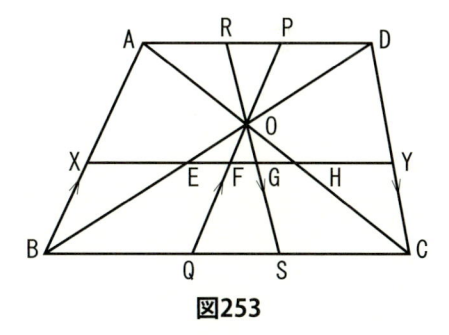

性質20　「台形ABCDの対角線の交点をOとする。Oを通りABに平行な直線を引き，AD，BCとの交点をそれぞれP，Qとする。同様に，Oを通りDCに平行な直線とAD，BCとの交点をR，Sとする。このとき，AR＝DPである」(図252)

根拠とする性質：・性質H　・平行四辺形の対辺は等しい

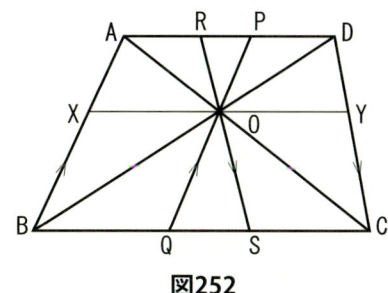

⑲　二つの図を重ねて，できた図から結論を探す

図225と図252を重ねると右図ができる。そこで，できた図から結論を探してみよう。

BCに平行な直線がAB，BD，PQ，RS，AC，DCと交わる点を左から順にX，E，F，G，H，Yとする。性質Hと性質1を適用すると，XF＝GY，XE＝YHより，EF＝GHであることが分かる。

従って，次の性質を見い出すことができる。

性質21　「台形ABCDの対角線の交点Oとする。Oを通りABに平行な直線を引き，AD，BCとの交点をそれぞれP，Qとする。同様に，Oを通りDCに平行な直線とAD，BCとの交点をR，Sとする。
BCに平行な直線と対角線及び二本の平行線との交点を図のようにE，F，G，Hとするとき，EF＝GHである」(図253)

根拠とする性質：・性質H　・性質1　・平行四辺形の対辺は等しい

⑳ **対角線を追加し，できた図から結論を探す**

性質Hの図の中に含まれている台形PBCQにその対角線を追加する。台形PBCQの対角線の交点Rと台形ABCDの対角線の交点Oとを結ぶ直線は，AD，BCそれぞれの中点を通ることがいえる。

なぜならば，RとOを結ぶ直線とAD，BCとの交点をそれぞれM，Nとする。AD//BCより，AM：NC＝MO：ON＝MD：BNだから，AM：NC＝MD：BNである。また，PO：NC＝OR：RN＝OQ：BN，つまり，PO：NC＝OQ：BNである。性質Hより，PO＝OQだから，NC＝BNである。よって，AM：NC＝MD：BN，NC＝BNより，AM＝MDである。

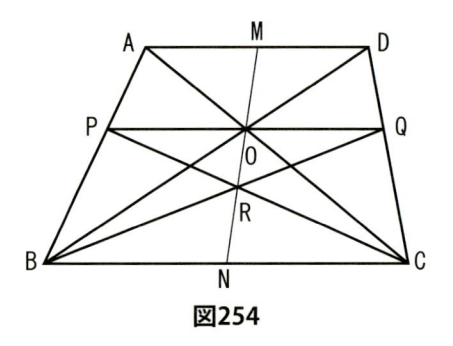

従って，次の性質を見い出すことができる。

図254

性質22　「台形ABCDの対角線の交点をOとし，Oを通り底辺BCに平行な直線がAB，DCと交わる点をそれぞれP，Qとする。台形PBCQの対角線の交点をRとする。このとき，RとOを結ぶ直線は，AD及びBCの中点を通る」（図254）

根拠とする性質：・平行線と比例についての性質　・性質H

㉑ **対角線を追加し，できた図から結論を探す**

性質Hには二つの台形が含まれている。台形APQDと台形PBCQである。

性質22に引き続き，さらに，台形APQDの対角線を追加し，その交点をSとする。三点R，O，Sが一直線上にあるかどうかを調べてみよう。

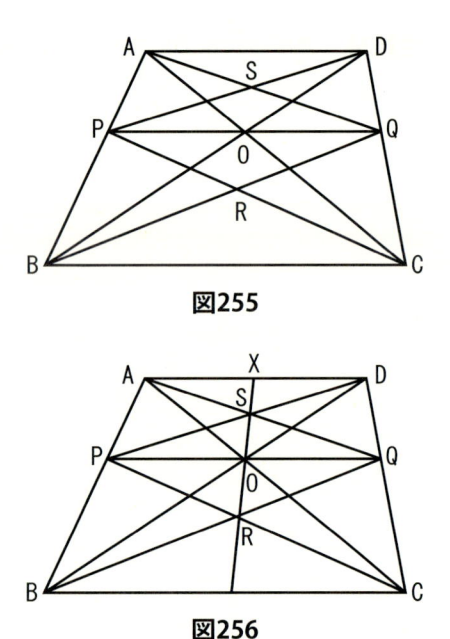

図255は既によく知られているパップスの定理の特別な場合である。図249における直線mを直線ABと考え，直線nを直線CDと考えればよい。従って，パップスの定理を前提にすれば，三点R，O，Sは一直線上にあることがいえる。

つまり，図255はパップスの定理において，二直線AB，DC上にそれぞれ三点A，P，BとD，Q，Cがこの順序で，かつAD//PQ//BCであるように並んでいる特別な場合なのである。

図255

図256

ここでは，他の方法で証明してみよう。（図256）

二点O，Sを通る直線がADと交わる点をXとする。このとき，AD//PQより，DX：PO＝SX：SO＝AX：OQである。性質Hより，PO＝OQだから，AX＝DXである。つまり点XはADの中点である。また，性質22より，直線ORはADの中点を通るので，二点O，Sを通る直線は直線OR

と重なることになる。よって，三点R，O，Sは同一直線上にあるといえる。

　従って，次の性質を見い出すことができる。

性質23　「台形ABCDの対角線の交点をOとし，Oを通り底辺BCに平行な直線がAB，DCと交わる点をそれぞれP，Qとする。台形PBCQの対角線の交点をR，台形APQDの対角線の交点をSとする。このとき，三点R，O，Sは上底と下底のそれぞれ中点を通る直線上にある」（図255）

根拠とする性質：・パップスの定理　・性質H　・平行線と比例についての性質　・性質22

㉒　仮定と結論を入れ換えて逆をつくる

　性質Hの逆をつくることにしよう。仮定である台形ABCDと，結論であるPO＝QOとを入れ換えてみる。

　すなわち，仮定は，四角形ABCD，AD//PQ，PO＝QO，結論は，AD//BCである。これが正しいことは次のように示すことができる。

　PO//AD，OQ//ADより，BO：BD＝PO：AD＝QO：AD＝CO：CAである。つまり，BO：BD＝CO：CAより，BC//ADである。

　従って，次の性質を見い出すことができる。

性質24　「四角形ABCDにおいて，対角線の交点Oを通りADに平行な直線とAB，DCとの交点をそれぞれP，Qとする。このとき，PO＝QOならば，四角形ABCDはAD//BCの台形である」（図257）

根拠とする性質：・平行線と比例についての性質，及びその逆

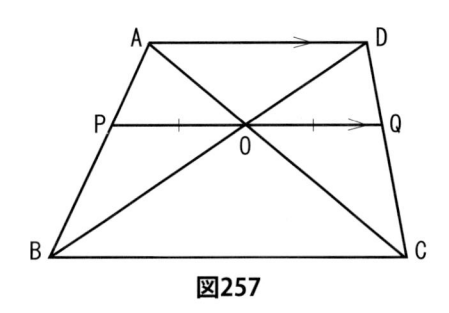

図257

▶第四話　二つの円と二直線

　ここではよく知られている二円に関する性質を考えてみる。二円の位置関係をあげると，離れている，接する，二点で交わる，含まれる，の四つの場合がある。また，直線の位置関係には，平行，交わる，重なる，の三つの場合がある。従って，円や直線の位置関係をいろいろ置き換えることによって新しい性質が見い出せることが期待できる。

　ここでは，次の性質をもとにする。

性質I　「離れている大小二つの円がある。この二円に交わる二本の直線l，mを引き，二円とlとの交点を左から順にA，P，

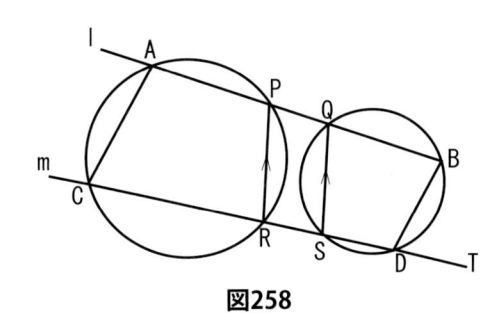

図258

Q，Bとし，二円とmとの交点をC，R，S，Dとする。このとき，PR∥QSならば，AC∥BDである」（図258）

証明： 直線CDの延長上に点Tをとると，∠ACR＝∠QPR＝∠BQS＝∠BDTより，AC∥BDである。

根拠とする性質： ・平行線の同位角は等しい，及びその逆　・円に内接する四角形の一つの外角はそれと隣りあわない内角に等しい

この性質Iをもとにストーリー化を図る。まず，仮定であるPR∥QSに注目してみよう。

① **平行線を類似の条件である交わる二直線に置き換える**

PR∥QSのかわりに，PRの延長とQSの延長とが交わるとし，その交点をYとしよう。

このとき，CAの延長とDBの延長が点Xで交わるとする。△XCDにおいて，BDの延長上の点をTとすると，∠CXD＝∠CDT－∠XCDである。四角形QSDBは円に内接することから，∠CDT＝∠BQS，また，四角形ACRPも円に内接することから，∠XCD＝∠QPRである。

∠CXD＝∠CDT－∠XCD＝∠BQS－∠QPR＝∠BQY－∠QPY＝∠PYQ，

よって，∠CXD＝∠PYQであることが分かる。

従って，次の性質を見い出すことができる。

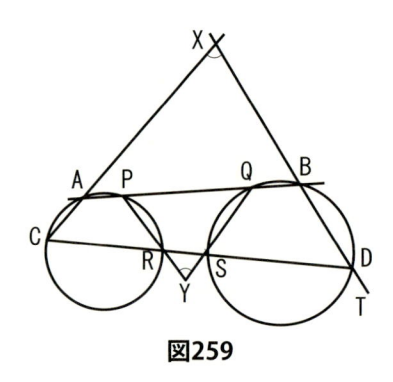

図259

性質1　「離れている二円と直線lが交わり，交点を左からA，P，Q，Bとする。同様に，二円と他の直線mが交わり，交点をC，R，S，Dとする。CA，DBそれぞれの延長がXで交わり，PR，QSそれぞれの延長がYで交わるとする。このとき，∠CXD＝∠PYQである」（図259）

根拠とする性質： ・三角形の外角はその内対角の和に等しい　・円に内接する四角形の外角はそれに隣り合わない内角に等しい

② **線分の選び方を換えて，類似の結論を探す**

性質1では四本の弦CA，PR，QS，BDのうち，PR，QSが交わる場合を考えたが，CAとSQそれぞれの延長が交わる場合はどうであろうか。

このときは，PR，BDそれぞれの延長が点Yで交わるとしよう。CAとSQとの交点をXとして，∠CXSと∠BYPを比べてみる。

△PYBにおいて，∠PYB＝∠APY－∠PBYである。四角形ACRPは円に内接するので，DCの延長上の点をTとすると，∠APY＝∠ACT，また，四角形QSDBも円に内接するので，

図260

132

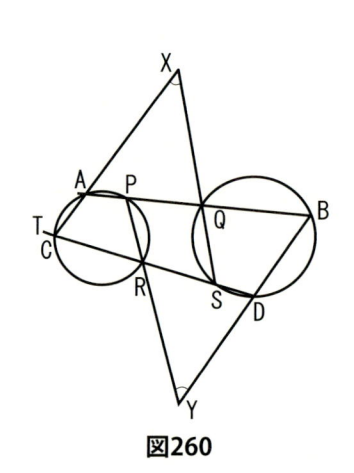

∠PBY＝∠CSXである。△XCSにおいて，∠CXS＝∠XCT－∠CSXである。よって，∠PYB＝∠APY－∠PBY＝∠ACT－∠CSX＝∠CXSより，∠BYP＝∠CXSである。

従って，次の性質を見い出すことができる。

性質2　「離れている二円と二直線l，mがある。lと二円との交点をA，PとQ，Bとする。また，mと二円との交点をC，RとS，Dとする。CA，SQそれぞれの延長がXで交わり，PR，BDの延長がYで交わるとする。このとき，∠BYP＝∠CXSである」（図260）

根拠とする性質：・三角形の外角はその内対角の和に等しい　・円に内接する四角形の外角はそれに隣り合わない内角に等しい

③　二円の位置関係を換えて類似の結論を探す

性質Ⅰにおいて仮定とした「離れている二円」を「含まれている二円」に置き換えてみよう。

一方が他方に含まれている二円について，この二円に交わる二本の直線を引き，円との交点を図のように結ぶとき，AC∥QSならばPR∥BDが成り立つであろうか。

四角形ACDB，四角形PRSQはともに円に内接することより，DCの延長上の点をTとすると，∠ACT＝∠ABD，∠APR＝∠QSRである。

AC∥QSより∠ACT＝∠QSRだから，∠ABD＝∠ACT＝∠QSR＝∠APRである。
よって，∠APR＝∠ABDより，PR∥BDが成り立つことが分かる。

従って，次の性質を見い出すことができる。

性質3　「大円が小円を含む二円がある。この二円に交わる二本の線分l，mを引き，二円とlの交点をそれぞれA，P，Q，Bとし，また，二円とmとの交点をC，R，S，Dとする。このとき，AC∥QSならばPR∥BDである」（図261）

根拠とする性質：・平行線の同位角は等しい，及びその逆
・円に内接する四角形の外角はそれに隣り合わない内角に等しい

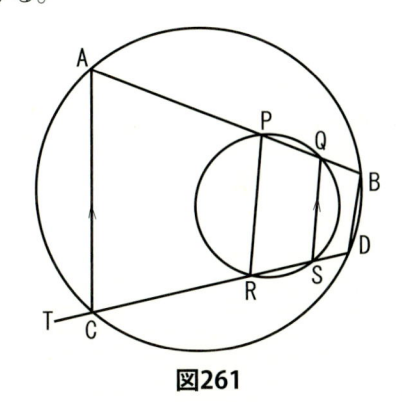

図261

④　平行線を類似の条件である交わる二直線に置き換える

性質3において仮定としたAC∥QSをCAの延長とSQの延長が交わる条件に置き換えてみよう。このとき，∠DYR＝∠CXSが成り立つであろうか。

△AXQにおいて，∠AXQ＝∠CAQ－∠AQXである。四角形ACDBと四角形PRSQはともに円に内接することから，CDの延長上の点をTとすると，∠CAB＝∠BDT，∠PRS＝∠AQXである。

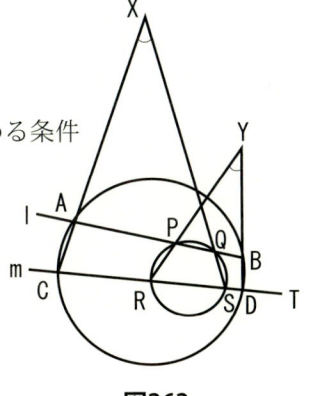

図262

∠AXQ＝∠CAQ－∠AQX＝∠BDT－∠PRS＝∠DYRより，∠DYR＝∠CXSである。
　　　　従って，次の性質を見い出すことができる。

性質4　「大円が小円を含む二円がある。この二円に交わる二本の直線をl，m，また，lと二円との交点を左から順にA，P，Q，Bとし，mと二円との交点をC，R，S，Dとする。CA，SQそれぞれの延長の交点をXとし，RP，DBそれぞれの延長の交点をYとする。このとき，∠DYR＝∠CXSである」（図262）

根拠とする性質：・三角形の外角はその内対角の和に等しい　・円に内接する四角形の外角はそれに隣り合わない内角に等しい

⑤　**離れている二円を類似の条件である交わる二円に置き換える**

　性質Ⅰにおいて，二円の位置関係を換えてみよう。一方の円を平行移動して二点で交わるようにする。このときに成り立つ次の性質は既によく知られているものである。

性質5　「二円が二点A，Bで交わっている。A，Bそれぞれを通る二本の直線と二円との交点をP，Q，R，Sとするとき，PR∥QSである」（図263）

　二円の交点を結ぶ弦は，二円の共通弦となり証明するときの補助線として活用できる。すなわち，SRの延長上の点をTとすると，∠PRT＝∠PAB＝∠QSTより，PR∥QSである。

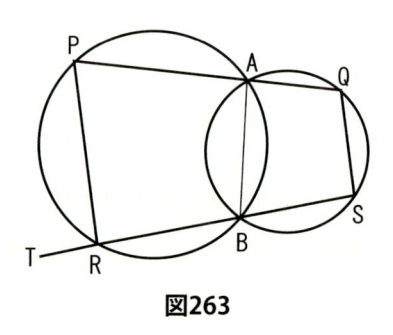

根拠とする性質：・円に内接する四角形の外角はそれに隣り合わない内角に等しい　・同位角が等しいとき，二直線は平行である

図263

　ここで，性質5の条件を満たす図について考えてみよう。
　二円の交点A，Bを通る直線の引き方によっては，図263以外にもPQとRSが円内で交わる場合と円周上で交わる場合とができる。それぞれの場合においても多少証明の仕方に異なるところがあるが，結論としては前者の場合はPR∥QSが成り立ち，後者の場合はPQとRSが円周上で交わる点における接線とPRが平行になる。（図265）

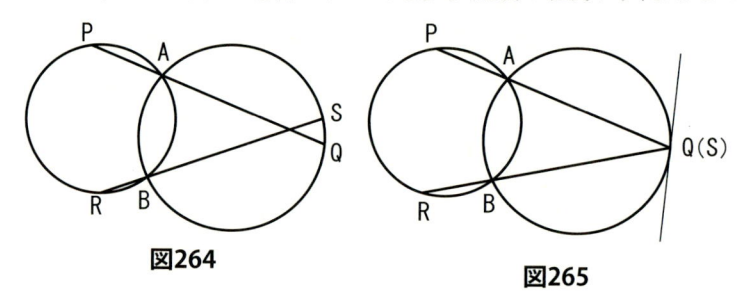

図264　　**図265**

⑥　**仮定と結論を入れ換えて逆をつくる**

　性質5において，仮定であるAを通る直線と，結論であるPR∥QSとを入れ換えてみる。つまり，PR∥QSを先に引いて，三点P，A，Qはどんな位置関係になるかを調べてみよう。

第6章 ロングストーリー

　　四角形PRBAと四角形BSQAはともに円に内接するから，BRの延長上の点をX，BSの延長上の点をYとすると，∠PRX＝∠PAB，∠QSY＝∠QABである。PR//QSより，∠PRX＝∠QSXだから，∠PAB＋∠QAB＝∠PRX＋∠QSY＝∠QSX＋∠QSY＝180°である。よって，∠PAQ＝180°より，三点P，A，Qは同一直線上にある。

　　従って，次の性質を見い出すことができる。

性質6　「二円が二点A，Bで交わっている。Bを通る直線と二円との交点をR，Sとし，二円の円周上にそれぞれP，QをとりPR//QSとする。このとき，三点P，A，Qは同一直線上にある」（図266）

根拠とする性質：・平行線の同位角は等しい　・円に内接する四角形の外角はそれに隣り合わない内角に等しい　・平角を分割する角の和は180°である

⑦　同じ仮定からできる異なる図をつくり，結論を探す

　　性質5における二円の交点A，Bを通る直線が二円と交わるという条件を図に表す場合は，図263のような表し方だけではなく，いろいろな場合が考えられる。図263では，交点Aを通る直線と二円との交点P，QがAを中心として互いに反対側にある場合である。また，同様に交点Bを通る直線と二円との交点R，Sも交点Bを中心として互いに反対側にある。

　　ところが，直線が二円と交わるという条件からは，交点を中心として直線と二円とが同じ側で交わる場合も考えてもよいはずである。

　　すなわち，交点Aを通る直線は，Aを中心として，二円との交点が互いに反対側にある場合と，同じ側にある場合とが考えられる。交点Bを通る直線においても同様である。Aを通る直線とBを通る直線の選び方がいろいろできるので，それに伴ってできる図も多様になる。

　　例えば，図267は，交点Aを通る直線は，Aを中心として二円との交点が互いに反対側にある場合と，点Bを通る直線が二円と同じ側で点S，Rと交わっている場合とを組み合わせたものである。このときも，性質5の結論であるPR//QSが成り立つことが分かる。

　　なぜならば，四角形APRBは円に内接することから，∠PRB＝∠BAQである。同一の弧に対する円周角だから，∠BAQ＝∠BSQである。よって，∠BSQ＝∠BRPより，PR//QSである。

　　従って，次の性質を見い出すことができる。

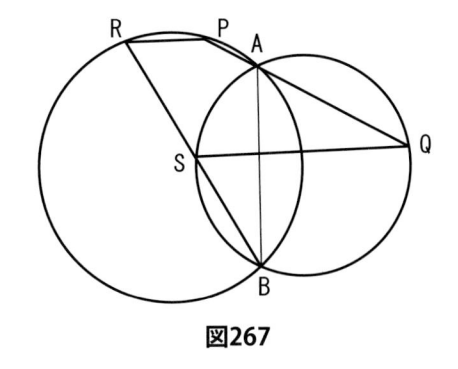

性質7　「大小二つの円は二点A，Bで交わる。Aを通る直線は，Aを中心として二円との交点

P, Qが互いに反対側にあり，Bを通る直線は，Bを中心として二円との交点R, Sが同じ側にあるとするとき，PR∥QSである」（図268）

根拠とする性質： ・同位角が等しいならば平行である　・円に内接する四角形の外角はそれに隣り合わない内角に等しい　・円周角不変の定理

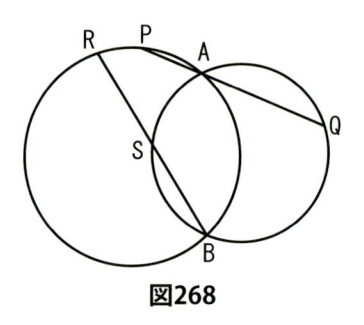

図268

⑧　**仮定と結論を入れ換えて逆をつくる**

性質7の逆をつくってみよう。

すなわち，大小二つの円が二点A, Bで交わっている。Bを通る直線と二円との交点をR, Sとし，二円の円周上にそれぞれP, Qをとり，PR∥QSとする。このとき，三点P, A, Qはどのような位置関係にあるだろうか。（図269）

AとB，AとQとをそれぞれ結ぶと，同一の弧に対する円周角より，∠BAQ＝∠BSQである。

仮定より，∠BSQ＝∠BRPだから，∠PAB＋∠BAQ＝∠PAB＋∠BSQ＝∠PAB＋∠BRP＝180°である。

よって，三点P, A, Qは同一直線上にあることが分かる。

従って，次の性質を見い出すことができる。

図269

性質8　「大小二つの円が二点A, Bで交わっている。Bを通る直線は，Bを中心として二円との交点R, Sが同じ側にあるようにする。また，二円のそれぞれの円周上に交点Aを挟んで二点P, Qをとる。このとき，PR∥QSならば，三点P, A, Qは同一直線上にある」

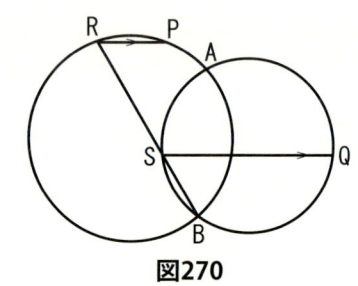

根拠とする性質：・平行線の同位角は等しい　・円に内接する四角形の対角の和は180°である　・円周角不変の定理

図270

⑨　**二点で交わる二円を類似の条件である接する二円に置き換える**

性質8において仮定とした二円が二点で交わるという条件を，類似の件である外接する場合と，内接する場合に置き換えてみよう。なお，ここでは，A(B)を通る直線をPQとし，PR∥QSとする。

図271

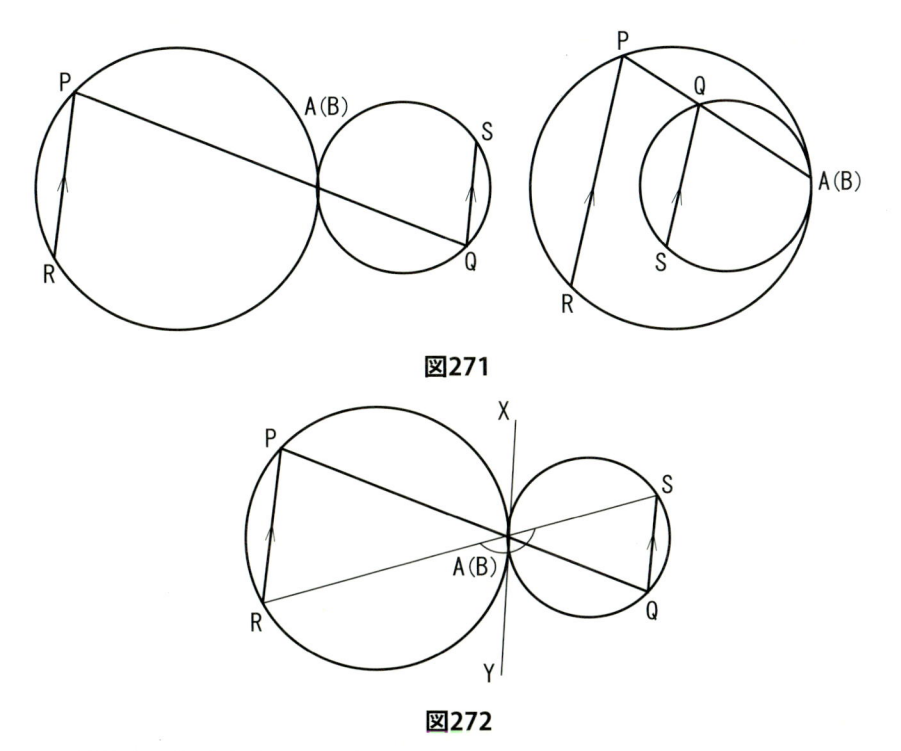

図272

（i）二円が外接する場合を考える。（図272）

このとき，二円の接点Aにおいて共通接線XYを引くことができるから，∠RPA＝∠RAY，∠YAQ＝∠ASQである。PR∥SQより，∠RPQ＝∠SQP＝∠SQAだから，∠RAS＝∠RAY＋∠YAQ＋∠QAS＝∠RPA＋∠ASQ＋∠QAS＝∠SQA＋∠ASQ＋∠QAS＝180°である。

よって，三点R，A，Sは同一直線上にあることが分かる。

従って，次の性質を見い出すことができる。

性質9　「大小二つの円が点Aで外接している。Aを通る直線と二円との交点をP，Qとする。大円上の点をR，小円上の点をSとするとき，PR∥SQならば，三点R，A，Sは同一直線上にある」（図271）

根拠とする性質：・三角形の内角の和は180度である　・平行線の錯角は等しい　・接弦定理

（ii）二円が内接する場合を考える。（図273）

いま，三点R，S，Aは同一直線上にないとする。このときには，R以外に円とASの延長とが交わるので，交点をTとする。接点Aにおける接線をXYとすると，∠PAX＝∠QSA＝∠PTAより，PT∥QSである。仮定より，PR∥QSであるから，PRとPTはともにQSに対する平行線となる。点Pを通るQSに平行な直線は一本に限ることに矛盾し，PRとPTは一致することになる。よって，三点A，S，Rは同一直線上にあることが分かる。

従って，次の性質を見い出すことができる。

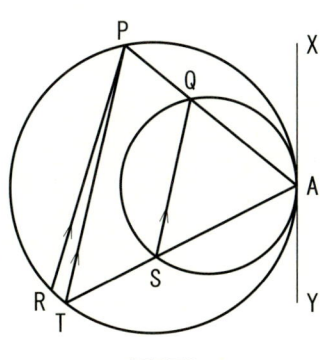

図273

137

性質10　「大小二つの円が点Aで内接している。Aを通る直線と二円との交点をP, Qとする。大円と小円のそれぞれの円周上にR, Sをとり, PR∥SQとするならば, 三点A, S, Rは同一直線上にある」(図274)

根拠とする性質：・同位角は等しい二直線は平行である　・接弦定理

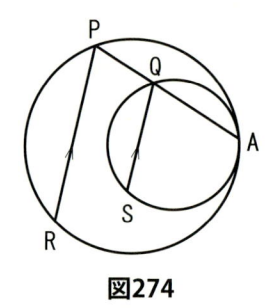

図274

⑩　仮定と結論を入れ換え, できた図から結論を探す

性質5を, 仮定と結論に分けてみると, 仮定は, (ⅰ)2円が交わる, (ⅱ)P, A, Qは一直線上, (ⅲ)R, B, Sは一直線上, 結論は, (ⅳ)PR∥QSである。

ここでは二つの仮定と一つの結論を入れ換えることを考えてみる。

いま, (ⅱ), (ⅲ)と(ⅳ)とを入れ換えることにする。この例の場合, (ⅰ), (ⅳ)ならば, (ⅱ), (ⅲ)であることは, 必ずしもあり得るとは限らない。ここで考えることをやめてしまいがちであるが, 改めてこの図を見て, 成り立ちそうな性質が何か見つからないかと考えることが, 新たな性質を見い出す糸口になる。

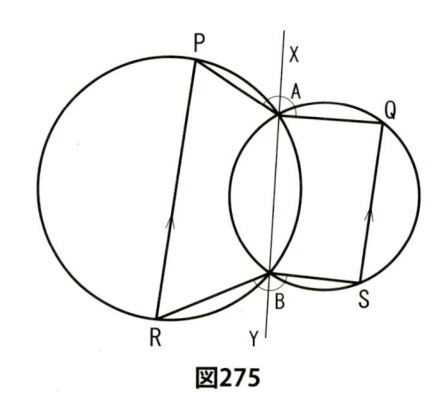

図275

∠PAQと∠RBSに注目しよう。(図275)

PR∥QSより, ∠RBS＝∠PRB＋∠QSBである。二円の共通弦である直線XYを引くと, ∠PAX＝∠PRB, ∠QAX＝∠QSBである。∠PAQ＝∠PAX＋∠QAX＝∠PRB＋∠QSB＝∠RBSより, ∠PAQ＝∠RBSであることが分かる。

従って, 次の性質を見い出すことができる。

性質11　「大小二つの円が二点A, Bで交わるとき, 大円の弦PRと小円の弦QSとが平行ならば, ∠PAQ＝∠RBSである」(図276)

根拠とする性質：・円に内接する四角形の外角はそれと隣り合わない内角に等しい　・p.43の性質1

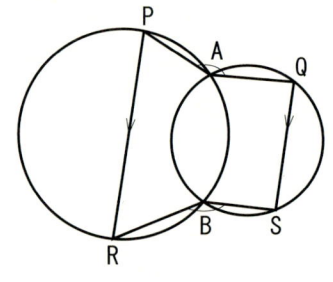

図276

⑪　仮定と結論を入れ換えて逆をつくる

性質11において, 仮定と結論を入れ換えることにしよう。つまり, ∠PAQ＝∠RBSであるように二円の弦を引くときに, PRと小円の弦QSとが平行になるかどうかを調べてみる。

∠PAQ＝∠RBS＝180°であるときは, 二円の交点A, Bをそれぞれ直線が通る条件と同じで

あり，そのときは性質5で既に証明されている。そこで，∠PAQ＝∠RBS≠180°であるとする。

大小二円が二点A，Bで交わるとき，∠PAQ＝∠RBSであるようにする折れ線PAQと折れ線RBSの引き方はいろいろ考えられるが，まず次の二つの場合を取り上げることにする。

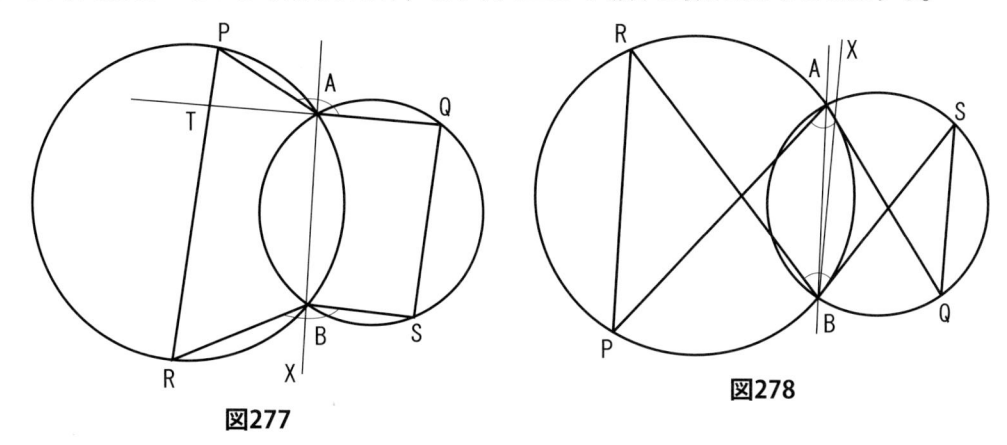

図277

図278

証明（図277）：QAの延長とPRとの交点をTとし，ABの延長上の点をXとする。

∠PAQ＝∠APT＋∠PTA，∠APT＝∠APR＝∠RBXである。∠RBS＝∠RBX＋∠SBX＝∠APR＋∠SBX＝∠APT＋∠SBX，仮定より，∠PAQ＝∠RBSだから，∠APT＋∠PTA＝∠APT＋∠SBXである。よって，∠PTA＝∠SBXである。また，∠SBX＝∠SQA＝∠SQTより，∠PTQ＝∠PTA＝∠SBX＝∠SQTだから，PR∥QSである。

（別証）P.114の証明（41）（注）を使用すると，∠RBX＝∠APR，∠SBX＝∠AQS，∠RBS＝∠PAQより，∠APR＋∠AQS＝∠PAQだから，PR∥QSである。

根拠とする性質：・三角形の外角はその内対角の和に等しい　・円に内接する四角形の外角はそれと隣り合わない内角に等しい　・錯角が等しい二直線は平行である

証明（図278）：∠PAQ（優角）＝∠RBS（優角）のとき，∠PAQ（劣角）＝∠RBS（劣角）である。二円の交点を通る共通弦を引くと，∠PRB＝∠PAB，∠BAQ＝∠BSQである。

Bを通り，SQに平行な直線BXを引くと，∠XBS＝∠BSQである。∠PAQ（劣角）＝∠RBS（劣角）であり，∠PAQ（劣角）＝∠PAB＋∠BAQ＝∠PAB＋∠BSQ＝∠PRB＋∠XBSである。また，∠RBS（劣角）＝∠RBX＋∠XBSであることから，∠PRB＋∠XBS＝∠RBX＋∠XBSである。∠PRB＝∠RBXより，PR∥BXである。SQ∥BXより，PR∥QSである。

（別証）∠ABS＝∠AQS，∠ABR＝∠APR，∠PAQ（劣角）＝∠RBS（劣角）より，∠PAQ（劣角）＝∠AQS＋∠APRだから，PR∥QSである。

根拠とする性質：・円周角不変の定理　・平行線の錯角は等しい，及びその逆

従って，次の性質が得られる。

性質12　「大小二つの円が二点A，Bで交わるとき，右図のように大円の弦をPRとし，小円の弦をQSとする。このとき，∠PAQ＝∠RBSならば，PR∥QSである」（図279）

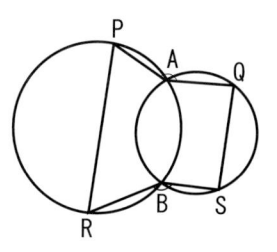

図279

ここで図280のように，同じ仮定からできる異なる図をつくることを考えてみよう。つまり，性質12において弦PR，QSの引き方を工夫して別の引き方をしてみる。

例えば，Pは大円の劣弧AB上に，Rは大円の優弧上にとる。また，Qは小円の優弧上に，Sは劣弧AB上にとる。このとき，∠PAQ＝∠RBSならば，PR∥QSになるかを調べてみよう。

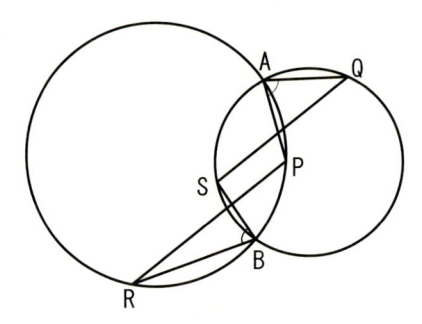

図280

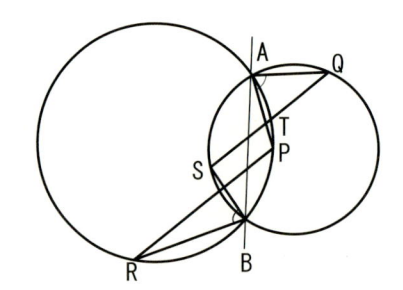

いま，AとBを結び，APとQSの交点をTとする。
∠RBS＝∠PAQ，∠ABS＝∠AQSより，
∠ABR＝∠RBS＋∠ABS＝∠PAQ＋∠AQS＝∠ATS，
∠ABR＝∠APRより，∠APR＝∠ATSだから，PR∥QSである。

⑫ **二点で交わる二円を類似の条件である接する二円に置き換える**

性質11における仮定である交わる二円のかわりに，外接する二円，及び，内接する二円にそれぞれ置き換えてみよう。

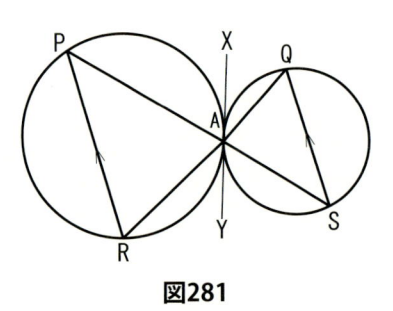

図281

（ⅰ）二円が外接する場合を考える。
　二円の共通弦にあたる，Aにおける共通接線XYを引くと，∠PAX＝∠PRA，∠QAX＝∠QSA，∠PAQ＝∠PAX＋∠QAX＝∠PRA＋∠QSA＝∠RASより，∠PAQ＝∠RASであることが分かる。
　従って，次の性質を見い出すことができる。

性質13　「大小二つの円が点Aで外接するとき，大円の弦PRと小円の弦QSとが平行ならば，∠PAQ＝∠RASである」（図281）

根拠とする性質：・接弦定理　・p.43の性質1

（ⅱ）二円が内接する場合を考える。
　いま，共通接線XYを引き，AとP，AとRを結び，ARとQSの延長との交点をTとする。
　∠RAS＝∠TAS＝∠QSA－∠ATS＝∠QAX－∠ARP＝∠QAX－∠PAX＝∠PAQである。
　従って，次の性質を見い出すことができる

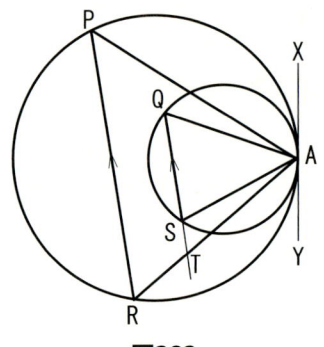

図282

性質14　「大小二つの円が内接するとき，大円の弦PRと小円の弦QSとが平行ならば，∠PAQ＝∠RASである」（図282）

根拠とする性質：・接弦定理　・平行線の同位角は等しい　・三角形の外角はその内対角の和に等しい

性質14に対応する図は，弦PR，QSの引き方によっては，図282以外の場合も考えられる。

⑬　**平行線を類似の条件である直交する二直線に置き換える**

P.135の性質6において，直線の位置関係を換えてみよう。

すなわち，性質6ではPRとQSが平行としたが，RPの延長とSQの延長とが直角に交わる場合に置き換えて考えると，明らかに，三点P，A，Qは一直線上にはない。そこで，∠PAQの大きさを調べてみることにする。

いま，二円の交点を通る共通弦を引き，BAの延長上の点をXとすると，∠PAX＝∠PRB＝∠TRS，∠QAX＝∠QSB＝∠TSRより，∠PAQ＝∠PAX＋∠QAX＝∠TRS＋∠TSRである。△TRSにおいて，∠RTS＝90°だから，∠PAQ＝∠TRS＋∠TSR＝180°－∠RTS＝90°である。

従って，次の性質を見い出すことができる

性質15　「大小二つの円が二点A，Bで交わっている。Bを通る直線と二円との交点をR，Sとし，二円の円周上にそれぞれP，Qをとり，RPの延長とSQの延長とが点Tで直交するとき，∠PAQ＝90°である」（図283）

根拠とする性質：・三角形の内角の和は180°である　・円に内接する四角形の外角はそれと隣り合わない内角に等しい

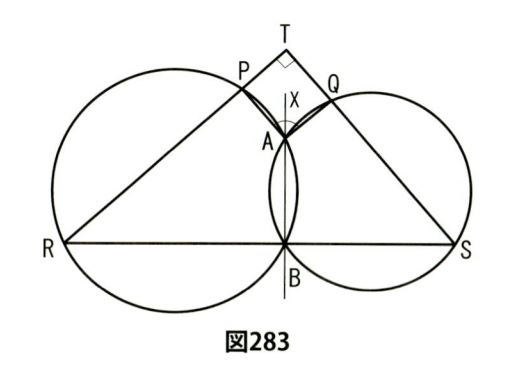

図283

⑭　**直交する直線をより一般の条件である任意の角度で交わる直線に置き換える**

性質15の仮定であるRPの延長とSQの延長とが直交する条件を，二直線が任意の角度で交わる条件に置き換えてみよう。

いま，RPとSQそれぞれの延長の交点をTとする。∠PAX＝∠TRS，∠QAX＝∠TSRより，∠PAQ＝∠PAX＋∠XAQ＝∠TRS＋∠TSRである。△TRSにおいて，∠TRS＋∠TSR＋∠RTS＝180°より，∠PAQ＋∠RTS＝180°である。よって，四点T，P，A，Qは同一円周上にあることが分かる。

従って，次の性質を見い出すことができる

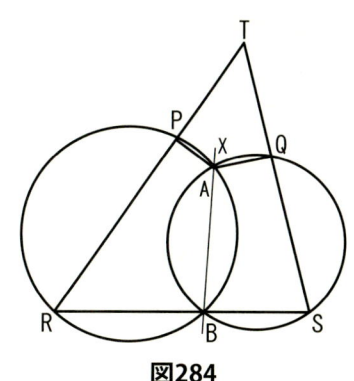

性質16　「大小二つの円が二点A，Bで交わっている。上の

図284

性質19　「大小二つの円がAで内接している。図のようにAを通る直線と大小二円との交点をR，Sとし，二円の円周上にそれぞれP，Qをとり，RPとSQの延長とが円の外部で交わるときの交点をTとする。このとき，四点P, Q, A, Tは同一円周上にある」(図289)

根拠とする性質：・三角形の外角はその内対角の和に等しい　・接弦定理　・円周角不変の定理の逆

次に，図290の場合を調べよう。

いま，RPとSQの延長との交点をTとし，二円の共通接線XYを引くと，∠PAX＝∠ARP＝∠SRT，∠QAX＝∠QSA＝∠TSAである。

$$\angle PAQ = \angle QAX - \angle PAX$$
$$= \angle TSA - \angle SRT$$
$$= \angle RTS$$

よって，四点P, T, Q, Aは同一円周上にある。

従って，次の性質を見い出すことができる。

性質20　「大小二つの円がAで内接している。図のようにAを通る直線と大小二円との交点をR，Sとし，二円の円周上にそれぞれP，Qをとり，RPとSQの延長とが円の内部で交わるときの交点をTとする。このとき，四点P, T, Q, Aは同一円周上にある」(図291)

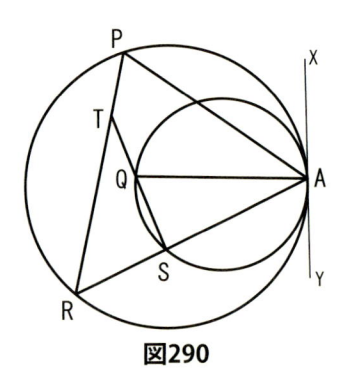

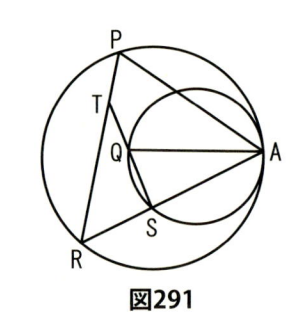

根拠とする性質：・三角形の外角はその内対角の和に等しい　・接弦定理　・四角形が円に内接する条件

⑰　平行線を類似の条件である交わる直線に置き換える

　p.138の性質11は，PR∥QSのとき，∠PAQ＝∠RBSであった。この性質の仮定である大円の弦PRと小円の弦QSとが平行である条件をPRとQSが交わる条件に置き換えてみよう。

　このときには，∠PAQと∠RBSは明らかに等しくはない。

　四点P, R, Q, Sの位置の取り方によっていろいろな図ができるが，ここでは，そのうちの一つである次の図292の場合を考えることにする。

　RP，SQの交点が大円の内部にできる場合も考えられるが，図292は交点が二円の外部にできる場合である。この図では，新たに∠RTSができているので，この角と∠PAQ，∠RBSとの関係を調べてみよう。

　いま，二円の交点A, Bを通る共通弦を引き，BAの延

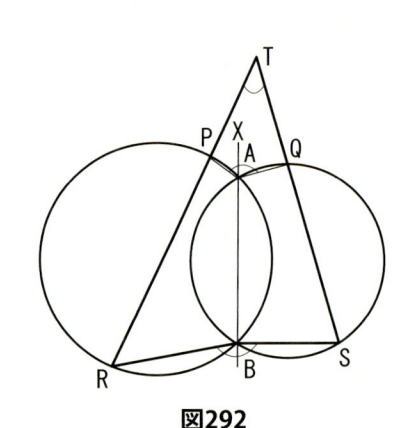

長上に点Xをとる。

　四角形APRBと四角形ABSQはともに円に内接することから，
$$\angle PAX = \angle PRB = \angle TRB, \quad \angle QAX = \angle BSQ = \angle BST$$
である。

　くさび形TRBSにおいて，
$$\begin{aligned}\angle RBS &= \angle RTS + \angle TRB + \angle TSB \\ &= \angle PTQ + \angle PAX + \angle QAX \\ &= \angle PTQ + \angle PAQ \\ &= \angle RTS + \angle PAQ\end{aligned}$$

よって，$\angle PAQ = \angle RBS - \angle RTS$である。

従って，次の性質を見い出すことができる。

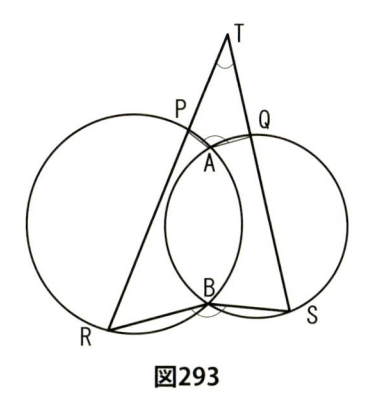

図293

性質21 「二点A，Bで交わる大小二つの円において，図のように大円の弦RPと小円の弦SQそれぞれの延長の交点をTとするならば，
$$\angle PAQ + \angle RTS = \angle RBS\text{である」（図293）}$$

根拠とする性質： ・p.44の性質2　・円に内接する四角形の外角はそれと隣り合わない内角に等しい

　次に，p.141の性質16とこの性質21との関係を調べてみよう。

　性質16だけからは，三つの角，$\angle RTS$，$\angle RBS$，$\angle PAQ$の関係まで見通すことはできないと思われる。しかし，性質21の視点から見ると，性質16においても同様の性質があることが把握できる。

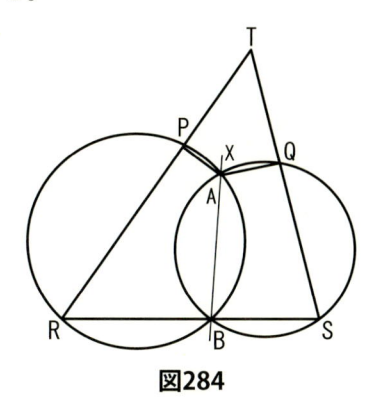

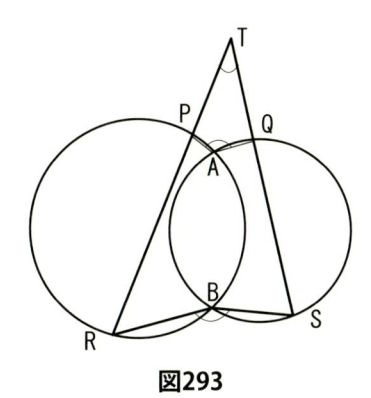

図284　　　　　　**図293**

　すなわち，性質21における図のくさび形TRBSと性質16の三角形TR(B)Sを比べてみると，両方において$\angle PAQ + \angle RTS = \angle RBS$であるという共通点が見いだせる。従って，性質16では，結論として四点T, P, A, Qが同一円周上にあり，同時に，$\angle PAQ + \angle RTS = \angle RBS$も成り立っていたのである。

　つまり，性質21では，性質16の結論のうちの前者は成り立たなくなるが，後者は成り立つことから，性質21は性質16の一つの拡張になっていることが分かる。

∠ABS＝∠RTQ＋180°－∠APR，∠PAQ
＋∠ABS＝∠RTQ＋180°－∠ABR，
よって，∠PAQ＝∠RTS－∠RBS＋180°
である。

（ⅱ）RPとSQの交点が大円の優弧と小円の劣弧の間にある次の図302から図305について考える。それぞれの図において次の関係がある。

ⅰ）図302の場合は，∠PAQ＝∠RTS－∠RBS＋180°の関係がある。

証明； ABの延長上の点をWとする。
∠APT＝∠RBW，∠TQA＝180°－∠AQS
＝180°－∠ABS＝∠SBW，∠APT＋
∠PTQ＋∠TQA＋∠QAP＝360°，
∠RBW＋180°－∠RTS＋∠SBW＋
∠PAQ＝360°，∠RBS＋180°－∠RTS＋
∠PAQ＝360°，よって，∠PAQ＝∠RTS
－∠RBS＋180°である。

ⅱ）図303の場合は，∠PAQ＝∠RTS－∠RBSの関係がある。

証明； 図302で，PとRとを入れ換える。∠BRT＝
∠BAP，∠BST＝∠BAQ＝∠PAQ＋
∠BAP，∠BAP＋∠RTS＝∠RBS＋∠BST，
∠BAP＋∠RTS＝∠RBS＋∠PAQ＋
∠BAP，よって，∠PAQ＝∠RTS－∠RBS
である。

ⅲ）図304の場合は，∠PAQ＝∠RTS＋∠RBS－180°の関係がある。

証明； RPの延長上の点をWとする。
∠APW＝∠ABR，∠AQT＝180°－∠AQS
＝180°－∠ABS，∠APT＋∠PTQ＋
∠TQA＋∠QAP＝360°，180°－∠APW
＋180°－∠RTS＋180°－∠AQS＋∠PAQ
＝360°，180°－∠ABR＋180°－∠RTS
＋180°－∠ABS＋∠PAQ＝360°，
よって，∠PAQ＝∠RTS＋∠RBS－180°である。

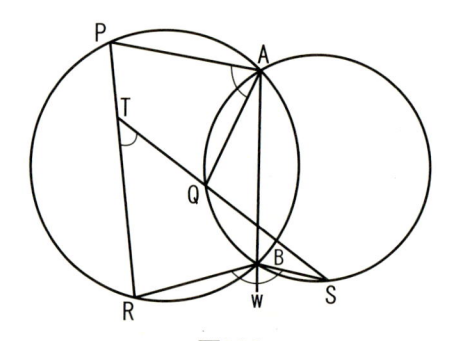

図302

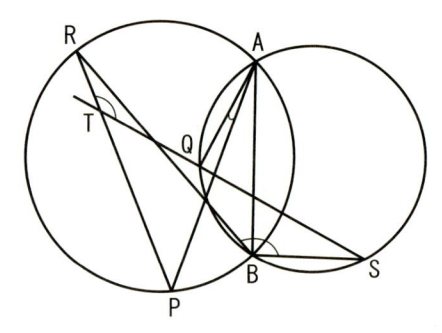

図303

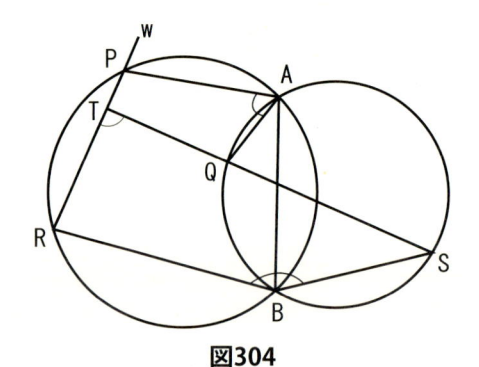

図304

図305

148

ⅳ）図305の場合は，∠PAQ＝∠RBS－∠RTSの関係がある。

証明； 図304で，PとRとを入れ換える。
∠ABR＝∠APR，∠AQS＝∠ABS，∠PTS＋∠APR＝∠PAQ＋∠AQT，180°－∠RTS＋∠ABR＝∠PAQ＋180°－∠AQS，180°－∠RTS＋∠ABR＝∠PAQ＋180°－∠ABS，
よって，∠PAQ＝∠RBS－∠RTSである。

（ⅲ）PRとQSの交点が大円の劣弧と小円の劣弧の間にある次の図306から図308について考える。それぞれの図において次の関係がある。

ⅰ）図306の場合は，∠PAQ＝∠RTS＋∠RBS－180°の関係がある。

証明； RPの延長上の点をWとする。また，AQとPTとの交点をXとする。
∠ABR＝∠APW，∠AQS＝∠ABS，∠QTX＝∠RTS，∠PAX＋∠APX＝∠TQX＋∠RTS，∠PAX＋180°－∠APW＝∠ABS＋∠RTS，∠PAX＋180°－∠ABR＝∠ABS＋∠RTS
よって，∠PAQ＝∠RTS＋∠RBS－180°である。

ⅱ）図307の場合は，∠PAQ＝∠RTS－∠RBSの関係がある。

証明； 図306でPとRとを入れ換える。
また，AQとPRとの交点をXとする。
∠ABR＝∠APR，∠AQT＝∠ABS，∠APR＋∠PAQ＝∠QXT，∠QXT＋∠TQX＝∠RTS，∠APR＋∠PAQ＋∠TQX＝∠RTS，∠ABR＋∠PAQ＋∠ABS＝∠RTS
よって，∠PAQ＝∠RTS－∠RBSである。

ⅲ）図308の場合は，∠PAQ＝∠RTS－∠RBS＋180°の関係がある。

証明； AQとPRとの交点をXとする。また，ABの延長上の点をWとする。
∠APR＝∠RBW，∠AQS＝∠ABS＝180°－∠SBW，∠APR＋∠PAQ＝∠AQS＋∠PTQ，∠RBW＋∠PAQ＝180°－∠SBW＋∠RTS，
よって，∠PAQ＝∠RTS－∠RBS＋180°である。

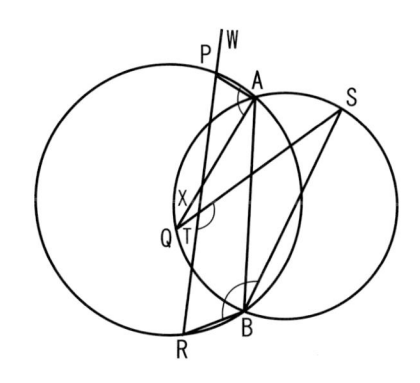

図306

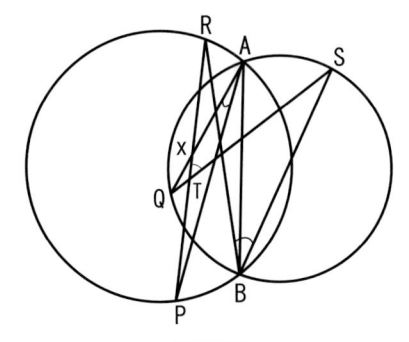

図307

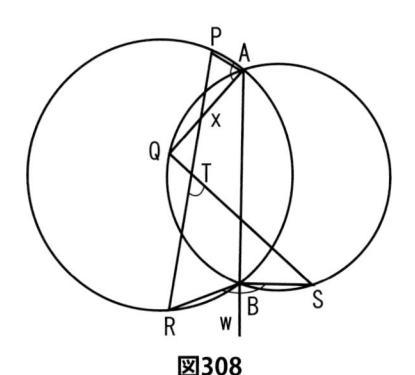

図308

以上⑱では，円周上の4点P, R, Q, Sの位置によって，いろいろな図ができることを取り上げた。これらの内容については，以下のように考える。

円の円周角と中心角の関係を調べるには，円周角の頂点の位置の取り方をいろいろ変えてみることが必要である。それは，円周角の頂点の位置の取り方によって，円周角と中心角のできる位置関係が異なるからである。つまり，円周角の頂点の位置によって，円周角と中心角との位置関係が異なる三通りの図ができることになる。それに伴って，証明も三通りに分け，それぞれの図をもとにした証明をする。三通りに分けた図による証明の結果，いずれも結論は同じになるから，一般に「中心角は円周角の二倍である」という性質が正しいことが確認できる。

　ここで取り上げた性質もこれと同じ構造をもっている。つまり，円周上に取る点の取り方の条件がゆるく，そのため異なる図が多様にでき，それぞれの図に対応した証明が必要になる性質である。ただし，円の円周角と中心角の性質と比べてみると，異なることが一つあり，点の取り方によっては結論が同じにはならないかもしれないということである。

　図が多様に考えられる性質においては，条件を満たす点の取り方をいろいろ考えることができ，それぞれの場合の結論がどのようになるのかを見い出す活動が連続して生じることになる。この活動は自分で条件を満たす図をかき，そして，さらに自分でかいた図を使い，それぞれについての証明も考える自己活動でもある。この自己活動はまったく新しい性質を見い出す活動ではないが，既に結論の大筋は分かっているので，思考活動しやすい面がある。つまり，ここで取り上げた性質では，決められた三つの角の関係を調べればよいのである。逆に考えれば新しい性質を見い出す活動で味わえる感激と比べれば，あまりそのような感激は感じられないかもしれない。

　しかし，条件を満たす図をかき，三つの角の関係を見い出す活動は，円周角不変の定理，円に内接する四角形の性質，三角形の外角はその内対角の和に等しいことを根拠とする論理的な思考の訓練には好都合のものである。代数的な内容との比較でいえば，いろいろな形の方程式の解き方を学んだ後に，同様の型の練習問題で，その解き方の理解の定着を図ることに対応する活動とも考えられる。いろいろな図をかきその都度同様の形式の論理的思考によって証明過程を考えることにより一層深く思考訓練ができることは利点の一つといえよう。

　ここで取り上げた性質のように，図が多様にかける命題を使用して，該当する図をかき，証明もする連続的な自己活動ができる，いわば図形で遊ぶともいえる機会を大いに増やしたい。

⑲　二点で交わる二円を類似の条件である外接する二円に置き換える

　P.145の性質21における仮定である二円が二点で交わる条件を，外接する条件に置き換える。RP，SQそれぞれの延長が，どこの位置で交わるかによっても図がいろいろできるが，ここでは，次の二つの場合を考えてみよう。

　RP，SQのそれぞれの延長が大円の外部で交わる場合と，内部で交わる場合である。

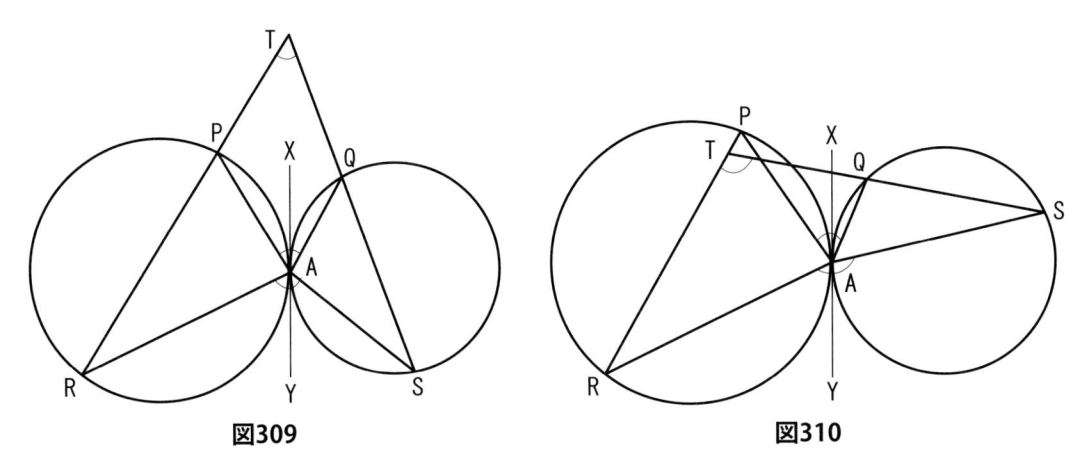

図309 図310

証明の過程はいずれの場合においても同様である。

すなわち，二円の共通接線XYを引き，RPとSQ，または，それぞれの延長の交点をTとすると，∠PAX＝∠TRA，∠QAX＝∠TSAである。

$$\angle RTS = \angle RAS - \angle TRA - \angle TSA$$
$$= \angle RAS - \angle PAX - \angle QAX$$
$$= \angle RAS - (\angle PAX + \angle QAX)$$
$$= \angle RAS - \angle PAQ$$

よって，∠PAQ＝∠RAS－∠RTSである。

従って，次の性質を見い出すことができる

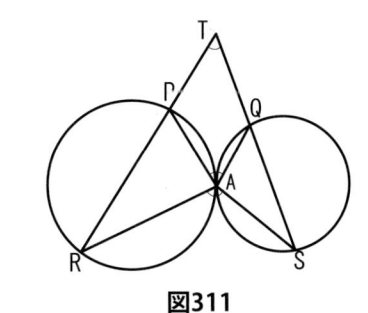

性質22「大小二つの円が点Aで外接するとき，図のように大円の弦RPと小円の弦SQそれぞれの延長が円の外部，または，内部で交わるとする。その交点をTとするならば，
∠PAQ＝∠RAS－∠RTSである」（図311，312）

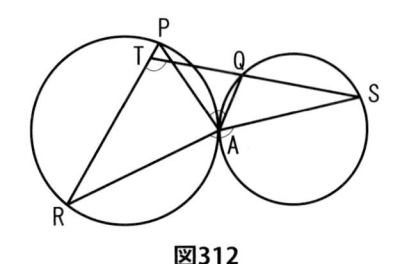

根拠とする性質：・p.44の性質2　・接弦定理

図311

図312

⑳ **二点で交わる二円を類似の条件である内接する二円に置き換える**

性質21において仮定した二円が二点で交わる条件を，内接する条件に置き換える。RP，SQそれぞれの延長が，どこの位置で交わるかによっても図がいろいろできるが，ここでは，次の二つの場合を考えてみよう。

RP，SQのそれぞれの延長が大円の外部で交わる場合と，内部で交わる場合である。

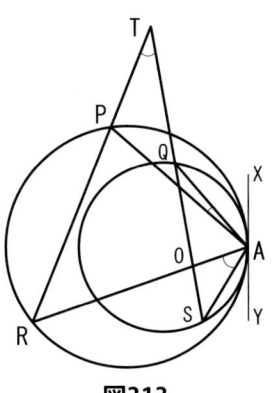

まず，図313の場合を考えよう。
共通接線XYを引き，RPとSQそれぞれの延長の交点をT，RAと

図313

TSとの交点をOとする。このとき，
　　∠QAX＝∠QSA＝∠TSA，∠PAX＝∠PRA＝∠TRAより，
∠RTS＝∠ROS－∠TRO
　　　＝∠RAS＋∠QSA－∠TRA
　　　＝∠RAS＋∠QAX－∠PAX
　　　＝∠RAS－（∠PAX－∠QAX）
　　　＝∠RAS－∠PAQ
　よって，∠PAQ＝∠RAS－∠RTSである。

　次に，図314の場合を考えよう。
　∠QAX＝∠QSA，∠PAX＝∠PRAより，
∠RTS＝∠ROS－∠TRO
　　　＝∠RAS＋∠QSA－∠TRA
　　　＝∠RAS＋∠QAX－∠PAX
　　　＝∠RAS＋∠PAQ
　よって，∠RTS＝∠RAS＋∠PAQ，すなわち，
∠PAQ＝∠RTS－∠RASである。
　従って，次の性質を見い出すことができる

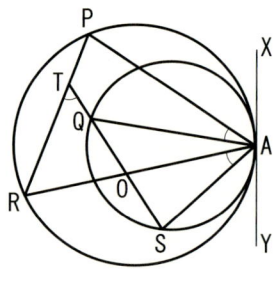

図314

性質23　「内接する大小二つの円において，図のように大円の弦RPと小円の弦SQそれぞれの延長が円外で交わるときの交点をTとする。このとき，∠PAQ＝∠RAS－∠RTSである」
（図315）

性質24　「内接する大小二つの円において，図のように大円の弦RPと小円の弦SQの延長とが円内で交わるときの交点をTとする。このとき，∠PAQ＝∠RTS－∠RASである」（図316）

根拠とする性質：・三角形の外角はその内対角の和に等しい　・接弦定理

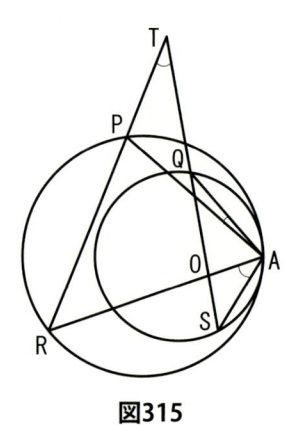

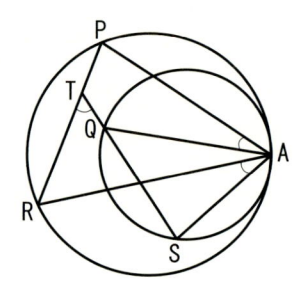

図315

図316

152

第7章 四角形が正方形になるための条件と必ずしも正方形になるとは限らない条件

　四角形の中で最も多くの条件で定義されるのが正方形である。第7章では，四角形が正方形になるための条件を取り上げている。一つの性質をもとにストーリー化を図るというよりも，正方形になるための条件をたくさん見い出すことになる。内容が，これまでの流れとは多少異なるようにみえるが，新しい性質を見い出すことには変わりがないので，これまでの続きとして取り上げることにした。

　正方形の定義は，四つの辺の長さが等しいこと，及び，四つの内角が等しいことである。四角形がこれらのことを満たす条件を探すわけである。
　第7章では，この条件として四つのことを考えることにした。すなわち，辺の長さ，辺の平行，内角の大きさ，対角線の四つである。
　辺の長さについては，対辺の長さが等しいことと，隣辺の長さが等しいことの二つの条件，
　内角の大きさについては，一角が90°であることと，対角の大きさが等しいこと，及び，隣角の大きさが等しいことの三つの条件，
　対角線については，長さが等しいことと，直交すること，及び，互いに他を二等分することの三つの条件，
である。
　つまり，本章は，これらの条件を組み合わせた性質をもつ四角形が正方形になるかどうかを調べるストーリーである。
　ここでは，(1)から(8)の八つのグループに分けたものを取り上げるが，巻末にはすべての組み合わせについて調べた結果を，証明を省略して掲げてある。

第一話　四角形が正方形になる条件

(1) 辺の長さ，辺の平行，対角線，内角についての条件をもつ四角形

① 一組の隣辺等長，一組の対辺平行，対角線直交，一角90°である四角形は，正方形である。

　これまでは，ある性質を証明するときにかいた図は一通りであったが，①の条件を図に表してみると，四角形のどの辺や角を選ぶかによって，異なる図が複数できる。例えば，次の四通りの図が考えられる。ここでは，図に表された条件を仮定と呼ぶことにする。条件が記入されたこれら四つの図は，一致することはないので，それぞれについて証明する必要があるが，証明はすべて同様にできるので，図317-①の場合について記す。

1	2	3	4

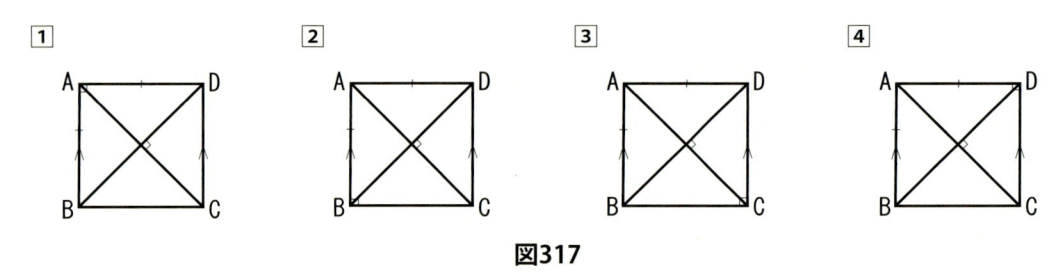

図317

図317-1の仮定：AB＝AD，AB∥CD，AC⊥BD，∠A＝90°
図317-2の仮定：AB＝AD，AB∥CD，AC⊥BD，∠B＝90°
図317-3の仮定：AB＝AD，AB∥CD，AC⊥BD，∠C＝90°
図317-4の仮定：AB＝AD，AB∥CD，AC⊥BD，∠D＝90°

証明： AB＝AD，∠AOB＝∠AOD＝90°，AOは共通だから，
△ABO≡△ADOより，BO＝DO
AB∥CDより，∠ABD＝∠CDB
AC⊥BDより，△ABO≡△DCO
である。よって，AO＝COだから，四角形ABCDは平行四辺形である。
∠A＝90°より長方形であり，さらに，AB＝ADより正方形である。（図318）

図318

② **一組の対辺等長，一組の対辺平行，対角線直交，一角90°である四角形は，正方形である。**

図は次の二通りができる。

図319の仮定：AB＝CD，AB∥CD，AC⊥BD，∠A＝90°
図320の仮定：AB＝CD，AD∥BC，AC⊥BD，∠A＝90°

証明(図319)： AB＝CD，AB∥CDより，四角形ABCDは平行四辺形である。
∠A＝90°より長方形，さらに，AC⊥BDより正方形である。

図319

証明(図320)： AD∥BC，∠A＝90°より，∠B＝90°である。
　ここで，DC⊥BCではないとすると，DC₁⊥BCとなるC₁をBC上，または，BCの延長上にとることができる。このとき，DC₁＜DCである。
　∠ADC₁＝90°より，四角形ABC₁Dは長方形で，AB＝DC₁である。AB＝DCよりDC＝DC₁となり，これは初めにDC⊥BCではないとしたことに矛盾する。よって，DC⊥BCより∠D＝90°となり，四角形ABCDは長方形であり，さらに，AC⊥BDより正方形である。

図320

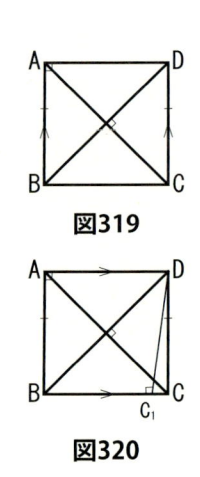

第7章　四角形が正方形になるための条件と必ずしも正方形になるとは限らない条件

（2）辺の長さ，辺の長さ，対角線，内角についての条件をもつ四角形

① 二組の隣辺等長，対角線等長，一組の隣角相等である四角形は，正方形である。

図は次の一通りである。

仮定：　AB＝AD，BC＝CD，AC＝BD，∠A＝∠B

証明：　△ABCと△BADにおいて，二辺と一角がそれぞれ等しいので，
∠ACB＝∠BDA，または，∠ACB＋∠BDA＝180°である。
　　　△ABC≡△ADCより∠BAC＝∠DAC，△ABO≡△ADOより∠AOB
＝∠AOD＝90°である。また，∠BDA＜90°，∠ACB＜90°，∠ACB＋∠BDA＜180°より，∠ACB＋∠BDA≠180°である。よって，∠ACB＝∠BDAである。△ABC≡△BADよりAD＝BCだから，四角形ABCDはひし形であり，さらに，AC＝BDより正方形である。

図321

② 三辺等長，二角が90°である四角形は，正方形である。

図は次の四通りができる。図322-④の証明は，図322-②の証明と同様なので省略する。

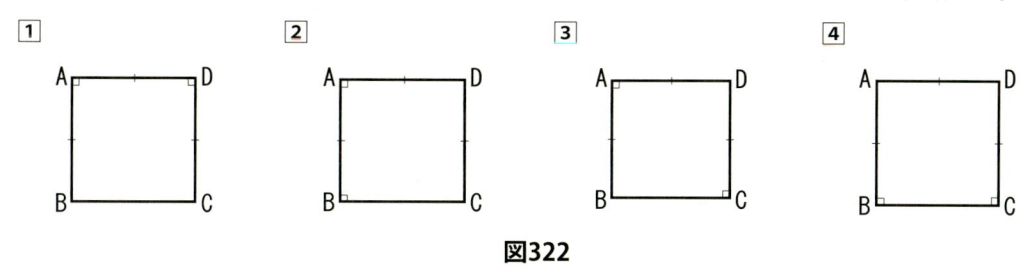

図322

図322-①の仮定：AB＝CD＝DA，∠A＝∠D＝90°
図322-②の仮定：AB＝CD＝DA，∠A＝∠B＝90°
図322-③の仮定：AB＝CD＝DA，∠A＝∠C＝90°
図322-④の仮定：AB＝CD＝DA，∠B＝∠C＝90°

証明（図322-①）：∠A＋∠D＝180°より，AB∥DCである。また，AB＝DCより，四角形ABCDは平行四辺形である。よって，∠A＝90°より長方形であり，さらに，AB＝DAより正方形である。

証明（図322-②）：∠A＋∠B＝180°より，AD∥BCである。
　　　　　ここで，DC⊥BCではないとしよう。すると，DC₁⊥BCとなるC₁をBC上，または，BCの延長上にとることができる。このとき，DC₁＜DCである。∠ADC₁＝90°より，四角形ABC₁Dは長方形で，AB＝DC₁である。AB＝DCだから，DC＝DC₁となり，DC⊥BCではないとしたことに矛盾する。よって，DC⊥BCだから∠D＝90°となり，四角形ABCDは長方形である。さらに，AB＝DAより正方形である。

図323

証明（図322-③）：△ABD≡△CDBより，AB＝BCである。よって，四角形ABCDはひし形であ

155

る。さらに，∠A＝90°より正方形である。

③　三辺等長，一角が90°，一組の隣角相等である四角形は，正方形である。

図は次の四通りができる。図324-④の証明は，図324-②の証明と同様なので省略する。

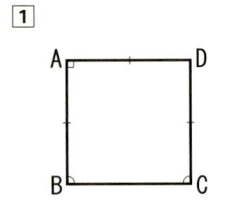

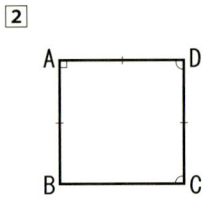

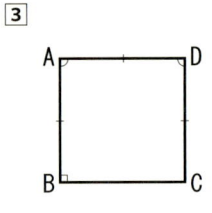

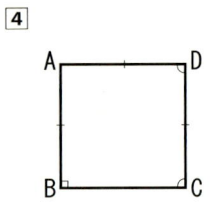

|1|　　　　|2|　　　　|3|　　　　|4|

図324

図324-|1|の仮定：AB＝CD＝DA，∠A＝90°，∠B＝∠C
図324-|2|の仮定：AB＝CD＝DA，∠A＝90°，∠C＝∠D
図324-|3|の仮定：AB＝CD＝DA，∠B＝90°，∠A＝∠D
図324-|4|の仮定：AB＝CD＝DA，∠B＝90°，∠C＝∠D

証明（図324-|1|）：∠B＝∠C＝90°のときは明らかに正方形になるから，∠B，∠Cが90°ではないとする。

（ⅰ）∠B＝∠C＜90°とする。

いま，BA，CDをそれぞれ延長すると交わるのでその点をEとする。

∠EBC＝∠ECBより，△EBCは二等辺三角形である。また，EA＝EB－AB＝EC－DC＝EDより，△EADも二等辺三角形である。∠A＝90°より∠EAD＝∠EDA＝90°だから，BEとCEは平行となる。これは仮定でBAとCDが交わるとしたことに矛盾する。よって，∠B＝∠C＜90°ではない。

（ⅱ）∠B＝∠C＞90°とする。

いま，AB，DCをそれぞれ延長すると交わるのでその点をEとする。

∠EBC＝∠ECBより，△EBCは二等辺三角形である。また，EA＝EB＋AB＝EC＋DC＝EDより，△EADも二等辺三角形である。

∠A＝90°より，∠EAD＝∠EDA＝90°だから，AEとDEは平行となる。これは仮定でABとDCのそれぞれの延長が交わるとしたことに矛盾する。よって，∠B＝∠C＞90°ではない。

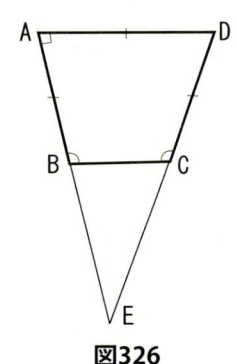

図325

図326

（ⅰ）及び（ⅱ）より，∠B＝∠C＝90°である。このとき，∠A＝90°より，四角形ABCDは長方形である。さらに，AB＝DAより正方形である。

証明（図324-|2|）：∠C＝∠D＝90°のときは明らかに正方形になるから，∠C，∠Dが90°ではないとする。

（ⅰ）∠C＝∠D＜90°とする。

　　いま，CB，DAをそれぞれ延長すると交わるのでその点をEとする。

　　BからCDに平行な直線を引き，DEとの交点をXとすると，BX＜CDである。BXは直角三角形ABXの斜辺だから，BX＞AB＝CDである。

　　これは矛盾することから，∠C＝∠D＜90°ではないといえる。

（ⅱ）∠C＝∠D＞90°とする。

　　いま，BC，ADをそれぞれ延長すると交わるのでその点をEとする。

　　DからABに平行な直線を引き，BCとの交点をYとするとDY＜ABである。また，△DCYにおいて，∠DCY＞90°よりDY＞CD＝ABである。

　　これは矛盾することから，∠C＝∠D＞90°ではないといえる。

（ⅰ）及び（ⅱ）より，∠C＝∠D＝90°である。このとき，∠A＝90°より，四角形ABCDは長方形である。さらに，AB＝DAより正方形である。

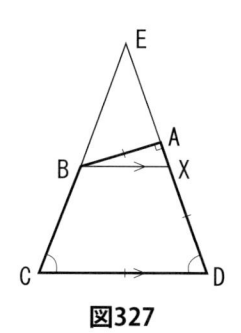

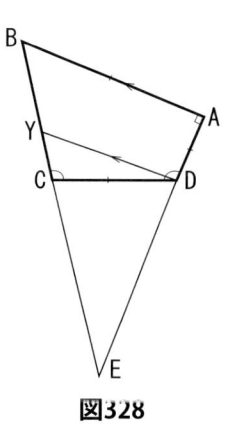

図327

図328

証明（図324-3）：△ABD≡△DCAより，AC＝BD，△ABC≡△DCBより，∠C＝∠B＝90°である。よって，AB∥DCより，四角形ABCDは平行四辺形である。また，∠B＝90°より長方形，さらに，AB＝DAより正方形である。

（3）辺の長さ，辺の長さ，辺の長さ，内角についての条件をもつ四角形

① 四辺等長，一角が90°である四角形は，正方形である。

　図は次の一通りである。

仮定：　AB＝BC＝CD＝DA，∠A＝90°

証明：　AB＝BC＝CD＝DAより，四角形ABCDはひし形である。∠A＝90°より正方形である。

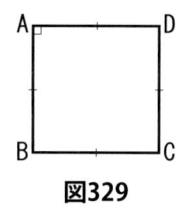

図329

（4）辺の平行，辺の平行，対角線，内角についての条件をもつ四角形

① 二組の対辺平行，対角線直交，一組の隣角相等である四角形は，正方形である。

　図は次の一通りである。

仮定：　AB∥DC，AD∥BC，AC⊥BD，∠A＝∠D

証明：　AB∥DC，AD∥BCより，四角形ABCDは平行四辺形である。AC⊥BDよりひし形，さらに，∠A＝∠Dより正方形である。

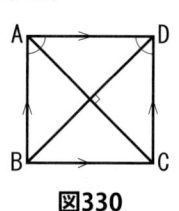

図330

（5）対角線，対角線，辺の長さ（または内角），内角についての条件をもつ四角形

① 対角線等長，対角線直交，一組の隣辺等長，一角が90°である四角形は正方形である。

図は次の三通りができる。

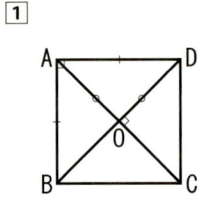

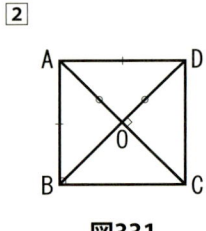

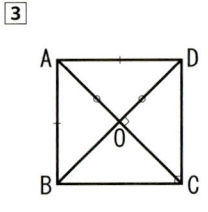

図331

図331-①の仮定：AC＝BD，AC⊥BD，AB＝AD，∠A＝90°

図331-②の仮定：AC＝BD，AC⊥BD，AB＝AD，∠B＝90°

図331-③の仮定：AC＝BD，AC⊥BD，AB＝AD，∠C＝90°

証明(図331-①)：対角線の交点をOとする。△ABO≡△ADOより，BO＝ODである。また，∠BAO＝∠DAO＝45°，∠AOD＝90°より，∠ADO＝45°である。△AODは二等辺三角形だから，AO＝ODである。よって，AC＝BDよりAO＝OCだから，四角形ABCDは平行四辺形である。∠A＝90°より長方形，さらに，AB＝ADより正方形である。

証明(図331-②)：対角線の交点をOとする。

△ABO≡△ADOより，BO＝OD，∠BAO＝∠DAO

△ABC≡△ADCより，∠B＝∠D＝90°だから，四点A，B，C，Dは同一円周上にある。

また，ACは直径であり，AC＝BDより，BDも直径である。よって，∠BAD＝∠BCD＝90°だから，四角形ABCDは長方形である。さらに，AB＝ADより正方形である。

証明(図331-③)：△ABO≡△ADOより，BO＝OD，∠BAO＝∠DAO，

△ABC≡△ADCより，∠ACB＝∠ACD＝45°，

また，∠BOC＝90°より，∠OBC＝45°である。BO＝OC，AC＝BDより，AO＝OCである。よって，四角形ABCDは平行四辺形である。∠C＝90°だから長方形，さらに，AB＝ADより正方形である。

② 対角線等長，対角線直交，一組の隣辺等長，一組の隣角相等である四角形は，正方形である。

図は次の二通りができる。

①と②における証明は同様にできるので，②については省略する。

図332-①の仮定：AC＝BD，AC⊥BD，AB＝AD，∠A＝∠D

図332-②の仮定：AC＝BD，AC⊥BD，AB＝AD，

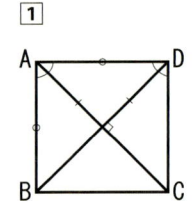

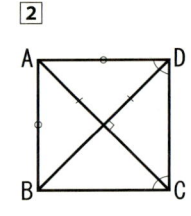

図332

158

∠C＝∠D

証明（図332-①）：△ABO≡△ADOより，BO＝DOである。△ABDと△ADCにおいて，一辺と二角がそれぞれ等しいので，∠ABD＝∠DCA，または，∠ABD＋∠DCA＝180°である。AC⊥BDより，∠ABD＜90°，∠DCA＜90°であり，∠ABD＋∠DCA＜180°より，∠ABD＝∠DCAである。△ABO≡△CDOより，AO＝OCである。よって，四角形ABCDは平行四辺形である。AC＝BDより長方形，さらに，AC⊥BDより正方形である。

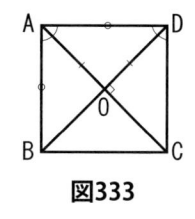

図333

③ **対角線等長，対角線直交，二角が90°である四角形は，正方形である。**

図は次の二通りができる。

図334-①の仮定：AC＝BD，AC⊥BD，∠A＝∠D＝90°
図334-②の仮定：AC＝BD，AC⊥BD，∠A＝∠C＝90°

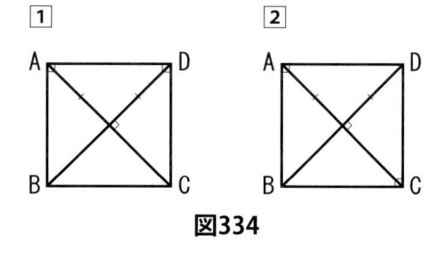

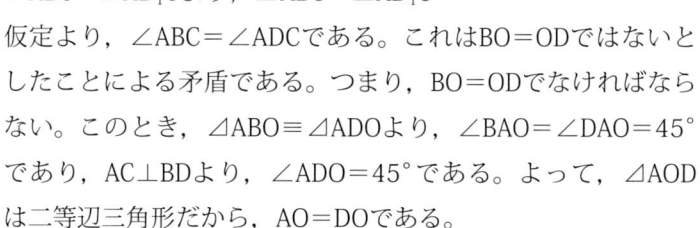

図334

証明（図334-①）：∠A＋∠D＝180°より，AB∥DC，△ABD≡△DCAより，AB＝DC，よって，四角形ABCDは平行四辺形である。∠A＝90°より長方形，さらに，AC⊥BDだから正方形である。

証明（図334-②）：∠A＋∠C＝180°より，四角形ABCDは円に内接する。BDはその直径であり，また，AC＝BDよりACも直径で，∠B＝∠D＝90°である。よって，四角形ABCDは長方形，さらに，AC⊥BDより正方形である。

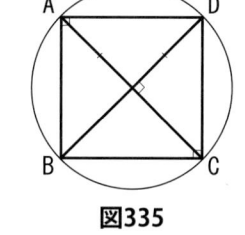

図335

④ **対角線等長，対角線直交，一角が90°，一組の対角相等である四角形は正方形である。**

図は次の一通りである。

仮定：　AC＝BD，AC⊥BD，∠A＝90°，∠B＝∠D

証明：　BO＝ODではないとすると，BO＝D₁Oである点D₁をBD上か，またはその延長上にとることができる。このとき，△ABO≡△AD₁Oより，∠BAO＝∠D₁AO，AB＝AD₁
　　　△ABC≡△AD₁Cより，∠ABC＝∠AD₁C
　　　仮定より，∠ABC＝∠ADCである。これはBO＝ODではないとしたことによる矛盾である。つまり，BO＝ODでなければならない。このとき，△ABO≡△ADOより，∠BAO＝∠DAO＝45°であり，AC⊥BDより，∠ADO＝45°である。よって，△AODは二等辺三角形だから，AO＝DOである。

　　　また，AC＝BD，BO＝ODより，四角形ABCDは平行四辺形である。∠A＝90°より長方形，さらに，AC⊥BDより正方形である。

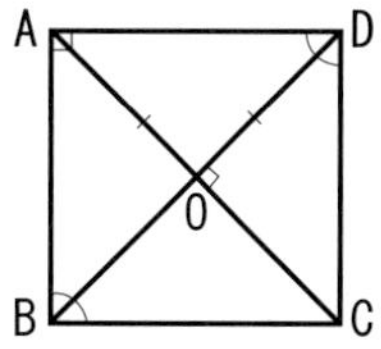

図336

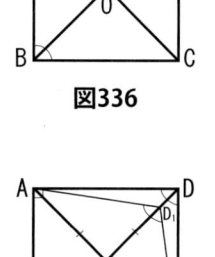

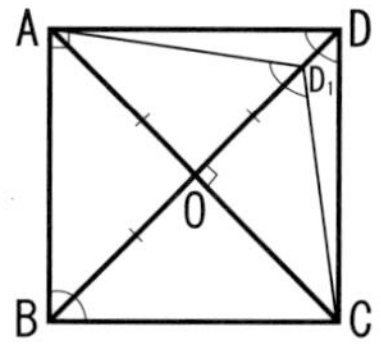

図337

(6) 対角線，対角線，対角線，内角についての条件をもつ四角形

① 対角線等長，対角線直交，対角線が互いに他を二等分，一組の対角相等である四角形は，正方形である。

　図は次の一通りである。

仮定：　AC＝BD，AC⊥BD，AO＝OC，BO＝OD，∠A＝∠C

証明：　AO＝OC，BO＝ODより，四角形ABCDは平行四辺形である。また，AC＝BDより長方形，さらに，AC⊥BDより正方形である。

(追記)証明をみると，仮定である∠A＝∠Cは使用されていない。四つの条件を組み合わせると，①の仮定をもつ四角形が考えられるが，この四角形が正方形になるためには，∠A＝∠Cは仮定として不要なのである。つまり，①は条件が過剰であり，対角線等長，対角線直交，対角線が互いに他を二等分する，の仮定でよいことが分かる。ただし，ここでは，対角線が互いに他を二等分する条件は，一つの条件とみなすことにする。

図338

(7) 内角，内角，辺の長さ，対角線についての条件をもつ四角形

① 二角が90°，一組の対辺等長，対角線が直交する四角形は正方形である。

　図は次の三通りが考えられる。

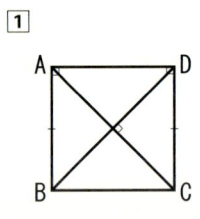

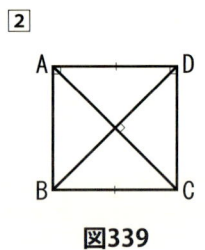

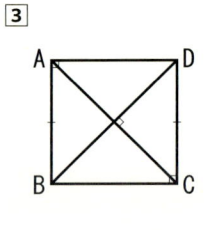

1　2　3

図339

図339-1の仮定：∠A＝∠D＝90°，AB＝DC，AC⊥BD
図339-2の仮定：∠A＝∠D＝90°，AD＝BC，AC⊥BD
図339-3の仮定：∠A＝∠C＝90°，AB＝DC，AC⊥BD

証明(図339-1)：∠A＋∠D＝180°よりAB//DCである。AB＝DCより，四角形ABCDは平行四辺形である。∠A＝90°より長方形，さらに，AC⊥BDより正方形である。

証明(図339-2)：∠A＋∠D＝180°より，AB//DCである。

　いま，BC⊥DCではないとする。このとき，BからDCに垂線を引くと，C以外のDC，またはその延長との交点C_1が存在し，BC＞BC_1である。

　AB//DC，∠C_1＝90°より，∠ABC_1＝C_1＝90°だから，四角形ABC_1Dは長方形である。

　AD＝BC_1，AD＝BCだから，BC＝BC_1でなければならない。こ

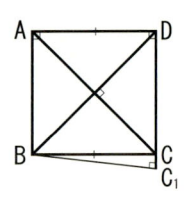

図340

のことは，BC⊥DCではないと仮定したことに矛盾する。よって，BC⊥DCより，∠B＝90°だから，四角形ABCDは長方形である。さらに，AC⊥BDより正方形である。

証明（図339-3）：△ABDと△CDBにおいて，BDは共通，AB＝CD，∠A＝∠C＝90°より，△ABD≡△CDBである。よって，AD＝BCである。また，AB＝DCだから，四角形ABCDは平行四辺形である。∠A＝90°より長方形，さらに，AC⊥BDより正方形である。

② **三角相等，一組の対辺等長，対角線直交である四角形は，正方形である。**

図は次の一通りである。

仮定：　∠A＝∠B＝∠D，AB＝DC，AC⊥BD

証明：　△ABD≡△DCAより，∠ABD＝∠DCAだから，四点A，B，C，Dは同一円周上にある。∠B＋∠D＝180°，∠B＝∠Dより，∠A＝∠B＝∠D＝90°である。よって，∠C＝90°であるから，四角形ABCDは長方形であり，さらに，AC⊥BDより正方形である。

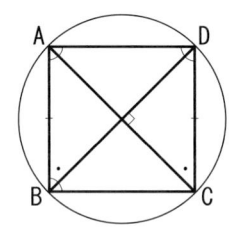

図341

③ **三角相等，一組の隣辺等長，対角線等長である四角形は正方形である。**

図は次の三通りができる。

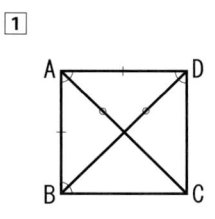

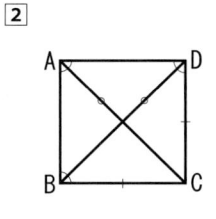

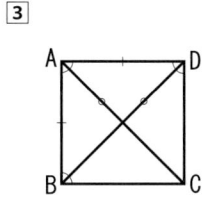

1　　　　　2　　　　　3

図342

図342-1の仮定：∠A＝∠B＝∠D，AB＝AD，AC＝BD
図342-2の仮定：∠A＝∠B＝∠D，CD＝AD，AC＝BD
図342-3の仮定：∠A＝∠B＝∠D，BC＝CD，AC＝BD

証明（図342-1）：AB＝ADより，∠ABD＝∠ADBである。また，∠B＝∠Dより，∠CBD＝∠CDBだから，BC＝DCである。

△ABC≡△ADCより，∠BAC＝∠DAC

対角線の交点をOとすると，

△ABO≡△ADOより，∠AOB＝∠AOD＝90°である。

△ABDと△BACにおいて，二辺と一角がそれぞれ等しいので，

∠ADB＝∠BCA，または，∠ADB＋∠BCA＝180°である。

∠AOB＝90°より，∠ADB＜90°

∠BOC＝90°より，∠BCA＜90°

だから，∠ADB＋∠BCA＜180°となり，∠ADB＝∠BCAでなければならない。△ABD≡

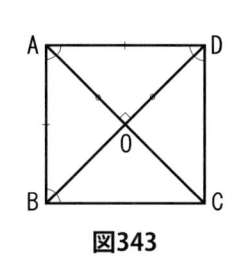

図343

△BACより，BC＝ADである。よって，BC＝CDより，四角形ABCDはひし形，さらに，AC＝BDより正方形である。

証明（図342-②）：△ABDと△DCAにおいて，二辺と一角がそれぞれ等しいので，∠ABD＝∠DCA，または，∠ABD＋∠DCA＝180°である。

AD＝DCより，∠DAC＝∠DCAだから，対角線の交点をOとすると，
$$\angle AOB = \angle DAC + \angle ODA$$
$$= \angle DCA + \angle ODA$$
である。△ABOで∠ABD＋∠AOB＋∠BAO＝180°より，
$$\angle ABD + \angle DCA + \angle ODA + \angle BAO = 180°$$
∠ABD＋∠DCA＜180°より，∠ABD＝∠DCAである。
△ABD≡△DCAより，∠ADB＝∠DACである。
△AODは二等辺三角形より，AO＝ODである。
AC＝BDより，BO＝OCだから，∠OBC＝∠OCBである。
∠B＝∠ABD＋∠OBC＝∠DCA＋∠OCB＝∠Cである。

よって，四角が等しいから，四角形ABCDは長方形であり，さらに，CD＝ADより正方形である。

証明（図342-③）：BC＝CDより，∠CBO＝∠CDO，また，∠B＝∠Dより，∠ABD＝∠ADBである。△ABDは二等辺三角形でAB＝ADだから，△ABC≡△ADCである。∠BAC＝∠DAC，対角線の交点をOとすると，∠AOB＝∠AOD＝90°である。

△ABCと△BADにおいて，二辺と一角がそれぞれ等しいので，
$$\angle ACB = \angle BDA，または，\angle ACB + \angle BDA = 180°$$
である。
∠AOB＝90°より，∠ACB＜90°
∠BDA＜90°より，∠ACB＋∠BDA＜180°
であるから，∠ACB＝∠BDAでなければならない。
よって，四点A，B，C，Dは同一円周上にある。
四角形ABCDにおいて，∠B＋∠D＝180°，∠B＝∠Dより，∠A＝∠B＝∠D＝90°である。四角形ABCDは長方形であり，さらに，BC＝CDより正方形である。

④　**一角90°，一組の対角相等，一組の隣辺等長，対角線等長である四角形は正方形である。**
図は次の三通りができる。
図346-①と図346-③における証明は同様にできることより，図346-③の証明は省略する。

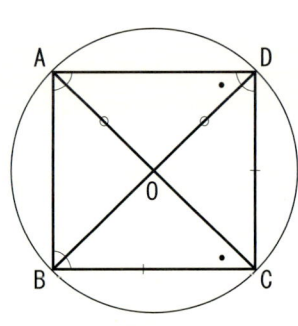

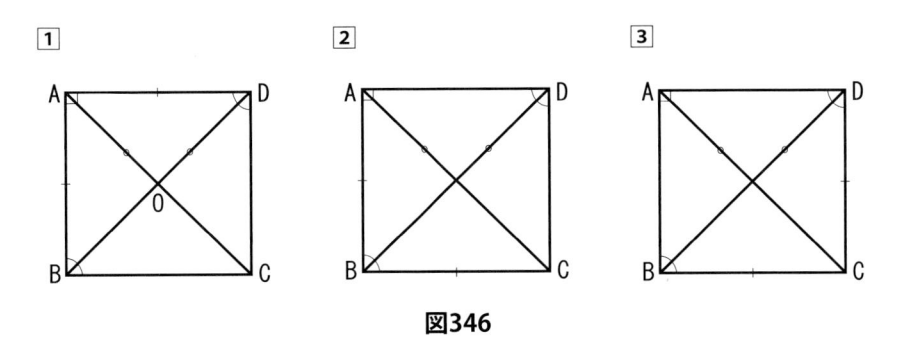

第7章 四角形が正方形になるための条件と必ずしも正方形になるとは限らない条件

1 **2** **3**

図346

図346-1の仮定：∠A＝90°，∠B＝∠D，AB＝AD，AC＝BD

図346-2の仮定：∠A＝90°，∠B＝∠D，AB＝BC，AC＝BD

図346-3の仮定：∠A＝90°，∠B＝∠D，BC＝CD，AC＝BD

証明（図346-1）：三角形ABDは直角二等辺三角形より∠ABD＝∠ADB＝45°だから，∠CBD＝∠CDBである。∠B＝∠D，BC＝CDより△ABC≡△ADCだから，∠BAC＝∠DAC＝45°である。よって，AO＝BO＝OD，AC＝BDより，四角形ABCDは平行四辺形である。∠A＝90°だから長方形，さらに，AB＝ADより正方形である。

証明（図346-2）：△DACの外接円をかく。この円は頂点Bを通る場合と通らない場合とがある。

（ⅰ）△DACの外接円が頂点Bを通る場合

　四角形ABCDは円に内接し，∠A＝90°より，∠C＝90°である。∠B＋∠D＝180°，∠B＝∠Dより，∠B＝∠D＝90°である。

　四角が等しいことから四角形ABCDは長方形である。さらに，AB＝BCより，正方形である。

図347

（ⅱ）△DACの外接円が頂点Bを通らない場合

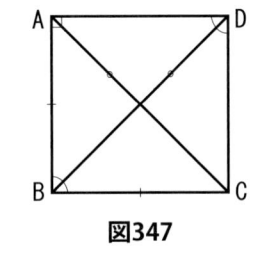

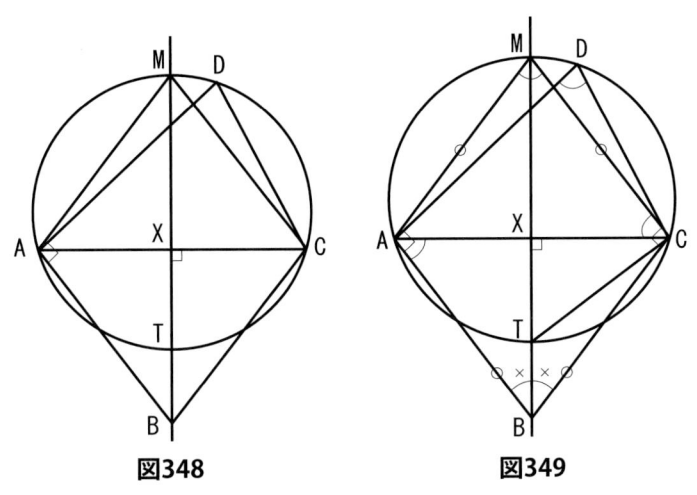

図348　　図349

　いま，頂点Bが外接円の外部にあるとしよう。頂点Bより辺ACに垂線を引き，ACとの交点をX，円との交点をBに近い方からT，Mとする。

　∠ADC＝∠AMC，∠ADC＝∠ABCより，∠AMC＝∠ABCである。

△AXBと△CXBにおいて，∠AXB＝∠CXB＝90°，AB＝BC，BXは共通だから，△AXB≡△CXBである。

　　　△ABMと△CBMにおいて，∠ABM＝∠ABX＝∠CBX＝∠CBM，AB＝CB，BMは共通だから，△ABM≡△CBMである。

　　　∠AMC＝∠ABC，∠AMB＝∠CMB，∠ABM＝∠CBMより，AB＝BC＝CM＝MAである。

　　　四角形ABCMはひし形だから，MC∥ABである。（図349）

　　　∠MCA＝∠BACより，

　　　∠MCT＝∠MCA＋∠ACT＝∠BAC＋∠AMB＝∠BAC＋∠ABM＝90°である。

　　　∠A＝90°より，∠DAC＝90°－∠BAC＝∠MCT－∠MCA＝∠ACTである。

　　　AD∥CTより，四角形ATCDは等脚台形だから，AC＝DTである。AC＝BDより，BD＝DTである。△DTBは二等辺三角形だから，∠DTB＝∠DBTである。しかし，∠CXB＝90°より，∠DTBは鈍角，∠DBTは鋭角であるから矛盾する。（図350）

　　　△DACの外接円が頂点Bを通らないとしたことによって生じた矛盾であることから，BとTは一致するといえる。（図351）

　　　すなわち，四点A，B，C，Dは△ADCの外接円の周上にあるから，∠B＋∠D＝180°である。∠B＝∠D，∠A＝90°より，∠C＝90°である。四角が等しいことから四角形ABCDは長方形であり，さらに，AB＝BCより正方形である。

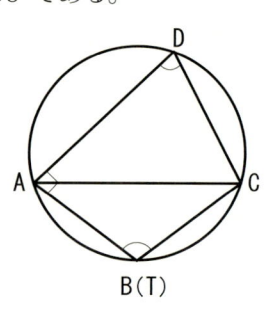

図350

図351

⑤　**一角90°，一組の隣角相等，一組の対辺等長，対角線が直交する四角形は正方形である。**

図は次の二通りができる。

図352-①の仮定：∠A＝90°，∠B＝∠C，
　　　　　　　　AB＝CD，AC⊥BD

図352-②の仮定：∠A＝90°，∠B＝∠C，
　　　　　　　　AD＝BC，AC⊥BD

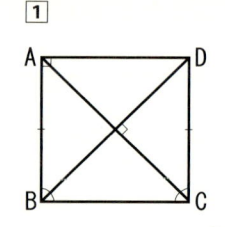

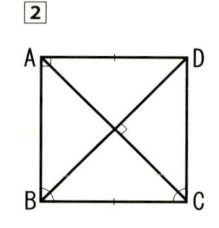

図352

証明（図352-①）：△ABC≡△DCBより∠BAC＝∠CDBだから，四点A，B，C，Dは同一円周上にある。よって，∠A＋∠C＝180°，∠A＝90°より∠C＝90°である。∠B＝∠C＝90°より，∠D＝90°だから，四角形ABCDは長方形となり，さらに，AC⊥BDより正方形である。

証明（図352-②）：∠B＝∠C＝90°のときは明らかに正方形である。そこで∠B＝∠C≠90°とする。

（ⅰ）∠B＝∠C＜90°とする。

　　BA，CDそれぞれの延長の交点をEとする。

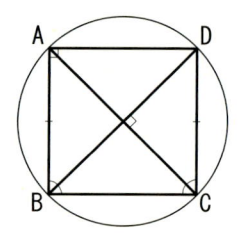

図353

164

頂点DよりBCに平行線を引き，ABとの交点をXとする。
∠A＝90°より，DX＞AD＝BCである。

また，BA，CDのそれぞれの延長は交わることより，DX＜BCである。これは矛盾することから，∠B＝∠C＜90°ではないといえる。

（ⅱ）∠B＝∠C＞90°とする。

頂点BよりADに平行線を引き，DCとの交点をXとする。ABの延長とDCの延長は点Eで交わることから，AD＞BXである。また，∠Cは鈍角だから，∠BXCは鋭角であり，AD＝BC＜BXである。これは矛盾することから，∠B＝∠C＞90°ではないといえる。

よって，∠B＝∠C＝90°である。∠A＝90°より四角形ABCDは長方形であり，さらに，AC⊥BDより正方形である。

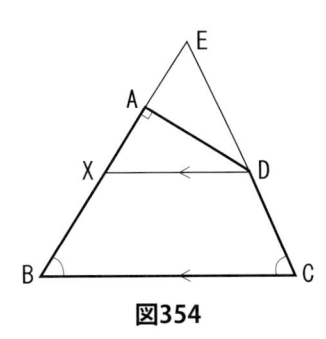

図354

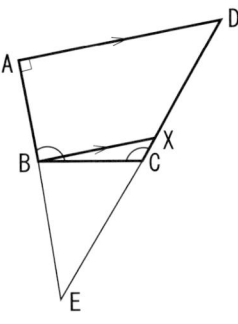

図355

(8) 内角，内角，内角，対角線についての条件をもつ四角形

① **四角相等，対角線が直交する四角形は正方形である。**

図は次の一通りである。

仮定： ∠A＝∠B＝∠C＝∠D，AC⊥BD

証明： 仮定より四角形ABCDは長方形，さらに，AC⊥BDより正方形である。

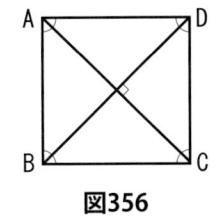

図356

第二話　正方形になる場合と正方形になるとは限らない場合がある条件

① **一組の対辺等長，一組の対辺平行，対角線直交，一組の隣角相等である四角形は，必ずしも正方形になるとは限らない。**

図は次の四通りができる。

図357-①から357-③は正方形になるが，図357-④は必ずしも正方形になるとは限らない。証明については，図357-①と図357-②は同様なので図357-②の証明は省略する。

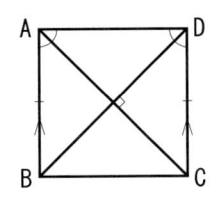

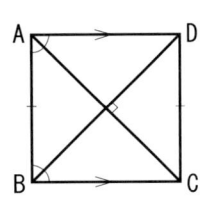

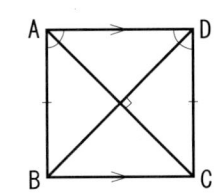

① ② ③ ④

図357

図357-①の仮定：AB＝CD，AB∥CD，AC⊥BD，∠A＝∠B

図357-②の仮定：AB＝CD，AB∥CD，AC⊥BD，∠A＝∠D

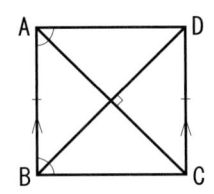

図357-③の仮定：AB＝CD，AD//BC，AC⊥BD，∠A＝∠B
図357-④の仮定：AB＝CD，AD//BC，AC⊥BD，∠A＝∠D

証明（図357-①）：AB＝CD，AB//CDより，四角形ABCDは平行四辺形である。AC⊥BDよりひし形，さらに，∠A＝∠Bより正方形である。

証明（図357-③）：AD//BC，∠A＝∠Bより，∠A＝∠B＝90°である。いま，DC⊥BCではないとする。このとき，BC上，または，BCの延長上にDC$_1$⊥BCである点C$_1$が存在する。∠ADC$_1$＝90°より，四角形ABC$_1$Dは長方形であり，AB＝DC$_1$である。AB＝DCより△DCC$_1$は二等辺三角形となり矛盾する。よって，CとC$_1$は一致する。よって，四角形ABCDは長方形であり，さらに，AC⊥BDより正方形である。

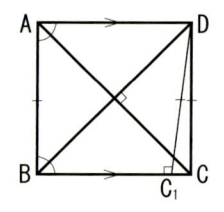

図358

証明（図357-④）：反例として，対角線が直交し，AB＝CDの等脚台形がある。このような台形は次のように作図することができる。

　まず，∠AOD＝90°の直角二等辺三角形OADをつくる。AO，DOをそれぞれ延長し，延長上にAC＝DBである点C，Bをとる。このときの四角形ABCDが求めるものである。（図359）

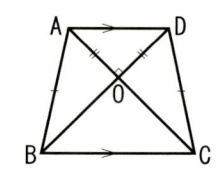

図359

　すなわち，△AOD，△BOCはいずれも二等辺三角形であるから，∠ADB＝∠CBD＝45°，錯角が等しいのでAD//BCである。

　△ABD≡△DCAより，AB＝DC，∠A＝∠Dであることから，台形ABCDは，AB＝CD，AD//BC，AC⊥BD，∠A＝∠Dの条件をもつことが分かる。

② **三辺等長，二組の隣角相等である四角形は，必ずしも正方形になるとは限らない。**

図は次の二通りができる。
図360-①は正方形になるが，図360-②は必ずしも正方形になるとは限らない。
図360-①の仮定：AB＝CD＝AD，∠A＝∠B，
　　　　　　　∠C＝∠D
図360-②の仮定：AB＝CD＝AD，∠A＝∠D，
　　　　　　　∠B＝∠C

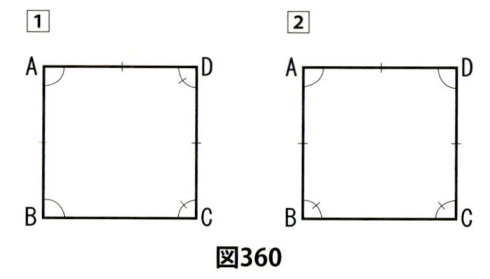

図360

証明（図360-①）：∠A＝∠B＝90°のときは明らかに正方形になる。そこで，∠A＝∠B≠90°とする。

（ⅰ）∠A＝∠B＜90°とする。

　AD，BCをそれぞれ延長し，その交点をEとする。
　△AEBは二等辺三角形より，AE＝BEである。
　∠C＝∠D，∠EDC＝∠ECDより△EDCは二等辺三角形だから，ED＝ECである。AE＝BE

よりAD＝BCであるから，四角形ABCDはひし形である。

∠A＝∠Cより，∠A＝∠B＝∠C＝∠D＝90°となり，これは仮定したことに矛盾する。よって，∠A＝∠B＜90°ではない。

（ⅱ）∠A＝∠B＞90°とする。

DA，CBのそれぞれの延長の交点をEとする。

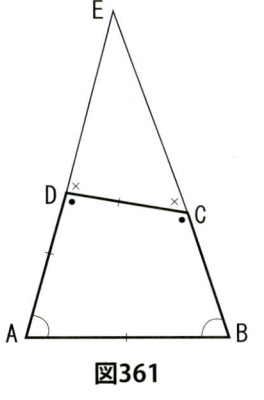

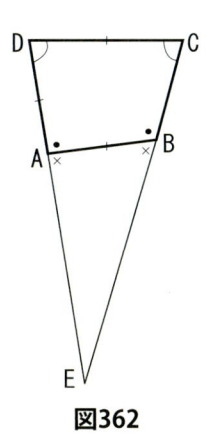

図361

図362

（ⅰ）と同様に考えると，∠A＝∠B＝∠C＝∠D＝90°となり，これは仮定したことに矛盾する。よって，∠A＝∠B＞90°ではない。

以上のことから，∠A＝∠B＝90°であり，∠C＝∠D＝90°でもある。すなわち，四角形ABCDは長方形であり，さらに，AB＝ADより正方形となる。

証明（図360-2）：反例として，三辺が等しい等脚台形がある。このような台形は次のように作図できる。

同じ側に，∠A＝∠D，AD＝AB＝DCである二等辺三角形ADBとADCをつくる。四角形ABCDが求めるものである。

この四角形では，

△ABD≡△DCAより，AC＝BD

△ABC≡△DCBより，∠B＝∠C

である。台形ABCDは，AB＝CD＝DA，∠A＝∠D，∠B＝∠Cの条件をもつことが分かる。

図363

③ **二組の隣辺等長，一角90°，一組の対角相等である四角形は，必ずしも正方形になるとは限らない。**

図は次の二通りができる。

図364-1は正方形になるが，図364-2は必ずしも正方形になるとは限らない。

図364-1の仮定：AB＝AD，BC＝CD，
　　　　　　　∠B＝90°，∠A＝∠C

図364-2の仮定：AB＝AD，BC＝CD，
　　　　　　　∠A＝90°，∠B＝∠D

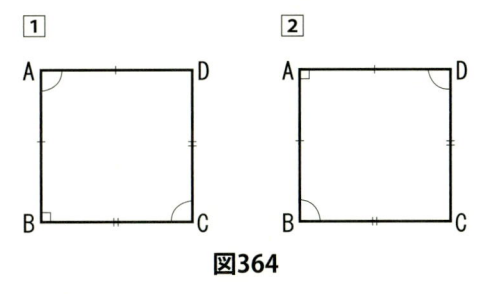

図364

証明（図364-1）：△ABC≡△ADCより，∠B＝∠D＝90°である。∠A＝∠C＝90°より，四角形ABCDは長方形である。さらに，AB＝ADより正方形である。

証明（図364-2）：反例として，たこ形（二等辺三角形を二つつなげた四角形）がある。

このような四角形は，次のように作図できる。まず，∠A＝90°の直角二等辺三角形

167

ABDをつくる。二点B，Dからの距離が等しい点Cをとる。このときの四角形ABCDが求めるものである。

　この四角形では，△DBC，△ABDはいずれも二等辺三角形だから，∠ABD＝∠ADB，∠CBD＝∠CDBである。よって，∠B＝∠Dである。四角形ABCDは，AB＝AD，BC＝CD，∠A＝90°，∠B＝∠Dの条件をもつことが分かる。

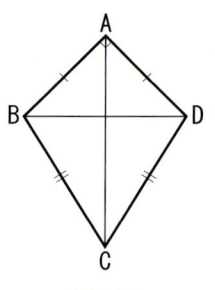

図365

④ **対角線等長，対角線直交，一組の隣辺等長，一組の対角相等である四角形は，必ずしも正方形になるとは限らない。**

　図は次の二通りができる。

　図366-①は正方形になるが，図366-②は必ずしも正方形になるとは限らない。

図366-①の仮定：AC＝BD，AC⊥BD，
　　　　　　　AB＝AD，∠A＝∠C

図366-②の仮定：AC＝BD，AC⊥BD，
　　　　　　　AB＝AD，∠B＝∠D

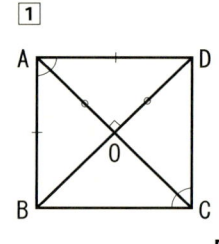

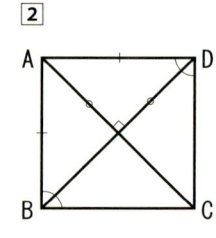

図366

証明（図366-①）：対角線の交点をOとする。△ABO≡△ADOより，∠BAO＝∠DAO，△BAC≡△DACより，∠ACB＝∠ACD，∠A＝∠Cより，∠BAC＝∠DAC＝∠ACB＝∠ACD，AB＝BC＝CD＝DAより，四角形ABCDはひし形である。さらに，AC⊥BDより正方形である。

証明（図366-②）：反例として，たこ形がある。このような四角形は，次のように作図することができる。まず，AB＝ADである二等辺三角形ABDをつくる。

　さらに，∠Aの二等分線を引き，その線上にBD＝ACである点Cをとる。四角形ABCDが求めるものである。

　この四角形では，△ABC≡△ADCより，∠ABC＝∠ADCである。また，二等辺三角形の頂角の二等分線より，AC⊥BDである。

　よって，四角形ABCDは，AC＝BD，AC⊥BD，AB＝AD，∠B＝∠Dの条件をもつことが分かる。

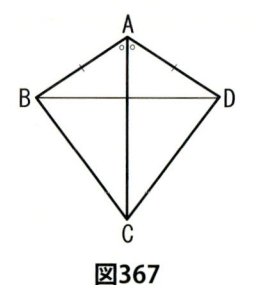

図367

⑤ **一角90°，一組の隣角相等，一組の隣辺等長，対角線等長である四角形は，必ずしも正方形になるとは限らない。**

　図は次の四通りができる。

　図368-①と368-②は正方形になるが，図368-③と368-④は必ずしも正方形になるとは限らない。証明については，図368-①と図368-②は同様にできるので，図368-②の証明は省略する。

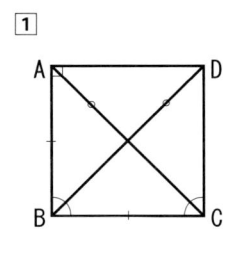

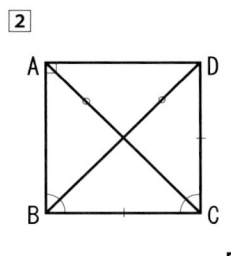

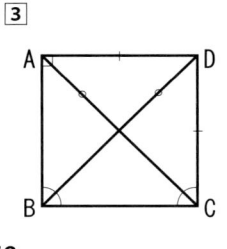

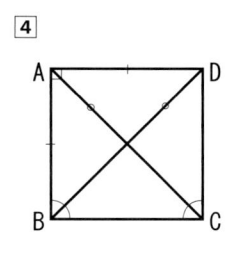

第7章 四角形が正方形になるための条件と必ずしも正方形になるとは限らない条件

|1| |2| |3| |4|

図368

図368-|1|の仮定：∠A＝90°，∠B＝∠C，AB＝BC，AC＝BD

図368-|2|の仮定：∠A＝90°，∠B＝∠C，BC＝CD，AC＝BD

図368-|3|の仮定：∠A＝90°，∠B＝∠C，CD＝AD，AC＝BD

図368-|4|の仮定：∠A＝90°，∠B＝∠C，AB＝AD，AC＝BD

証明（図368-|1|）：△ABCと△DCBにおいて，二辺と一角がそれぞれ等しいから∠BAC＝∠CDB，または，∠BAC＋∠CDB＝180°である。AB＝BCより，∠BAC＝∠BCAである。

対角線の交点をOとすると，

∠DOC＝∠OBC＋∠OCB
　　　＝∠DBC＋∠ACB
　　　＝∠DBC＋∠BAC，

∠CDB＋∠DOC＋∠OCD＝180°より，

∠CDB＋∠DBC＋∠BAC＋∠OCD＝180°である。

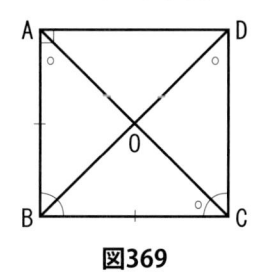

図369

∠CDB＋∠BAC＜180°より，∠BAC＋∠CDB≠180°だから，∠BAC＝∠CDBである。四点A，B，C，Dは同一円周上にあり，∠A＋∠C＝180°である。よって，∠A＝90°より，四角形ABCDは四角が等しいので長方形であり，さらに，AB＝BCより正方形である。

証明（図368-|3|）：反例として，次のような四角形がある。

四角形ABCDにおいて，∠B＝∠C＝90°のときは長方形になり，さらに，AD＝DCより正方形になることから，∠B＝∠C≠90°とする。

いま，四角形ABCDの辺CDを延長し，頂点Aから辺BCに平行に引いた直線との交点をEとする（図370）。

四角形ABCEは∠B＝∠Cより等脚台形だから，BE＝AC＝BDである。また，∠EBDの二等分線とCEとの交点をMとする。△EBM≡△DBMより，∠BMD＝90°である。∠A＝90°より，四点A，B，D，Mは同一円周上にある。AD＝DCより，∠DAC＝∠DCAである。

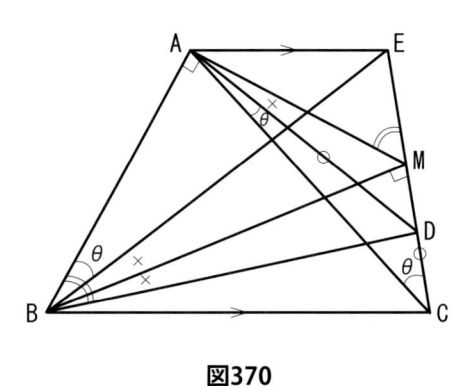

∠ABE＝θ，∠EBM＝αとすると，∠ABE＝∠ACE＝∠DAC＝θであるから，△ACMの外角∠AME＝2θ＋α，∠ABD＝θ＋2α，

図370

169

∠AME＝∠ABDより，θ＝αである。

BEとAMとの交点をX，BMとADとの交点をO，ACとBDとの交点をYとすると，A，B，O，Xは同一円周上にあり，また，A，B，Y，Oも同一円周上にあることから，五点A，B，Y，O，Xは同一円周上にある（図372）。

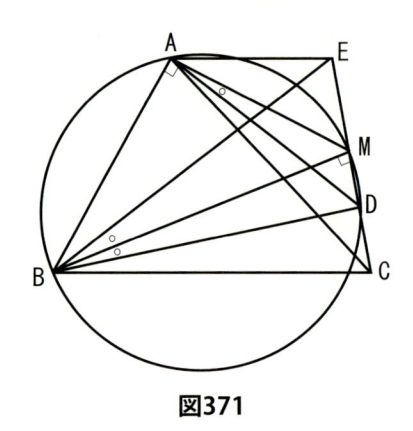

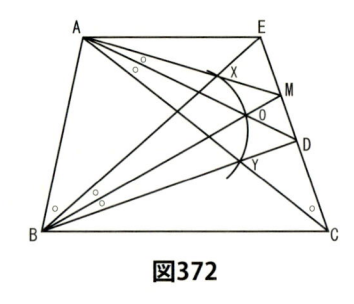

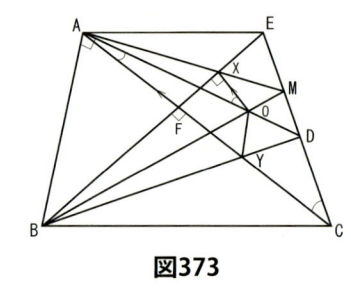

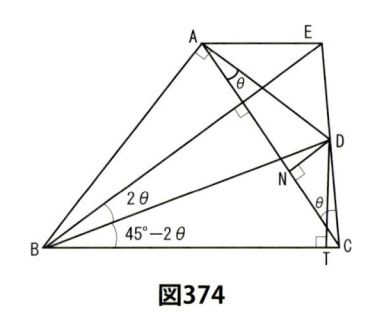

∠AOX＝∠ABX＝∠OAYより，XO∥AYである。BEとACとの交点をFとすると，∠BXO＝∠BAO＝90°より，∠BFC＝90°（図373），∠FBC＝45°より，∠DBC＝45°－2θである（図374）。

図371

図372

図373

図374

DからACに垂線を引きACとの交点をNとすれば，∠DCA＝θであり，また，DよりBCに垂線を引きBCとの交点をTとすれば（図374），

DT＝BDsin(45°－2θ)，DT＝CDsin(45°＋θ)である。

BDsin(45°－2θ)＝CDsin(45°＋θ)より，$\dfrac{CD}{BD}=\dfrac{\sin(45°-2\theta)}{\sin(45°+\theta)}$である。

一方，AD＝DCより，AN＝NCであるから，

CN＝CDcosθ＝$\dfrac{1}{2}$AC＝$\dfrac{1}{2}$BDより，$\dfrac{CD}{BD}=\dfrac{1}{2\cos\theta}$

である。よって，

$$\dfrac{1}{2\cos\theta}=\dfrac{\sin(45°-2\theta)}{\sin(45°+\theta)}$$

である。

この等式は次のように変形できる。

sin(45°＋θ)＝2sin(45°－2θ)cosθ

sin(45°＋θ)＝sin(45°－θ)＋sin(45°－3θ)

sin(45°－3θ)＝sin(45°＋θ)－sin(45°－θ)

sin(45°－3θ)＝2cos45°sinθ

sin45°cos3θ－cos45°sin3θ＝2cos45°sinθ

sin45°＝cos45°より，

$$\cos 3\theta - \sin 3\theta = 2\sin\theta$$
$$\cos 3\theta = \sin 3\theta + 2\sin\theta \ (\bigstar)$$

等式(★)のグラフを次に掲げる(図375)。

二つのグラフの交点が，$0 < \theta < 45°$の範囲でただ一つ存在することが分かる。この交点の値θを求めると，$10° < \theta < 11°$，$\theta ≒ 10.6°$であることが分かる。

$\theta ≒ 10.6°$のとき，∠B＝∠C≒55.6°である。次に掲げる四角形ABCDが仮定「∠A＝90°，CD＝AD，∠B＝∠C，AC＝BD」を満たす四角形である。

「四角形の概形」(図376)

・∠B＝∠C≒55.6°の二等辺三角形PBCをかく。

・△PBCの内部に点Fをとり，∠F＝90°の直角二等辺三角形FBCをかく。

・CFを延長し，BPとの交点をAとする。

・Aを通るBPに垂直な直線を引き，CPとの交点をDとする。

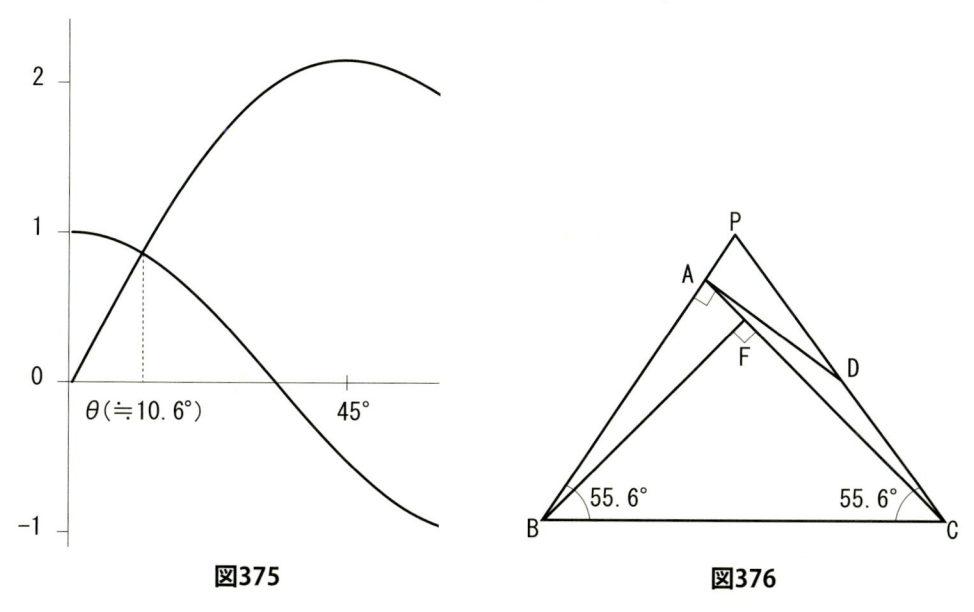

図375

図376

逆に，$\cos 3\theta = \sin 3\theta + 2\sin\theta$，$\theta ≒ 10.6°$の条件をもつ四角形は初めの仮定，すなわち，仮定1. AC＝BD，仮定2. CD＝AD，仮定3. ∠B＝∠C，仮定4. ∠A＝90°を満たすことを示す。

まず，次の順序で四角形ABCDを作図する。

・∠F＝90°の直角二等辺三角形FBCをかく。

・∠FBP＝2θとなるように半直線BPを引く。

・∠FCQ＝θとなるように半直線CQを引き，BPとの交点をD，BFの延長との交点

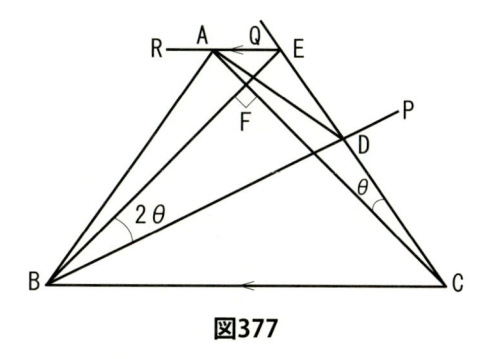

図377

をEとする。
- Eを通るBCに平行な半直線ERとCFの延長との交点をAとする。
- 四角形ABCDをつくる。

〈仮定1を示す〉

　四角形ABCEにおいて，∠BEC＝90°－θ，∠BDE＝45°－2θ＋45°＋θ＝90°－θより，∠BED＝∠BDEである。

　△FBC，△AFEはともに直角二等辺三角形より，BF＝CF，AF＝EFだから，BE＝BF＋FE＝CF＋FA＝CAである。

　また，∠BED＝∠BDEより，BE＝BDだから，AC＝BE＝BDである。（仮定1を満たす）

〈仮定2を示す〉

　次に，頂点DからBCに垂線を引き，その交点をTとする。

DT＝CDsin(45°＋θ)
DT＝BDsin(45°－2θ)
　 ＝ACsin(45°－2θ)

これより，

CDsin(45°＋θ)＝ACsin(45°－2θ)

である。

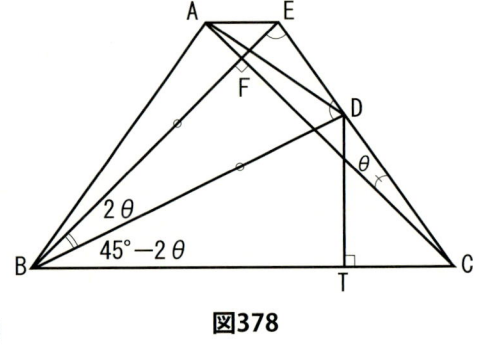

　両辺に$\cos\theta$をかけて，

CDcosθsin(45°＋θ)＝ACcosθsin(45°－2θ)

$$CD\cos\theta = \frac{AC\cos\theta\sin(45°-2\theta)}{\sin(45°+\theta)} \cdots ①$$

一方，最初の条件は次のように変形できる。

cos3θ＝sin3θ＋2cosθより，cos3θ－sin3θ＝2cosθである。

この式の両辺にcos45°をかけて，

cos45°cos3θ－cos45°sin3θ＝2cos45°sinθ，cos45°＝sin45°

これより，

sin45°cos3θ－cos45°sin3θ＝2cos45°sinθ
sin(45°－3θ)＝sin(45°＋θ)－sin(45°－θ)
sin(45°＋θ)＝sin(45°－3θ)＋sin(45°－θ)
　　　　　　＝2sin(45°－2θ)cos(－θ)
　　　　　　＝2sin(45°－2θ)cosθ
sin(45°＋θ)＝2sin(45°－2θ)cosθ …②

②を①に代入する。

$$CD\cos\theta = \frac{AC\sin(45°-2\theta)\cos\theta}{\sin(45°+\theta)}$$
$$= \frac{AC\sin(45°-2\theta)\cos\theta}{2\sin(45°-2\theta)\cos\theta}$$

図378

$$\therefore \mathrm{CD}\cos\theta = \frac{1}{2}\mathrm{AC}$$

次に，DからACに垂線を引きBCとの交点をNとすると，CN＝CDcosθ，CN＝$\frac{1}{2}$AC

これより，NはACの中点であり，AD＝CDである。（仮定2を満たす）

〈仮定3，4を示す〉

一方，△ABE≡△ECAより，∠ECA＝∠ABE＝θ，∠ECB＝45°＋θ＝∠ABCである。よって，∠B＝∠Cである。（仮定3を満たす）

また，△ABCにおいて，∠BAC＝180°－(∠B＋∠ACB)＝90°－θ，これより，∠A＝∠BAC＋∠CAD＝90°である。（条件4を満たす）

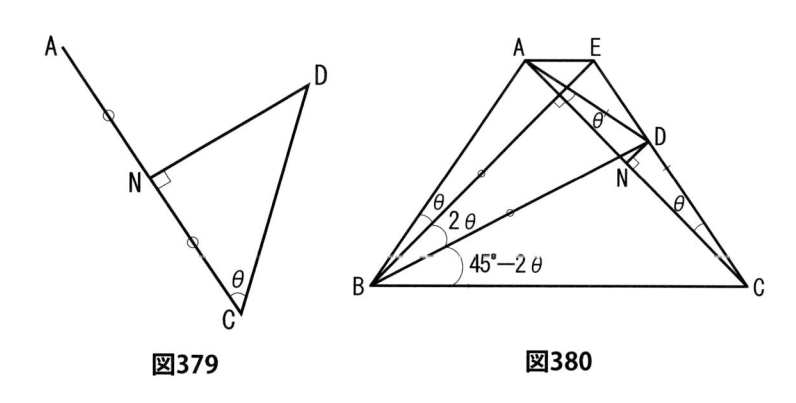

図379

図380

証明(図368－4)：反例として，次のような四角形がある。

四角形ABCDにおいて，∠B＝∠C＝90°のときは長方形になり，さらに，AB＝ADより正方形になることから，∠B＝∠C≠90°とする。

△ABCと△DCBにおいて，AC＝BD，∠B＝∠C，BCは共通より，2辺と1角がそれぞれ等しい。よって，

∠BAC＋∠BDC＝180°，または，∠BAC＝∠CDB

である。

∠BAC＝∠CDBの場合は正方形になるので，∠BAC＋∠BDC＝180°の場合を考える。

∠BAC＝180°－∠BDC＝45°＋2θ

∠BCA＝90°－3θ

である。

一方，AB＝1とすると，AC＝BD＝$\sqrt{2}$である。

△ABCにおいて正弦定理を使用すると，

$$\frac{\mathrm{AB}}{\sin\angle \mathrm{ACB}} = \frac{\mathrm{AC}}{\sin\angle \mathrm{ABC}}$$

である。よって，

$$\frac{1}{\sin(90°-3\theta)} = \frac{\sqrt{2}}{\sin(45°+\theta)}$$

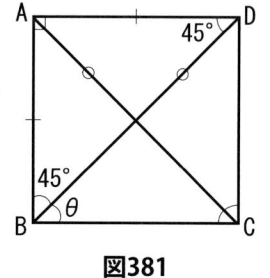

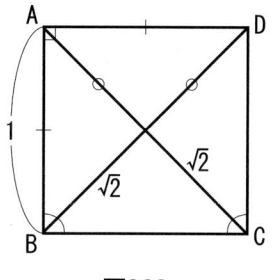

図381

図382

$$\sin(45°+\theta)=\sqrt{2}\sin(90°-3\theta)$$
$$\sin(45°+\theta)=\sqrt{2}\cos3\theta \quad (★)$$

　等式(★)のグラフは次のようになる(図383)。
　二つのグラフの交点が0＜θ＜45°の範囲でただ一つ存在することが分かる。この交点の値θを求めると，17°＜θ＜18°，θ≒17.9°である。θ≒17.9°のとき，∠B＝∠C≒62.9°である。次に掲げる四角形ABCDが仮定「∠A＝90°，AB＝AD，∠B＝∠C，AC＝BD」を満たす四角形である。

「四角形の概形」(図384)
・△DBCを，∠DBC≒17.9°，∠DCB≒62.9°であるようにつくる。
・BDを斜辺とする∠A＝90°の直角二等辺三角形ABDをつくる。
・できた四角形ABCDが求めるものである。

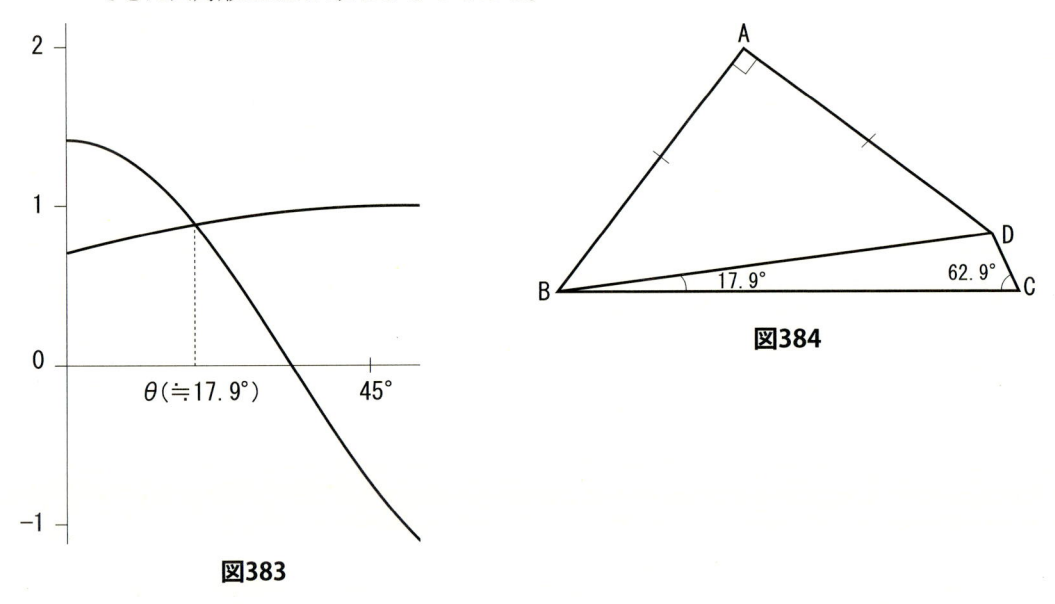

図383

図384

　逆に，$\sin(45°+\theta)=\sqrt{2}\cos3\theta$，θ≒17.9°の条件をもつ四角形は初めの仮定，すなわち，仮定1. ∠A＝90°，仮定2. AB＝AD，仮定3. ∠B＝∠C，仮定4. AC＝BDを満たすことを示す。

　まず，次の順序で四角形ABDCを作図する。(図385)
・∠A＝90°(仮定1を満たす)である直角二等辺三角形ABD(仮定2を満たす)をかく。
・∠Aの中に，∠BAP＝45°＋2θとなるようにAから半直線APを引く。
・△ABDの外側に，∠DBQ＝θとなるように半直線BQを引く。

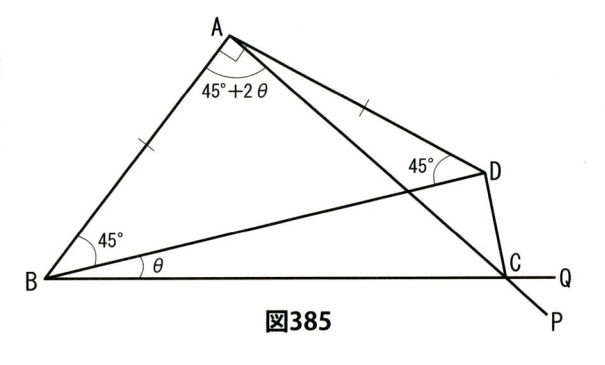

図385

174

- APとBQとの交点をCとする。
- 四角形ABCDをかく。

〈仮定3を示す〉

△ABCにおいて正弦定理を使用すると，

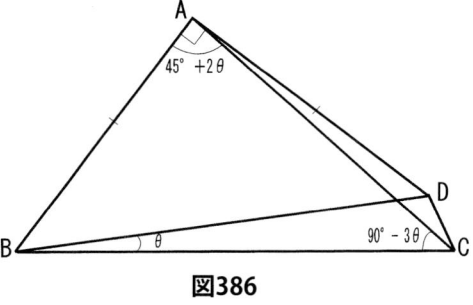

$$\frac{BC}{\sin(45°+2\theta)}=\frac{AB}{\sin(90°-3\theta)}=\frac{AB}{\cos 3\theta}$$

△ABDにおいて，

$$AB:BD=1:\sqrt{2},\ AB=\frac{1}{\sqrt{2}}BD$$

である。よって，

$$BC\cos 3\theta = AB\sin(45°+2\theta)$$

$$BC\cos 3\theta = \frac{BD\sin(45°+2\theta)}{\sqrt{2}}$$

である。

仮定より，$\sqrt{2}\cos 3\theta = \sin(45°+\theta)$ だから，

$$\frac{BC}{BD}=\frac{\sin(45°+2\theta)}{\sqrt{2}\cos 3\theta}$$

$$=\frac{\sin(45°+2\theta)}{\sin(45°+\theta)}$$

ここで，∠X＝θ，∠Y＝45°＋θとなる△XYZを作図する。

このとき，∠Zの外角は45°＋2θである。また，頂点XからYZに垂線を引き，交点をTとすると，

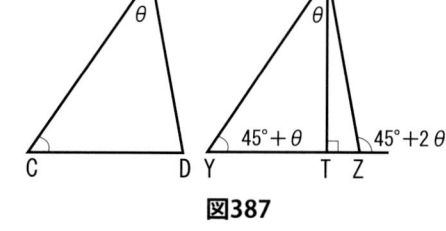

$$XT=XY\sin(45°+\theta)$$

$$\sin(45°+\theta)=\frac{XT}{XY}$$

また，

$$XT=XZ\sin(45°+2\theta)$$

$$\sin(45°+2\theta)=\frac{XT}{XZ}\ \text{より，}$$

$$\frac{\sin(45°+2\theta)}{\sin(45°+\theta)}=\frac{XT}{XZ}\div\frac{XT}{XY}=\frac{XY}{XZ},$$

$$\frac{BC}{BD}=\frac{XY}{XZ}\ \text{より，△BCD∽△XYZだから，}$$

∠BCD＝∠XYZ＝45°＋θ，∠ABC＝45°＋θ

である。よって，∠ABC＝∠BCDである。（仮定3を満たす）

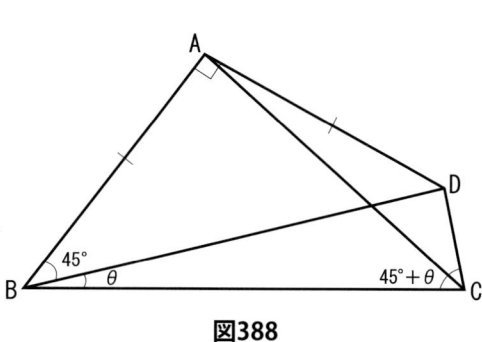

〈仮定4を示す〉

次に，AC＝BDを示す。

△ABCにおいて正弦定理を使用すると，∠ACB＝90°−3θより，

$$\frac{AC}{\sin(45°+\theta)}=\frac{AB}{\sin(90°−3\theta)}$$

$\sin(90°−3\theta)=\cos 3\theta$より，

$$\frac{AC}{AB}=\frac{\sin(45°+\theta)}{\cos 3\theta}$$

仮定より，$\sin(45°+\theta)=\sqrt{2}\cos 3\theta$だから，

$$\frac{AC}{AB}=\frac{\sqrt{2}\cos 3\theta}{\cos 3\theta}$$
$$=\sqrt{2}$$

よって，AC＝$\sqrt{2}$AB＝BDであることから，仮定4を満たすことが分かる。

図389

第三話　必ずしも正方形になるとは限らない条件

　ここでは，辺の長さ，辺の平行，内角，対角線に関する条件の中から，四つを選んで組み合わせた条件を有する四角形を考える。ここで取り上げる条件を有する四角形は，いずれも正方形である場合以外にも他の四角形になる場合があるものである。必ずしも正方形になるとは限らない条件をすべて取り上げることはできないので，そのうちのいくつかをとりあげることにし，残りの条件については，附記として掲載することにする。

① 　一組の対辺等長，一組の対辺平行，一組の隣角相等，対角線等長の四角形

　図は次の四通りができる。

　証明については，図390−1と図390−2は同様にできるので，図390−2の証明は省略する。

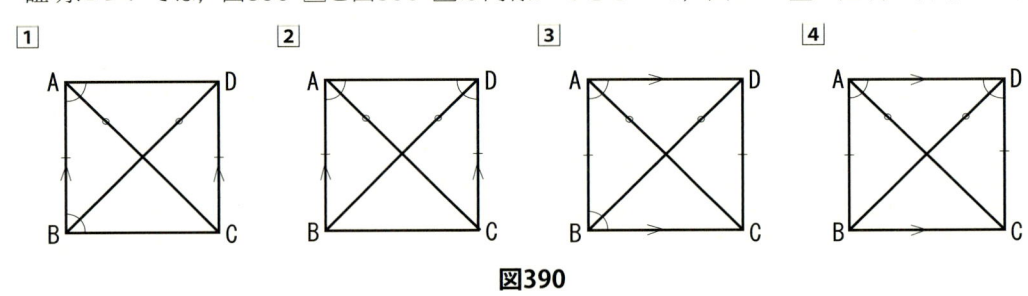

1　　　　　2　　　　　3　　　　　4

図390

図390−1の仮定：AB＝CD，AB∥CD，∠A＝∠B，AC＝BD

図390−2の仮定：AB＝CD，AB∥CD，∠A＝∠D，AC＝BD

図390−3の仮定：AB＝CD，AD∥BC，∠A＝∠B，AC＝BD

図390−4の仮定：AB＝CD，AD∥BC，∠A＝∠D，AC＝BD

証明(図390-①)：AB＝CD，AB∥CDより，四角形ABCDは平行四辺形であり，さらに，AC＝BDより長方形である。四角形ABCDが長方形であれば，∠A＝∠Bであるから，仮定の∠A＝∠Bは他の仮定から導くことができ，仮定とする必要がないのである。従って，図390-①の仮定を満たす四角形は，正方形以外にも長方形があり，必ずしも正方形になるとは限らない。

証明(図390-③)：AD∥BC，∠A＝∠Bより，∠A＝∠B＝90°である。△ABD≡△BACより，AD＝BCである。四角形ABCDは平行四辺形であり，さらに，∠A＝90°より長方形である。四角形ABCDが長方形であれば，AB＝DCであるから，AB＝DCは他の仮定から導くことができ，仮定とする必要はない。従って，図390-③の仮定を満たす四角形は，正方形以外にも長方形があり，必ずしも正方形になるとは限らない。

証明(図390-④)：AB＝CD，∠A＝∠Dより，△DAB≡△ADCである。合同ならばAC＝BDであり，AD∥BCである。AC＝BDとAD∥BCは他の仮定から導くことができ，仮定とする必要がない。従って，図390-④の仮定を満たす四角形は，正方形以外にも等脚台形があり，必ずしも正方形になるとは限らない。

② **二組の隣辺等長，一組の対辺平行，一組の対角相等の四角形**

図は次の二通りができる。

図391-①の仮定：AB＝AD，BC＝CD，
　　　　　　　　 AB∥CD，∠A＝∠C

図391-②の仮定：AB＝AD，BC＝CD，
　　　　　　　　 AB∥CD，∠B＝∠D

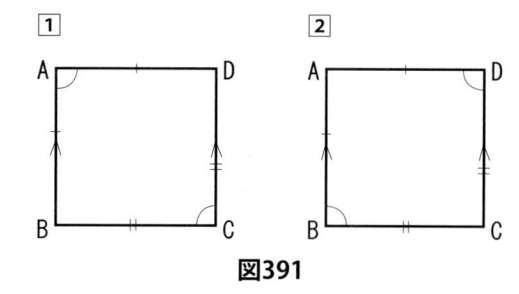

図391

証 明(図391- ①)：AB＝ADより，∠ABD＝∠ADB，BC＝CDより，∠CDB＝∠CBDである。∠A＝∠C，∠B＝∠ABD＋∠CBD＝∠ADB＋∠CDB＝∠Dより，四角形ABCDは平行四辺形であり，さらに，AB＝ADよりひし形である。ひし形であればAB∥CDであるから，AB∥CDは他の仮定から導くことができ，仮定とする必要はない。従って，図391-①の仮定を満たす四角形は，正方形以外にもひし形があり，必ずしも正方形になるとは限らない。

証明(図391-②)：△ABC≡△ADCより，∠B＝∠Dであり，∠DAC＝∠BAC，∠DCA＝∠BCAである。また，AB∥CDより，∠A＝∠Cである。四角形ABCDは平行四辺形であり，さらに，AB＝ADよりひし形である。∠B＝∠Dは他の仮定から導くことができ，仮定とする必要はない。従って，図391-②の仮定を満たす四角形は，正方形以外にもひし形があり，必ずしも正方形になるとは限らない。

③　二組の隣辺等長，対角線直交，一角90°の四角形

図は次の二通りができる。

図392-1の仮定：AB＝AD，BC＝CD，AC⊥BD，∠A＝90°

図392-2の仮定：AB＝AD，BC＝CD，AC⊥BD，∠D＝90°

証明（図392-1）：AB＝AD，∠A＝90°より，△ABDは直角二等辺三角形である。頂点Aから斜辺BDに垂線を引き，交点をOとすると，BO＝DOである。AOの延長上に任意の点Cをとり，B，Dと結ぶとBC＝DCである四角形ABCDが得られる。

　この四角形は必ずしも正方形とは限らず，たこ形（二等辺三角形を二つつなげた形）のときも図392-1の仮定を満たす。（図393）

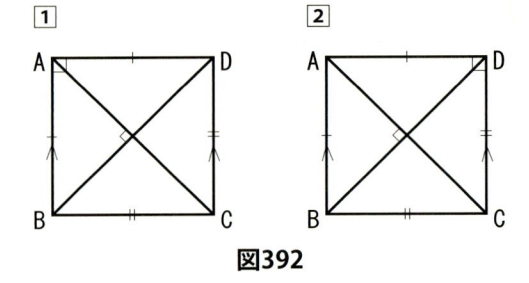

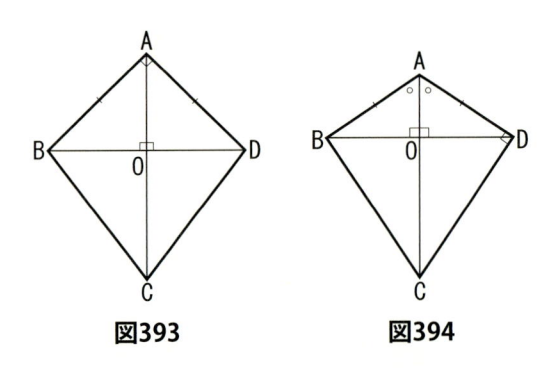

図392

図393　　　図394

証明（図392-2）：∠Aが鈍角の二等辺三角形ABDをかく。AからBDに垂線を引き，交点をOとする。このとき，BO＝DOである。AOの延長上に点Cをとり，∠ADC＝90°とする。CとBを結び得られる四角形ABCDにおいては，DC＝BCであり，∠Cは鋭角である。従って，この四角形は必ずしも正方形とは限らず，たこ形のときも図392-2の仮定を満たす（図394）。

④　二組の対角相等，一組の対辺等長，一組の対辺平行の四角形

図は次の二通りができる。

　証明については，図395-1と395-2は同様にできるので，図395-2の証明は省略する。

図395-1の仮定：∠A＝∠C，∠B＝∠D，AB＝CD，AB∥CD

図395-2の仮定：∠A＝∠C，∠B＝∠D，AB＝CD，AD∥BC

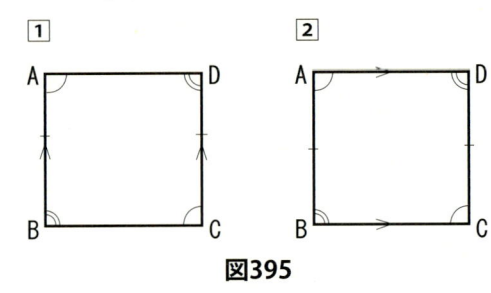

図395

証明（図395-1）：仮定より∠A＝∠C，∠B＝∠Dだから，四角形ABCDは平行四辺形である。平行四辺形ならば，既に，AB＝CD，AB∥CDだから，AB＝CD，AB∥CDは他の仮定から導くことができ，仮定としては不必要である。従って，図395-1の仮定を満たす四角形は，正方形以外にも平行四辺形があり，必ずしも正方形になるとは限らない。

⑤ 二組の隣角相等，一組の対辺平行，対角線等長の四角形

図は次の二通りができる。

図396-①の仮定：∠A＝∠D，∠B＝∠C，
　　　　　　　　AB∥CD，AC＝BD

図396-②の仮定：∠A＝∠D，∠B＝∠C，
　　　　　　　　AD∥BC，AC＝BD

証明（図396-①）：∠A＝∠D，∠B＝∠C，AB∥CDより，∠A＝∠D＝∠B＝∠C＝90°である。

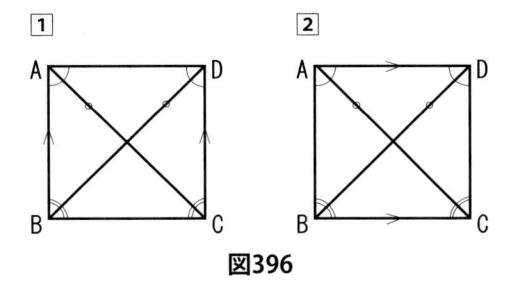

　四角形ABCDは長方形である。長方形ならばAC＝BDだから，AC＝BDは他の仮定から導くことができ，仮定としておく必要がない。

　従って，図396-①の仮定を満たす四角形は，正方形以外にも長方形があり，必ずしも正方形になるとは限らない。

証明（図396-②）：二等辺三角形EBCの底辺BCに平行な直線を引き，EB，ECとの交点をそれぞれA，Dとする（図397）。

　AD∥BCより，∠EAD＝∠EDA，よって，∠BAD＝∠CDAである。また，AB＝CD，ADは共通より，△ABD≡△DCAだから，AC＝BDである。従って，図396-②の仮定を満たす四角形は，正方形以外にも等脚台形があり，必ずしも正方形になるとは限らない。

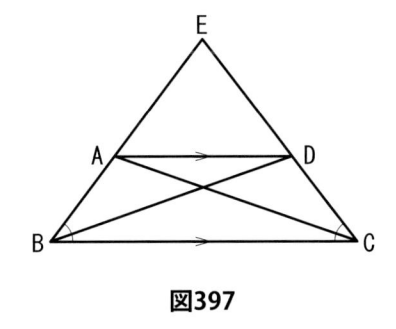

　以上7章では，四つの条件を持つ四角形が正方形になるか，ならないかを考えてきたが，ここで扱った内容について，教材のストーリー化を図るという視点で見直してみたい。

　第一話の①では，一組の隣辺等長，一組の対辺平行，対角線直交，一角90°である四角形を取り上げた。これらの条件の内の「一組の隣辺等長」に注目してみよう。

　「一組の隣辺等長」の条件は，「一組」という条件と「隣辺等長」という条件の二つからなっている。そこで，一組という条件と類似の条件と考えられる，「二組」という条件，あるいは「三組」という条件に置き換えたらどうなるか，他の条件との関連も考えて新しい条件をつくることができる。

　いま，「二組」の隣辺等長という条件に置き換えると，全部で四つの条件を考えているので残りの条件はあと二つとなる。そこで，一組の対辺平行，対角線直交，一角90°の内から二つを選んで組み合わせてみる。例えば，一組の対辺平行，一角90°を選んでみよう。

　すなわち，「四角形が，二組の隣辺等長，一組の対辺平行，一角90°という条件をもつときその四角形は正方形である」という性質を見い出すことができる。そして，この性質が正しいかどうかを考えてみる。

実はこの性質は既にp.182の条件14に取り上げられている正しい性質なのである。

次に，「隣辺等長」という条件を考えてみよう。辺に関しては，隣辺等長と類似の条件と考えられる「対辺等長」という条件がある。そこで，「隣辺等長」のかわりに「対辺等長」という条件に置き換えてみる。

すなわち，「四角形が，一組の対辺等長，一組の対辺平行，対角線直交，一角90°という条件をもつときその四角形は正方形である」という性質を見い出すことができる。

この性質が正しいかどうかを考えてみる。実はこの性質も既にp.181の条件7に取り上げられている正しい性質なのである。

ここで取り上げた①のように，もとにする条件を一つ決め，その条件の一部を類似の他の条件に置き換えると新しい条件がつくれる。この作業を繰り返していくと①の条件に関する一連の新しい条件をつくることができ，新しい性質を見い出すことができる。見い出した性質が正しいかどうかはその後に検討することが必要ではあるが。つまり，①をもとにストーリー化を図ることができると考えてよい。同様のことが①以外の条件についても考えることができよう。

▶附記　四角形が正方形になるための条件と必ずしも正方形になるとは限らない条件の一覧

第7章では，四角形が正方形になるための条件と，必ずしも正方形になるとは限らない条件を取り上げた。ただし，すべてを取り上げたわけではなかった。

そこで，ここでは，第7章で取り上げたものも含めて，証明は省略してすべての条件を掲げることにする。

「注」★印はその条件を満たす図(仮定)がすべて正方形になるわけではないことを表す。掲げてある条件を満たす図が他にあっても，正方形になるとは限らない場合はここでは除き，正方形になる場合だけを取り上げた。

Ⅰ．四角形が正方形になる条件

条件1.　一組の隣辺等長，一組の対辺平行，対角線等長，一角90度ならば正方形である。
　①仮定：AB＝AD，AB∥CD，AC＝BD，∠A＝90°
　②仮定：AB＝AD，AB∥CD，AC＝BD，∠B＝90°
　③仮定：AB＝AD，AB∥CD，AC＝BD，∠C＝90°
　④仮定：AB＝AD，AB∥CD，AC＝BD，∠D＝90°

条件2.　一組の隣辺等長，一組の対辺平行，対角線等長，一組の対角相等ならば正方形である。
　①仮定：AB＝AD，AB∥CD，AC＝BD，∠A＝∠C
　②仮定：AB＝AD，AB∥CD，AC＝BD，∠B＝∠D

条件3.　一組の隣辺等長，一組の対辺平行，対角線直交，一角90度ならば正方形である。
　①仮定：AB＝AD，AB∥CD，∠A＝90°，AC⊥BD
　②仮定：AB＝AD，AB∥CD，∠B＝90°，AC⊥BD

③仮定：AB＝AD，AB∥CD，∠D＝90°，AC⊥BD

④仮定：AB＝AD，AB∥CD，∠C＝90°，AC⊥BD

条件4. 一組の隣辺等長，一組の対辺平行，対角線直交，一組の隣角相等ならば正方形である。

①仮定：AB＝AD，AB∥CD，∠A＝∠B，AC⊥BD

②仮定：AB＝AD，AB∥CD，∠C＝∠D，AC⊥BD

③仮定：AB＝AD，AB∥CD，∠B＝∠C，AC⊥BD

④仮定：AB＝AD，AB∥CD，∠A＝∠D，AC⊥BD

条件5. 一組の隣辺等長，一組の対辺平行，対角線が互いに他を二等分，一角90度ならば正方形である。「一組の対辺平行は不要」

①仮定：AB＝AD，(AB∥CD，)AO＝CO，BO＝DO，∠A＝90°

②仮定：AB＝AD，(AB∥CD，)AO＝CO，BO＝DO，∠D＝90°

③仮定：AB＝AD，(AB∥CD，)AO＝CO，BO＝DO，∠B＝90°

④仮定：AB＝AD，(AB∥CD，)AO＝CO，BO＝DO，∠C＝90°

条件6. 一組の隣辺等長，一組の対辺平行，対角線が互いに他を二等分，一組の隣角相等ならば正方形である。「一組の対辺平行は不要」

①仮定：AB＝AD，(AB∥CD，)AO＝CO，BO＝DO，∠A＝∠B

②仮定：AB＝AD，(AB∥CD，)AO＝CO，BO＝DO，∠A＝∠D

③仮定：AB＝AD，(AB∥CD，)AO＝CO，BO＝DO，∠C＝∠D

④仮定：AB＝AD，(AB∥CD，)AO＝CO，BO＝DO，∠B＝∠C

条件7. 一組の対辺等長，一組の対辺平行，対角線直交，一角90度ならば正方形である。

①仮定：AB＝CD，AB∥CD，AC⊥BD，∠A＝90°

②仮定：AB＝CD，AD∥BC，AC⊥BD，∠A＝90°

★条件8. 一組の隣辺等長，一組の対辺平行，対角線等長，一組の隣角相等ならば正方形である。

①仮定：AB＝AD，AB∥CD，AC＝BD，∠B＝∠C

②仮定：AB＝AD，AB∥CD，AC＝BD，∠A＝∠D

★条件9. 一組の対辺等長，一組の対辺平行，対角線直交，一組の隣角相等ならば正方形である。

①仮定：AB＝CD，AB∥CD，AC⊥BD，∠A＝∠B

②仮定：AB＝CD，AB∥CD，AC⊥BD，∠A＝∠D

③仮定：AB＝CD，AD∥BC，AC⊥BD，∠A＝∠B

条件10. 二組の隣辺等長，一組の対辺平行，対角線等長ならば正方形である。

仮定：AB＝BC，AD＝CD，AB∥CD，AC＝BD

★条件11. 三辺等長，一組の対辺平行，対角線等長ならば正方形である。

仮定：AB＝BC＝AD，AD∥BC，AC＝BD

条件12. 三辺等長，一組の対辺平行，一角90度ならば正方形である。

①仮定：AB＝BC＝AD，AB∥CD，∠A＝90°

②仮定：AB＝BC＝AD，AB∥CD，∠D＝90°

③仮定：AB＝BC＝AD，AD∥BC，∠A＝90°
④仮定：AB＝BC＝AD，AD∥BC，∠D＝90°

条件13. 三辺等長，一組の対辺平行，一組の隣角相等ならば正方形である。
①仮定：AB＝BC＝AD，AD∥BC，∠A＝∠B
②仮定：AB＝BC＝AD，AD∥BC，∠B＝∠C
③仮定：AB＝BC＝AD，AD∥BC，∠C＝∠D
④仮定：AB＝BC＝AD，AB∥CD，∠A＝∠D

条件14. 二組の隣辺等長，一組の対辺平行，一角90度ならば正方形である。
①仮定：AB＝AD，BC＝CD，AB∥CD，∠A＝90°
②仮定：AB＝AD，BC＝CD，AB∥CD，∠B＝90°

条件15. 二組の隣辺等長，一組の対辺平行，一組の隣角相等ならば正方形である。
①仮定：AB＝AD，BC＝CD，AB∥CD，∠A＝∠B
②仮定：AB＝AD，BC＝CD，AB∥CD，∠A＝∠D

条件16. 二組の対辺等長，対角線直交，一角90度ならば正方形である。
仮定：AB＝CD，BC＝AD，AC⊥BD，∠A＝90°

条件17. 二組の対辺等長，対角線直交，一組の隣角相等ならば正方形である。
仮定：AB＝CD，BC＝AD，AC⊥BD，∠A＝∠B

条件18. 三辺等長，対角線等長，一角90度ならば正方形である。
①仮定：AB＝BC＝AD，AC＝BD，∠A＝90°
②仮定：AB＝BC＝AD，AC＝BD，∠D＝90°

条件19. 三辺等長，対角線等長，一組の対角相等ならば正方形である。
仮定：AB＝BC＝AD，AC＝BD，∠A＝∠C

条件20. 三辺等長，対角線直交，一角90度ならば正方形である。
①仮定：AB＝BC＝AD，AC⊥BD，∠A＝90°
②仮定：AB＝BC＝AD，AC⊥BD，∠D＝90°

条件21. 三辺等長，対角線直交，一組の隣角相等ならば正方形である。
①仮定：AB＝BC＝AD，AC⊥BD，∠A＝∠B
②仮定：AB＝BC＝AD，AC⊥BD，∠A＝∠D
③仮定：AB＝BC＝AD，AC⊥BD，∠C＝∠D

条件22. 三辺等長，対角線が互いに他を二等分，一角90度ならば正方形である。
「一組の隣辺等長だけでよい」
①仮定：AB＝(BC＝)AD，AO＝CO，BO＝DO，∠A＝90°
②仮定：AB＝(BC＝)AD，AO＝CO，BO＝DO，∠D＝90°

条件23. 三辺等長，対角線が互いに他を二等分，一組の隣角相等ならば正方形である。
「一組の隣辺等長だけでよい」
①仮定：AB＝(BC＝)AD，AO＝CO，BO＝DO，∠A＝∠B
②仮定：AB＝(BC＝)AD，AO＝CO，BO＝DO，∠A＝∠D
③仮定：AB＝(BC＝)AD，AO＝CO，BO＝DO，∠C＝∠D

第7章　四角形が正方形になるための条件と必ずしも正方形になるとは限らない条件

条件24.　二組の隣辺等長，対角線等長，一角90度ならば正方形である。

　①仮定：AB＝AD，BC＝CD，AC＝BD，∠A＝90°

　②仮定：AB＝AD，BC＝CD，AC＝BD，∠D＝90°

条件25.　二組の隣辺等長，対角線等長，一組の隣角相等ならば正方形である。

　仮定：AB＝AD，BC＝CD，AC＝BD，∠A＝∠B

条件26.　二組の隣辺等長，対角線が互いに他を二等分，一角90度ならば正方形である。
　　　　　「一組の隣辺等長だけでよい」

　①仮定：AB＝AD，（BC＝CD），AO＝CO，BO＝DO，∠A＝90°

　②仮定：AB＝AD，（BC＝CD），AO＝CO，BO＝DO，∠B＝90°

条件27.　二組の隣辺等長，対角線が互いに他を二等分，一組の隣角相等ならば正方形である。「一組の隣辺等長だけでよい」

　仮定：AB＝AD，（BC＝CD），AO＝CO，BO＝DO，∠A＝∠B

★条件28.　三辺等長，対角線等長，一組の隣角相等ならば正方形である。

　仮定：AB＝BC＝AD，AC＝BD，∠A＝∠D

★条件29.　二組の隣辺等長，対角線等長，一組の対角相等ならば正方形である。

　仮定：AB＝AD，BC＝CD，AC＝BD，∠A＝∠C

条件30.　三辺等長，二角が90度ならば正方形である。

　①仮定：AB＝CD＝AD，∠A＝∠D＝90°

　②仮定：AB＝CD＝AD，∠A＝∠B＝90°

　③仮定：AB＝CD＝AD，∠A＝∠C＝90°

　④仮定：AB＝CD＝AD，∠B＝∠C＝90°

条件31.　三辺等長，一角90度，一組の対角相等ならば正方形である。

　①仮定：AB＝CD＝AD，∠A＝90°，∠B＝∠D

　②仮定：AB＝CD＝AD，∠B＝90°，∠A＝∠C

条件32.　三辺等長，一角90度，一組の隣角相等ならば正方形である。

　①仮定：AB＝CD＝AD，∠A＝90°，∠B＝∠C

　②仮定：AB＝CD＝AD，∠A＝90°，∠C＝∠D

　③仮定：AB＝CD＝AD，∠B＝90°，∠A＝∠D

　④仮定：AB＝CD＝AD，∠B＝90°，∠C＝∠D

条件33.　三辺等長，三つの内角相等ならば正方形である。

　①仮定：AB＝CD＝AD，∠A＝∠C＝∠D

　②仮定：AB＝CD＝AD，∠A＝∠B＝∠C

条件34.　二組の隣辺等長，一角90度，一組の隣角相等ならば正方形である。

　①仮定：AB＝AD，BC＝CD，∠A＝90°，∠B＝∠C

　②仮定：AB＝AD，BC＝CD，∠B＝90°，∠A＝∠D

条件35.　二組の隣辺等長，二組の隣角相等ならば正方形である。

　仮定：AB＝AD，BC＝CD，∠A＝∠D，∠B＝∠C

★条件36.　三辺等長，二組の隣角相等ならば正方形である。

183

仮定：AB＝CD＝AD，∠A＝∠B，∠C＝∠D

★条件37．　二組の隣辺等長，二角90度ならば正方形である。
　　①仮定：AB＝AD，BC＝CD，∠A＝∠D＝90°
　　②仮定：AB＝AD，BC＝CD，∠A＝∠C＝90°

★条件38．　二組の隣辺等長，一角90度，一組の対角相等ならば正方形である。
　　仮定：AB＝AD，BC＝CD，∠B＝90°，∠A＝∠C

★条件39．　二組の隣辺等長，三角相等ならば正方形である。
　　仮定：AB＝AD，BC＝CD，∠A＝∠C＝∠D

条件40．　二組の対辺等長，対角線等長，対角線直交ならば正方形である。
　　仮定：AB＝CD，BC＝AD，AC＝BD，AC⊥BD

条件41．　三辺等長，対角線等長，対角線直交ならば正方形である。
　　仮定：AB＝BC＝AD，AC＝BD，AC⊥BD

条件42．　三辺等長，対角線等長，対角線が互いに他を二等分するならば正方形である。
　　「一組の隣辺等長だけでよい」
　　仮定：AB＝（CD＝）AD，AC＝BD，AO＝CO，BO＝DO

条件43．　二組の隣辺等長，対角線等長，対角線が互いに他を二等分するならば正方形である。「一組の隣辺等長だけでよい」
　　仮定：AB＝AD，（BC＝CD，）AC＝BD，AO＝CO，BO＝DO

条件44．　四辺等長，対角線等長ならば正方形である．
　　仮定：AB＝BC＝CD＝AD，AC＝BD，

条件45．　四辺等長，一角90度ならば正方形である．
　　仮定：AB＝BC＝CD＝AD，∠A＝90°

条件46．　四辺等長，一組の隣角相等ならば正方形である。
　　仮定：AB＝BC＝CD＝AD，∠A＝∠B

条件47．　二組の対辺平行，一組の隣辺等長，対角線等長ならば正方形である。
　　仮定：AB∥CD，BC∥AD，AB＝BC，AC＝BD

条件48．　二組の対辺平行，一組の隣辺等長，一角90度ならば正方形である。
　　①仮定：AB∥CD，BC∥AD，AB＝AD，∠A＝90°
　　②仮定：AB∥CD，BC∥AD，AB＝AD，∠B＝90°
　　③仮定：AB∥CD，BC∥AD，AB＝AD，∠C＝90°

条件49．　二組の対辺平行，一組の隣辺等長，一組の隣角相等ならば正方形である。
　　①仮定：AB∥CD，BC∥AD，AB＝BC，∠A＝∠B
　　②仮定：AB∥CD，BC∥AD，AB＝BC，∠C＝∠D

条件50．　二組の対辺平行，対角線直交，一角90度ならば正方形である。
　　仮定：AB∥CD，BC∥AD，AC⊥BD，∠A＝90°

条件51．　二組の対辺平行，対角線直交，一組の隣角相等ならば正方形である。
　　仮定：AB∥CD，BC∥AD，AC⊥BD，∠A＝∠D

条件52．　二組の対辺平行，対角線等長，対角線直交ならば正方形である。

仮定：AB∥CD，BC∥AD，AC＝BD，AC⊥BD

条件53. 対角線等長，対角線直交，一組の対辺平行，一組の隣辺等長ならば正方形である。

仮定：AC＝BD，AC⊥BD，AB∥CD，AB＝AD

条件54. 対角線等長，対角線が互いに他を二等分，一組の対辺平行，一組の隣辺等長ならば正方形である。「一組の対辺平行は不要」

仮定：AO＝CO＝BO＝DO，（AB∥CD，）AB＝AD

★条件55. 対角線等長，対角線直交，一組の対辺平行，一組の対辺等長ならば正方形である。

仮定：AC＝BD，AC⊥BD，AB∥CD，AB＝CD

条件56. 対角線直交，対角線等長，一組の対辺等長，一角90度ならば正方形である。

仮定：AC⊥BD，AC＝BD，AB＝CD，∠A＝90°

条件57. 対角線直交，対角線等長，一組の対辺等長，一組の対角相等ならば正方形である。

仮定：AC⊥BD，AC＝BD，AB＝CD，∠A＝∠C

条件58. 対角線直交，対角線等長，一組の隣辺等長，一角90度ならば正方形である。

①仮定：AC⊥BD，AC＝BD，AB＝AD，∠A＝90°

②仮定：AC⊥BD，AC＝BD，AB＝AD，∠B＝90°

③仮定：AC⊥BD，AC＝BD，AB＝AD，∠C＝90°

条件59. 対角線直交，対角線等長，一組の隣辺等長，一組の隣角相等ならば正方形である。

①仮定：AC⊥BD，AC＝BD，AB＝AD，∠A＝∠D

②仮定：AC⊥BD，AC＝BD，AB＝AD，∠C＝∠D

条件60. 対角線直交，対角線が互いに他を二等分，一組の対辺等長，一角90度ならば正方形である。「一組の対辺等長は不要」

仮定：AC⊥BD，AO＝CO，BO＝DO，（AB＝CD，）∠A＝90°

条件61. 対角線直交，対角線が互いに他を二等分，一組の対辺等長，一組の隣角相等ならば正方形である。「一組の対辺等長は不要」

①仮定：AC⊥BD，AO＝CO，BO＝DO，（AB＝CD，）∠A＝∠B

②仮定：AC⊥BD，AO＝CO，BO＝DO，（AB＝CD，）∠A＝∠D

条件62. 対角線直交，対角線が互いに他を二等分，一組の隣辺等長，一角90度ならば正方形である。「一組の隣辺等長は不要」

①仮定：AC⊥BD，AO＝CO，BO＝DO，（AB＝BC，）∠A＝90°

②仮定：AC⊥BD，AO＝CO，BO＝DO，（AB＝BC，）∠B＝90°

③仮定：AC⊥BD，AO＝CO，BO＝DO，（AB＝BC，）∠D＝90°

条件63. 対角線直交，対角線が互いに他を二等分，一組の隣辺等長，一組の隣角相等ならば正方形である。「一組の隣辺等長は不要」

①仮定：AC⊥BD，AO＝CO，BO＝DO，（AB＝BC，）∠A＝∠D

②仮定：AC⊥BD，AO＝CO，BO＝DO，（AB＝BC，）∠A＝∠B

条件64. 対角線等長，対角線が互いに他を二等分，一組の隣辺等長，一角90度ならば正方形である。「一角90度は不要」

①仮定：AO＝CO＝BO＝DO，AB＝BC（，∠A＝90°）

②仮定：AO＝CO＝BO＝DO，AB＝BC（,∠B＝90°）
③仮定：AO＝CO＝BO＝DO，AB＝BC（,∠D＝90°）

条件65. 対角線等長，対角線が互いに他を二等分，一組の隣辺等長，一組の対角相等ならば正方形である。「一組の対角相等は不要」

①仮定：AO＝CO＝BO＝DO，AB＝BC（,∠A＝∠C）
②仮定：AO＝CO＝BO＝DO，AB＝BC（,∠B＝∠D）

条件66. 対角線等長，対角線が互いに他を二等分，一組の隣辺等長，一組の隣角相等ならば正方形である。「一組の隣角相等は不要」

①仮定：AO＝CO＝BO＝DO，AB＝BC（,∠A＝∠D）
②仮定：AO＝CO＝BO＝DO，AB＝BC（,∠B＝∠C）

★条件67. 対角線直交，対角線等長，一組の対辺等長，一組の隣角相等ならば正方形である。

仮定：AC⊥BD，AC＝BD，AB＝CD，∠A＝∠B

★条件68. 対角線直交，対角線等長，一組の隣辺等長，一組の対角相等ならば正方形である。

仮定：AC⊥BD，AC＝BD，AB＝AD，∠A＝∠C

条件69. 対角線直交，対角線等長，一組の対辺平行，一角90度ならば正方形である。

仮定：AC⊥BD，AC＝BD，AB∥CD，∠A＝90°

条件70. 対角線直交，対角線等長，一組の対辺平行，一組の対角相等ならば正方形である。

仮定：AC⊥BD，AC＝BD，AB∥CD，∠A＝∠C

条件71. 対角線直交，対角線が互いに他を二等分，一組の対辺が平行，一角90度ならば正方形である。「一組の対辺平行は不要」

仮定：AC⊥BD，AO＝CO，BO＝DO，（AB∥CD）∠A＝90°

条件72. 対角線直交，対角線が互いに他を二等分，一組の対辺平行，一組の隣角相等ならば正方形である。「一組の対辺平行は不要」

①仮定：AC⊥BD，AO＝CO，BO＝DO，（AB∥CD,）∠A＝∠D
②仮定：AC⊥BD，AO＝CO，BO＝DO，（AB∥CD,）∠A＝∠B

★条件73. 対角線直交，対角線等長，一組の対辺平行，一組の隣角相等ならば正方形である。

仮定：AC⊥BD，AC＝BD，AB∥CD，∠A＝∠D

条件74. 対角線直交，対角線等長，二角90度ならば正方形である。

①仮定：AC⊥BD，AC＝BD，∠A＝∠D＝90°
②仮定：AC⊥BD，AC＝BD，∠A＝∠C＝90°

条件75. 対角線直交，対角線が互いに他を二等分，二角90度ならば正方形である。「一角90度だけでよい」

①仮定：AC⊥BD，AO＝CO，BO＝DO，∠A＝（∠D＝）90°
②仮定：AC⊥BD，AO＝CO，BO＝DO，∠A＝（∠C＝）90°

条件76. 対角線直交，対角線等長，三角相等ならば正方形である。

仮定：AC⊥BD，AC＝BD，∠A＝∠B＝∠D

条件77. 対角線直交，対角線が互いに他を二等分，三角相等ならば正方形である。「一組の隣角相等だけでよい」

仮定：AC⊥BD，AO＝CO，BO＝DO，∠A＝∠B（＝∠D）

条件78. 対角線直交，対角線等長，一角90度，一組の対角相等ならば正方形である。

仮定：AC⊥BD，AC＝BD，∠A＝90°，∠B＝∠D

条件79. 対角線直交，対角線が互いに他を二等分，一角90度，一組の対角相等ならば正方形である。「一組の対角相等は不要」

仮定：AC⊥BD，AO＝CO，BO＝DO，∠A＝90°（，∠B＝∠D）

条件80. 対角線直交，対角線等長，一角90度，一組の隣角相等ならば正方形である。

仮定：AC⊥BD，AC＝BD，∠A＝90°，∠B＝∠C

条件81. 対角線直交，対角線が互いに他を二等分，一角90度，一組の隣角相等ならば方形である。「一組の隣角相等は不要」

仮定：AC⊥BD，AO＝CO，BO＝DO，∠A＝90°（，∠B＝∠C）

条件82. 対角線直交，対角線が互いに他を二等分，二組の隣角相等ならば正方形である。「一組の隣角相等だけでよい」

仮定：AC⊥BD，AO＝CO，BO＝DO，（∠A＝∠D，）∠B＝∠C

条件83. 対角線直交，対角線等長，二組の対角相等ならば正方形である。

仮定：AC⊥BD，AC＝BD，∠A＝∠C，∠B＝∠D

条件84. 対角線等長，対角線直交，互いに他を二等分，一組の対辺等長ならば正方形である。「一組の対辺等長は不要」

仮定：AO＝BO＝CO＝DO，AC⊥BD，（AB＝CD）

条件85. 対角線等長，対角線直交，対角線が互いに他を二等分，一組の隣辺等長ならば正方形である。「一組の隣辺等長は不要」

仮定：AO＝BO＝CO＝DO，AC⊥BD，（AB＝AD）

条件86. 対角線等長，対角線直交，互いに他を二等分，一組の対辺平行ならば正方形である。「一組の対辺平行は不要」

仮定：AO＝BO＝CO＝DO，AC⊥BD，（AB//CD）

条件87. 対角線等長，対角線直交，対角線が互いに他を二等分，一角90度ならば正方形である。「一角90度は不要」

仮定：AO＝BO＝CO＝DO，AC⊥BD（，∠A＝90°）

条件88. 対角線等長，対角線直交，互いに他を二等分，一組の隣角相等ならば正方形である。「一組の隣角相等は不要」

仮定：AO＝BO＝CO＝DO，AC⊥BD（，∠A＝∠D）

条件89. 対角線等長，対角線直交，対角線が互いに他を二等分，一組の対角相等ならば正方形である。「一組の対角相等は不要」

仮定：AO＝BO＝CO＝DO，AC⊥BD（，∠A＝∠C）

条件90. 三角相等，一組の隣辺等長，一組の対辺平行ならば正方形である。

①仮定：∠A＝∠B＝∠D，AB＝AD，AB//CD

②仮定：∠A＝∠B＝∠D，CD＝AD，AB//CD

③仮定：∠A＝∠B＝∠D，CD＝AD，AD//BC

④仮定：∠A＝∠B＝∠D，CD＝BC，AB∥CD

条件91. 一角90度，一組の対角相等，一組の隣辺等長，一組の対辺平行ならば正方形である。

①仮定：∠A＝90°，∠B＝∠D，AB＝AD，AB∥CD
②仮定：∠A＝90°，∠B＝∠D，AB＝BC，AB∥CD
③仮定：∠A＝90°，∠B＝∠D，AB＝BC，AD∥BC
④仮定：∠A＝90°，∠B＝∠D，BC＝CD，AB∥CD

条件92. 一角90度，一組の隣角相等，一組の隣辺等長，一組の対辺平行ならば正方形である。

①仮定：∠A＝90°，∠B＝∠C，AB＝BC，AB∥CD
②仮定：∠A＝90°，∠B＝∠C，AB＝BC，AD∥BC
③仮定：∠A＝90°，∠B＝∠C，BC＝CD，AB∥CD
④仮定：∠A＝90°，∠B＝∠C，BC＝CD，AD∥BC
⑤仮定：∠A＝90°，∠B＝∠C，AD＝CD，AB∥CD
⑥仮定：∠A＝90°，∠B＝∠C，AD＝CD，AD∥BC
⑦仮定：∠A＝90°，∠B＝∠C，AB＝AD，AB∥CD
⑧仮定：∠A＝90°，∠B＝∠C，AB＝AD，AD∥BC

★条件93. 二角90度，一組の隣辺等長，一組の対辺が平行ならば正方形である。

①仮定：∠A＝∠D＝90°，AB＝AD，AD∥BC
②仮定：∠A＝∠D＝90°，BC＝CD，AD∥BC
③仮定：∠A＝∠C＝90°，AB＝AD，AB∥CD
④仮定：∠A＝∠C＝90°，AB＝BC，AB∥CD

★条件94. 二組の隣角相等，一組の隣辺等長，一組の対辺平行ならば正方形である。

仮定：∠A＝∠D，∠B＝∠C，AB＝AD，AB∥CD

条件95. 二角90度，一組の対辺等長，対角線直交ならば正方形である。

①仮定：∠A＝∠D＝90°，AB＝CD，AC⊥BD
②仮定：∠A＝∠D＝90°，AD＝BC，AC⊥BD
③仮定：∠A＝∠C＝90°，AB＝CD，AC⊥BD

条件96. 二角90度，一組の隣辺等長，対角線等長ならば正方形である。

①仮定：∠A＝∠D＝90°，AB＝AD，AC＝BD
②仮定：∠A＝∠D＝90°，BC＝CD，AC＝BD
③仮定：∠A＝∠C＝90°，AB＝AD，AC＝BD
④仮定：∠A＝∠C＝90°，AB＝BC，AC＝BD

条件97. 二角90度，一組の隣辺等長，対角線が互いに他を二等分するならば正方形である。
「一角90度だけでよい」

①仮定：∠A＝(∠D)＝90°，AB＝AD，AO＝CO，BO＝DO
②仮定：∠A＝(∠D)＝90°，BC＝CD，AO＝CO，BO＝DO
③仮定：∠A＝(∠C)＝90°，AB＝AD，AO＝CO，BO＝DO
④仮定：∠A＝(∠C)＝90°，AB＝BC，AO＝CO，BO＝DO

条件98. 三角相等，一組の対辺等長，対角線直交するならば正方形である。

　　　　　仮定：∠A＝∠B＝∠D，AB＝CD，AC⊥BD

条件99. 三角相等，一組の隣辺等長，対角線等長ならば正方形である。

　①仮定：∠A＝∠B＝∠D，AB＝AD，AC＝BD

　②仮定：∠A＝∠B＝∠D，CD＝AD，AC＝BD

　③仮定：∠A＝∠B＝∠D，BC＝CD，AC＝BD

条件100. 三角相等，一組の隣辺等長，対角線が互いに他を二等分するならば正方形である。
　　　　　「一組の隣角相等だけでよい」

　①仮定：∠A＝∠B（＝∠D），AB＝AD，AO＝CO，BO＝DO

　②仮定：∠A＝∠B（＝∠D），CD＝AD，AO＝CO，BO＝DO

　③仮定：∠A＝∠B（＝∠D），BC＝CD，AO＝CO，BO＝DO

条件101. 一角90度，一組の対角相等，一組の対辺等長，対角線直交するならば正方形である。

　　仮定：∠A＝90°，∠B＝∠D，AB＝CD，AC⊥BD

条件102. 一角90度，一組の対角相等，一組の隣辺等長，対角線等長ならば正方形である。

　①仮定：∠A＝90°，∠B＝∠D，AB＝AD，AC＝BD

　②仮定：∠A＝90°，∠B＝∠D，AB＝BC，AC＝BD

　③仮定：∠A＝90°，∠B＝∠D，BC＝CD，AC＝BD

条件103. 一角90度，一組の対角相等，一組の隣辺等長，対角線が互いに他を二等分するならば正方形である。「一組の対角相等は不要」

　①仮定：∠A＝90°，（∠B＝∠D）AB＝AD，AO＝CO，BO＝DO

　②仮定：∠A＝90°，（∠B＝∠D）AB＝BC，AO＝CO，BO＝DO

　③仮定：∠A＝90°，（∠B＝∠D）BC＝CD，AO＝CO，BO＝DO

条件104. 一角90度，一組の隣角相等，一組の対辺等長，対角線が直交するならば正方形である。

　①仮定：∠A＝90°，∠B＝∠C，AB＝CD，AC⊥BD

　②仮定：∠A＝90°，∠B＝∠C，AD＝BC，AC⊥BD

条件105. 一角90度，一組の隣角相等，一組の隣辺等長，対角線直交するならば正方形である。

　①仮定：∠A＝90°，∠B＝∠C，AB＝BC，AC⊥BD

　②仮定：∠A＝90°，∠B＝∠C，BC＝CD，AC⊥BD

　③仮定：∠A＝90°，∠B＝∠C，CD＝AD，AC⊥BD

　④仮定：∠A＝90°，∠B＝∠C，AB＝AD，AC⊥BD

条件106. 一角90度，一組の隣角相等，一組の隣辺等長，対角線が互いに他を二等分するならば正方形である。「一組の隣角相等は不要」

　①仮定：∠A＝90°，（∠B＝∠C）AB＝BC，AO＝CO，BO＝DO

　②仮定：∠A＝90°，（∠B＝∠C）BC＝CD，AO＝CO，BO＝DO

　③仮定：∠A＝90°，（∠B＝∠C）CD＝AD，AO＝CO，BO＝DO

　④仮定：∠A＝90°，（∠B＝∠C）AB＝AD，AO＝CO，BO＝DO

条件107. 二組の隣角相等，一組の隣辺等長，対角線直交するならば正方形である。

仮定：∠A＝∠D，∠B＝∠C，AB＝AD，AC⊥BD

条件108. 二組の隣角相等，一組の隣辺等長，対角線が互いに他を二等分するならば正方形である。「一組の隣角相等だけでよい」

仮定：∠A＝∠D，（∠B＝∠C）AB＝AD，AO＝CO，BO＝DO

条件109. 二組の対角相等，一組の隣辺等長，対角線等長ならば正方形である。

仮定：∠A＝∠C，∠B＝∠D，AB＝AD，AC＝BD

★条件110. 二角90度，一組の隣辺等長，対角線直交ならば正方形である。

①仮定：∠A＝∠D＝90°，AB＝AD，AC⊥BD

②仮定：∠A＝∠D＝90°，BC＝CD，AC⊥BD

③仮定：∠A＝∠C＝90°，AB＝AD，AC⊥BD

★条件111. 三角相等，一組の隣辺等長，対角線直交ならば正方形である。

仮定：∠A＝∠B＝∠D，CD＝AD，AC⊥BD

★条件112. 一角90度，一組の対角相等，一組の隣辺等長，対角線直交ならば正方形である。

仮定：∠A＝90°，∠B＝∠D，AB＝BC，AC⊥BD

★条件113. 一角90度，一組の隣角相等，一組の隣辺等長，対角線等長ならば正方形である。

①仮定：∠A＝90°，∠B＝∠C，AB＝BC，AC＝BD

②仮定：∠A＝90°，∠B＝∠C，BC＝CD，AC＝BD

★条件114. 二組の隣角相等，一組の対辺等長，対角線直交ならば正方形である。

仮定：∠A＝∠D，∠B＝∠C，AD＝BC，AC⊥BD

条件115. 一角90度，一組の対角相等，一組の対辺平行，対角線直交ならば正方形である。

仮定：∠A＝90°，∠B＝∠D，AB∥CD，AC⊥BD

条件116. 一角90度，一組の隣角相等，一組の対辺平行，対角線直交ならば正方形である。

①仮定：∠A＝90°，∠B＝∠C，AB∥CD，AC⊥BD

②仮定：∠A＝90°，∠B＝∠C，AD∥BC，AC⊥BD

条件117. 三角相等，一組の対辺平行，対角線直交ならば正方形である。

仮定：∠A＝∠B＝∠D，AB∥CD，AC⊥BD

★条件118. 二角90度，一組の対辺平行，対角線直交ならば正方形である。

①仮定：∠A＝∠D＝90°，AD∥BC，AC⊥BD

②仮定：∠A＝∠C＝90°，AB∥CD，AC⊥BD

★条件119. 二組の隣角相等，一組の対辺平行，対角線直交ならば正方形である。

仮定：∠A＝∠D，∠B＝∠C，AB∥CD，AC⊥BD

条件120. 四角相等，一組の隣辺等長ならば正方形である。

仮定：∠A＝∠B＝∠C＝∠D，AB＝AD

条件121. 四角相等，対角線直交ならば正方形である。

仮定：∠A＝∠B＝∠C＝∠D，AC⊥BD

Ⅱ．四角形が必ずしも正方形になるとは限らない条件

条件1. 一組の隣辺等長，一組の対辺平行，対角線等長，一組の隣角相等

①仮定：AB＝AD，AB∥CD，AC＝BD，∠A＝∠B　　　　　　反例：AB＝ADの等脚台形

②仮定：AB＝AD，AB∥CD，AC＝BD，∠C＝∠D　　　　　　反例：AB＝ADの等脚台形

条件2.　一組の隣辺等長，一組の対辺平行，対角線直交，一組の対角相等

①仮定：AB＝AD，AB∥CD，AC⊥BD，∠A＝∠C　　　　　　反例：ひし形

②仮定：AB＝AD，AB∥CD，AC⊥BD，∠B＝∠D　　　　　　反例：ひし形

条件3.　一組の隣辺等長，一組の対辺平行，対角線互いに他を二等分，一組の対角相等

①仮定：AB＝AD，AB∥CD，AO＝CO，BO＝DO，∠B＝∠D　　反例：ひし形

②仮定：AB＝AD，AB∥CD，AO＝CO，BO＝DO，∠A＝∠C　　反例：ひし形

条件4.　一組の対辺等長，一組の対辺平行，対角線等長，一角90度

①仮定：AB＝CD，AB∥CD，∠A＝90°，AC＝BD　　　　　　反例：長方形

②仮定：AB＝CD，AD∥BC，∠A＝90°，AC＝BD　　　　　　反例：長方形

条件5.　一組の対辺等長，一組の対辺平行，対角線等長，一組の隣角相等

①仮定：AB＝CD，AB∥CD，AC＝BD，∠A＝∠B　　　　　　反例：長方形

②仮定：AB＝CD，AB∥CD，AC＝BD，∠A＝∠D　　　　　　反例：長方形

③仮定：AB＝CD，AD∥BC，AC＝BD，∠A＝∠B　　　　　　反例：長方形

④仮定：AB＝CD，AD∥BC，AC＝BD，∠A＝∠D　　　　　　反例：等脚台形

条件6.　一組の対辺等長，一組の対辺平行，対角線等長，一組の対角相等

①仮定：AB＝CD，AB∥CD，AC＝BD，∠A＝∠C　　　　　　反例：長方形

②仮定：AB＝CD，AD∥BC，AC＝BD，∠A＝∠C　　　　　　反例：長方形

条件7.　一組の対辺等長，一組の対辺平行，対角線直交，一組の対角相等

①仮定：AB＝CD，AB∥CD，AC⊥BD，∠A＝∠C　　　　　　反例：ひし形

②仮定：AB＝CD，AD∥BC，AC⊥BD，∠A＝∠C　　　　　　反例：ひし形

条件8.　一組の対辺等長，一組の対辺平行，対角線が互いに他を二等分，一角90度

①仮定：AB＝CD，AB∥CD，AO＝CO，BO＝DO，∠A＝90°　　反例：長方形

②仮定：AB＝CD，AD∥BC，AO＝CO，BO＝DO，∠A＝90°　　反例：長方形

条件9.　一組の対辺等長，一組の対辺平行，対角線が互いに他を二等分，一組の隣角相等

①仮定：AB＝CD，AB∥CD，AO＝CO，BO＝DO，∠A＝∠B　　反例：長方形

②仮定：AB＝CD，AB∥CD，AO＝CO，BO＝DO，∠A＝∠D　　反例：長方形

③仮定：AB＝CD，AD∥BC，AO＝CO，BO＝DO，∠A＝∠B　　反例：長方形

④仮定：AB＝CD，AD∥BC，AO＝CO，BO＝DO，∠A＝∠D　　反例：長方形

条件10.　一組の対辺等長，一組の対辺平行，対角線が互いに他を二等分，一組の対角相等

①仮定：AB＝CD，AB∥CD，AO＝CO，BO＝DO，∠A＝∠C　　反例：平行四辺形

②仮定：AB＝CD，AD∥BC，AO＝CO，BO＝DO，∠A＝∠C　　反例：平行四辺形

条件11.　一組の対辺等長，一組の対辺平行，対角線直交，一組の隣角相等

仮定：AB＝CD，AD∥BC，AC⊥BD，∠A＝∠D　　反例：対角線が直交するAB＝CDの等脚台形

条件12.　二組の対辺等長，一組の対辺平行，対角線等長

仮定：AB＝CD，BC＝AD，AB∥CD，AC＝BD　　　　　　　　反例：長方形

条件13.　二組の対辺等長，一組の対辺平行，対角線直交

　　　　仮定：AB＝CD，BC＝AD，AB∥CD，AC⊥BD　　　　　　　　　　　反例：ひし形
　　条件14．二組の対辺等長，一組の対辺平行，対角線が互いに他を二等分
　　　　仮定：AB＝CD，BC＝AD，AB∥CD，AO＝CO，BO＝DO　　　　反例：平行四辺形
　　条件15．三辺等長，一組の対辺平行，対角線等長
　　　　仮定：AB＝BC＝AD，AB∥CD，AC＝BD　　　　　　　　　　　　反例：等脚台形
　　条件16．三辺相等，一組の対辺平行，対角線直交
　　　　①仮定：AB＝BC＝AD，AB∥CD，AC⊥BD　　　　　　　　　　　　反例：ひし形
　　　　②仮定：AB＝BC＝AD，AD∥BC，AC⊥BD　　　　　　　　　　　　反例：ひし形
　　条件17．三辺相等，一組の対辺平行，対角線が互いに他を二等分
　　　　①仮定：AB＝BC＝AD，AB∥CD，AO＝CO，BO＝DO　　　　　　反例：ひし形
　　　　②仮定：AB＝BC＝AD，AD∥BC，AO＝CO，BO＝DO　　　　　　反例：ひし形
　　条件18．二組の隣辺等長，一組の対辺平行，対角線直交
　　　　仮定：AB＝BC，AD＝CD，AB∥CD，AC⊥BD　　　　　　　　　　反例：ひし形
　　条件19．二組の隣辺等長，一組の対辺平行，対角線が互いに他を二等分
　　　　仮定：AB＝BC，AD＝CD，AB∥CD，AO＝CO，BO＝DO　　　　　反例：ひし形
　　条件20．二組の対辺等長，一組の対辺平行，一角90度
　　　　仮定：AB＝CD，BC＝AD，AB∥CD，∠A＝90°　　　　　　　　　反例：長方形
　　条件21．二組の対辺等長，一組の対辺平行，一組の隣角相等
　　　　仮定：AB＝CD，BC＝AD，AB∥CD，∠A＝∠B　　　　　　　　　 反例：長方形
　　条件22．二組の対辺等長，一組の対辺平行，一組の対角相等
　　　　仮定：AB＝CD，BC＝AD，AB∥CD，∠A＝∠C　　　　　　　　　 反例：平行四辺形
　　条件23．三辺等長，一組の対辺平行，一組の隣角相等
　　　　①仮定：AB＝BC＝AD，AB∥CD，∠A＝∠B　　　　　　　　　　　反例：AB＝BCの等脚台形
　　　　②仮定：AB＝BC＝AD，AB∥CD，∠C＝∠D　　　　　　　　　　　反例：等脚台形
　　条件24．三辺相等，一組の対辺平行，一組の対角相等
　　　　①仮定：AB＝BC＝AD，AB∥CD，∠A＝∠C　　　　　　　　　　　反例：ひし形
　　　　②仮定：AB＝BC＝AD，AD∥BC，∠A＝∠C　　　　　　　　　　　反例：ひし形
　　条件25．二組の隣辺等長，一組の対辺平行，一組の対角相等
　　　　①仮定：AB＝AD，BC＝CD，AB∥CD，∠A＝∠C　　　　　　　　反例：ひし形
　　　　②仮定：AB＝AD，BC＝CD，AB∥CD，∠B＝∠D　　　　　　　　反例：ひし形
　　条件26．二組の対辺等長，対角線等長，一角90度
　　　　仮定：AB＝CD，BC＝AD，AC＝BD，∠A＝90°　　　　　　　　　反例：長方形
　　条件27．二組の対辺等長，対角線等長，一組の隣角相等
　　　　仮定：AB＝CD，BC＝AD，AC＝BD，∠A＝∠B　　　　　　　　　反例：長方形
　　条件28．二組の対辺等長，対角線等長，一組の対角相等
　　　　仮定：AB＝CD，BC＝AD，AC＝BD，∠A＝∠C　　　　　　　　　反例：長方形
　　条件29．二組の対辺等長，対角線直交，一組の対角相等
　　　　仮定：AB＝CD，BC＝AD，AC⊥BD，∠A＝∠C　　　　　　　　　反例：ひし形

条件30. 二組の対辺等長，対角線が互いに他を二等分，一角90度
　　仮定：AB=CD, BC=AD, AO=CO, BO=DO, ∠A=90°　　　　　反例：長方形

条件31. 二組の対辺等長，対角線が互いに他を二等分，一組の隣角相等
　　仮定：AB=CD, BC=AD, AO=CO, BO=DO, ∠A=∠B　　　　　反例：長方形

条件32. 二組の対辺等長，対角線が互いに他を二等分，一組の対角相等
　　仮定：AB=CD, BC=AD, AO=CO, BO=DO, ∠A=∠C　　　　　反例：平行四辺形

条件33. 三辺相等，対角線等長，一組の隣角相等
　　①仮定：AB=BC=AD, AC=BD, ∠A=∠B　　　　　反例：AB=BCの等脚台形
　　②仮定：AB=BC=AD, AC=BD, ∠C=∠D　　　　　反例：AB=BCの等脚台形

条件34. 三辺等長，対角線直交，一組の対角相等
　　仮定：AB=BC=AD, AC⊥BD, ∠A=∠C　　　　　反例：ひし形

条件35. 三辺等長，対角線が互いに他を二等分，一組の対角相等
　　仮定：AB=BC=AD, AO=CO, BO=DO, ∠A=∠C　　　　　反例：ひし形

条件36. 二組の隣辺等長，対角線等長，一組の対角相等
　仮定：AB=AD, BC=CD, AC=BD, ∠B=∠D　　　　　反例：たこ形

条件37. 二組の隣辺等長，対角線直交，一角90度
　　①仮定：AB=AD, BC=CD, AC⊥BD, ∠A=90°　　　　　反例：たこ形
　　②仮定：AB=AD, BC=CD, AC⊥BD, ∠D=90°　　　　　反例：たこ形

条件38. 二組の隣辺等長，対角線直交，一組の隣角相等
　　仮定：AB=AD, BC=CD, AC⊥BD, ∠A=∠B　　　　　反例：たこ形

条件39. 二組の隣辺等長，対角線直交，一組の対角相等
　　①仮定：AB=AD, BC=CD, AC⊥BD, ∠B=∠D　　　　　反例：ひし形
　　②仮定：AB=AD, BC=CD, AC⊥BD, ∠A=∠C　　　　　反例：ひし形

条件40. 二組の隣辺等長，対角線が互いに他を二等分，一組の対角相等
　　①仮定：AB=AD, BC=CD, AO=CO, BO=DO, ∠A=∠C　　　　　反例：ひし形
　　②仮定：AB=AD, BC=CD, AO=CO, BO=DO, ∠B=∠D　　　　　反例：ひし形

条件41. 二組の対辺等長，二組の対辺平行
　　仮定：AB=CD, BC=AD, AB//CD, BC//AD　　　　　反例：平行四辺形

条件42. 三辺等長，二組の対辺平行
　　仮定：AB=BC=AD, AB//CD, BC//AD　　　　　反例：ひし形

条件43. 二組の隣辺等長，二組の対辺平行
　　仮定：AB=AD, BC=CD, AB//CD, BC//AD　　　　　反例：ひし形

条件44. 二組の対辺等長，対角線等長，対角線が互いに他を二等分
　　仮定：AB=CD, BC=AD, AO=CO=BO=DO　　　　　反例：長方形

条件45. 二組の対辺等長，対角線直交，対角線が互いに他を二等分
　　仮定：AB=CD, BC=AD, AC⊥BD, AO=CO, BO=DO　　　　　反例：ひし形

条件46. 三辺等長，対角線直交，対角線が互いに他を二等分
　　仮定：AB=CD=AD, AC⊥BD, AO=CO, BO=DO　　　　　反例：ひし形

条件47.　二組の隣辺等長，対角線等長，対角線直交
　　　仮定：AB＝AD，BC＝CD，AC＝BD，AC⊥BD　　　　　　　　　　　　反例：たこ形

条件48.　二組の隣辺等長，対角線直交，対角線が互いに他を二等分
　　　仮定：AB＝AD，BC＝CD，AC⊥BD，AO＝CO，BO＝DO　　　　　反例：ひし形

条件49.　二組の対辺等長，二角90度
　　　①仮定：AB＝CD，BC＝AD，∠A＝∠D＝90°　　　　　　　　　　　反例：長方形
　　　②仮定：AB＝CD，BC＝AD，∠A＝∠C＝90°　　　　　　　　　　　反例：長方形

条件50.　二組の対辺等長，一角90度，一組の対角相等
　　　仮定：AB＝CD，BC＝AD，∠A＝90°，∠B＝∠D　　　　　　　　　反例：長方形

条件51.　二組の対辺等長，一角90度，一組の隣角相等
　　　仮定：AB＝CD，BC＝AD，∠A＝90°，∠B＝∠C　　　　　　　　　反例：長方形

条件52.　二組の対辺等長，二組の対角相等
　　　仮定：AB＝CD，BC＝AD，∠A＝∠C，∠B＝∠D　　　　　　　　　反例：平行四辺形

条件53.　二組の対辺等長，三角相等
　　　仮定：AB＝CD，BC＝AD，∠A＝∠B＝∠C　　　　　　　　　　　　反例：長方形

条件54.　二組の対辺等長，二組の隣角相等
　　　仮定：AB＝CD，BC＝AD，∠A＝∠B，∠C＝∠D　　　　　　　　　反例：長方形

条件55.　三辺相等，二組の対角相等
　　　仮定：AB＝CD＝AD，∠A＝∠C，∠B＝∠D　　　　　　　　　　　　反例：ひし形

条件56.　三辺相等，二組の隣角相等
　　　仮定：AB＝CD＝AD，∠A＝∠D，∠B＝∠C　　　　　　　　　　　　反例：等脚台形

条件57.　二組の隣辺等長，一角90度，一組の対角相等
　　　仮定：AB＝AD，BC＝CD，∠A＝90°，∠B＝∠D　　　　　　　　　反例：たこ形

条件58.　二組の隣辺等長，二角90度
　　　仮定：AB＝AD，BC＝CD，∠B＝∠D＝90°　　　　　　　　　　　　反例：たこ形

条件59.　二組の隣辺等長，二組の対角相等
　　　仮定：AB＝AD，BC＝CD，∠A＝∠C，∠B＝∠D　　　　　　　　　反例：ひし形

条件60.　二組の隣辺等長，三角相等
　　　仮定：AB＝AD，BC＝CD，∠B＝∠C＝∠D　　　　　　　　　　　　反例：∠B＝∠C＝∠Dのたこ形

条件61.　四辺等長，一組の対辺平行
　　　仮定：AB＝BC＝CD＝AD，AB∥CD　　　　　　　　　　　　　　　反例：ひし形

条件62.　四辺等長，対角線直交
　　　仮定：AB＝BC＝CD＝AD，AC⊥BD　　　　　　　　　　　　　　　反例：ひし形

条件63.　四辺等長，対角線が互いに他を二等分
　　　仮定：AB＝BC＝CD＝AD，AO＝CO，BO＝DO　　　　　　　　　　反例：ひし形

条件64.　四辺等長，一組の対角相等
　　　仮定：AB＝BC＝CD＝AD，∠A＝∠C　　　　　　　　　　　　　　反例：ひし形

条件65.　二組の対辺平行，一組の対辺等長，対角線等長

仮定：AB∥CD，BC∥AD，AB=CD，AC=BD　　　　　　　　　　　反例：長方形

条件66. 二組の対辺平行，一組の対辺等長，対角線直交

仮定：AB∥CD，BC∥AD，AB=CD，AC⊥BD　　　　　　　　　　反例：ひし形

条件67. 二組の対辺平行，一組の対辺等長，対角線が互いに他を二等分

仮定：AB∥CD，BC∥AD，AB=CD，AO=CO，BO=DO　　　　　反例：平行四辺形

条件68. 二組の対辺平行，一組の隣辺等長，対角線直交

仮定：AB∥CD，BC∥AD，AB=BC，AC⊥BD　　　　　　　　　　反例：ひし形

条件69. 二組の対辺平行，一組の隣辺等長，対角線が互いに他を二等分

仮定：AB∥CD，BC∥AD，AB=BC，AO=CO，BO=DO　　　　　反例：ひし形

条件70. 二組の対辺平行，一組の対辺等長，一角90度

仮定：AB∥CD，BC∥AD，AB=CD，∠A=90°　　　　　　　　　反例：長方形

条件71. 二組の対辺平行，一組の対辺等長，一組の対角相等

仮定：AB∥CD，BC∥AD，AB=CD，∠A=∠C　　　　　　　　　反例：平行四辺形

条件72. 二組の対辺平行，一組の対辺等長，一組の隣角相等

①仮定：AB∥CD，BC∥AD，AB=CD，∠A=∠D　　　　　　　　反例：長方形
②仮定：AB∥CD，BC∥AD，AB=CD，∠A=∠B　　　　　　　　反例：長方形

条件73. 二組の対辺平行，一組の隣辺相等，一組の対角相等

①仮定：AB∥CD，BC∥AD，AB=BC，∠A=∠C　　　　　　　　反例：ひし形
②仮定：AB∥CD，BC∥AD，AB=BC，∠B=∠D　　　　　　　　反例：ひし形

条件74. 二組の対辺平行，対角線等長，一角90度

仮定：AB∥CD，BC∥AD，AC=BD，∠A=90°　　　　　　　　　反例：長方形

条件75. 二組の対辺平行，対角線が互いに他を二等分，一角90度

仮定：AB∥CD，BC∥AD，AO=CO，BO=DO，∠A=90°　　　　反例：長方形

条件76. 二組の対辺平行，対角線等長，一組の対角相等

仮定：AB∥CD，BC∥AD，AC=BD，∠A=∠C　　　　　　　　　反例：長方形

条件77. 二組の対辺平行，対角線直交，一組の対角相等

仮定：AB∥CD，BC∥AD，AC⊥BD，∠A=∠C　　　　　　　　　反例：ひし形

条件78. 二組の対辺平行，対角線が互いに他を二等分，一組の対角相等

仮定：AB∥CD，BC∥AD，AO=CO，BO=DO，∠A=∠C　　　　反例：平行四辺形

条件79. 二組の対辺平行，対角線等長，一組の隣角相等

仮定：AB∥CD，BC∥AD，AC=BD，∠A=∠D　　　　　　　　　反例：長方形

条件80. 二組の対辺平行，対角線が互いに他を二等分，一組の隣角相等

仮定：AB∥CD，BC∥AD，AO=CO，BO=DO，∠A=∠D　　　　反例：長方形

条件81. 二組の対辺平行，対角線が互いに他を二等分，対角線直交

仮定：AB∥CD，BC∥AD，AO=CO，BO=DO，AC⊥BD　　　　反例：ひし形

条件82. 二組の対辺平行，対角線が互いに他を二等分，対角線等長

仮定：AB∥CD，BC∥AD，AO=CO=BO=DO　　　　　　　　　　反例：長方形

条件83. 二組の対辺平行，二角90度

①仮定：AB∥CD，BC∥AD，∠A＝∠D＝90° 　　　　　　　　　反例：長方形
　　②仮定：AB∥CD，BC∥AD，∠A＝∠C＝90° 　　　　　　　　　反例：長方形

条件84.　二組の対辺平行，一角90度，一組の対角相等
　　仮定：AB∥CD，BC∥AD，∠A＝90°，∠B＝∠D 　　　　　　　反例：長方形

条件85.　二組の対辺平行，一角90度，一組の隣角相等
　　仮定：AB∥CD，BC∥AD，∠A＝90°，∠B＝∠C 　　　　　　　反例：長方形

条件86.　二組の対辺平行，三角相等
　　仮定：AB∥CD，BC∥AD，∠A＝∠B＝∠D 　　　　　　　　　反例：長方形

条件87.　二組の対辺平行，二組の対角相等
　　仮定：AB∥CD，BC∥AD，∠A＝∠C，∠B＝∠D 　　　　　　反例：平行四辺形

条件88.　二組の対辺平行，二組の隣角相等
　　仮定：AB∥CD，BC∥AD，∠A＝∠B，∠C＝∠D 　　　　　　反例：長方形

条件89.　対角線相等，対角線直交，一組の対辺平行，一組の対辺等長
　　仮定：AC＝BD，AC⊥BD，AB＝CD，AD∥BC 　　　　　　　反例：等脚台形

条件90.　対角線が互いに他を二等分，対角線直交，一組の対辺平行，一組の対辺等長
　　①仮定：AO＝CO，BO＝DO，AC⊥BD，AB∥CD，AB＝CD 　　反例：ひし形
　　②仮定：AO＝CO，BO＝DO，AC⊥BD，AD∥BC，AB＝CD 　　反例：ひし形

条件91.　対角線が互いに他を二等分，対角線直交，一組の対辺平行，一組の隣辺等長
　　仮定：AO＝CO，BO＝DO，AC⊥BD，AB∥CD，AB＝AD 　　　反例：ひし形

条件92.　対角線等長，対角線が互いに他を二等分，一組の対辺平行，一組の対辺等長
　　①仮定：AO＝CO＝BO＝DO，AB∥CD，AB＝CD 　　　　　　反例：長方形
　　②仮定：AO＝CO＝BO＝DO，AD∥BC，AB＝CD 　　　　　　反例：長方形

条件93.　対角線直交，対角線等長，一組の対辺等長，一組の隣角相等
　　仮定：AC⊥BD，AC＝BD，AB＝CD，∠A＝∠D 　　　　　　反例：等脚台形

条件94.　対角線直交，対角線等長，一組の隣辺等長，一組の対角相等
　　仮定：AC⊥BD，AC＝BD，AB＝AD，∠B＝∠D 　　　　　　反例；たこ形

条件95.　対角線直交，対角線が互いに他を二等分，一組の対辺等長，一組の対角相等
　　仮定：AC⊥BD，AO＝CO，BO＝DO，AB＝CD，∠A＝∠C 　　反例：ひし形

条件96.　対角線直交，対角線が互いに他を二等分，一組の隣辺等長，一組の対角相等
　　①仮定：AC⊥BD，AO＝CO，BO＝DO，AB＝BC，∠A＝∠C 　反例：ひし形
　　②仮定：AC⊥BD，AO＝CO，BO＝DO，AB＝BC，∠B＝∠D 　反例：ひし形

条件97.　対角線等長，対角線が互いに他を二等分，一組の対辺等長，一角90度
　　仮定：AO＝CO＝BO＝DO，AB＝CD，∠A＝90° 　　　　　　反例：長方形

条件98.　対角線等長，対角線が互いに他を二等分，一組の対辺等長，一組の対角相等
　　仮定：AO＝CO＝BO＝DO，AB＝CD，∠A＝∠C 　　　　　　反例：長方形

条件99.　対角線等長，対角線が互いに他を二等分，一組の対辺等長，一組の隣角相等
　　①仮定：AO＝CO＝BO＝DO，AB＝CD，∠A＝∠B 　　　　　反例：長方形
　　②仮定：AO＝CO＝BO＝DO，AB＝CD，∠A＝∠D 　　　　　反例：長方形

条件100. 対角線等長，対角線直交，一組の対辺平行，一組の隣角相等
　　仮定：AC＝BD，AC⊥BD，AB∥CD，∠A＝∠B　　　　　　　　　　反例：等脚台形

条件101. 対角線直交，対角線が互いに他を二等分，一組の対辺平行，一組の対角相等
　　仮定：AC⊥BD，AO＝CO，BO＝DO，AB∥CD，∠A＝∠C　　　　　反例：ひし形

条件102. 対角線等長，対角線が互いに他を二等分，一組の対辺平行，一角90度
　　仮定：AO＝CO＝BO＝DO，AB∥CD，∠A＝90°　　　　　　　　　反例：長方形

条件103. 対角線等長，対角線が互いに他を二等分，一組の対辺平行，一組の対角相等
　　仮定：AO＝CO＝BO＝DO，AB∥CD，∠A＝∠C　　　　　　　　　反例：長方形

条件104. 対角線等長，対角線が互いに他を二等分，一組の対辺平行，一組の隣角相等
　　①仮定：AO＝CO＝BO＝DO，AB∥CD，∠A＝∠D　　　　　　　　反例：長方形
　　②仮定：AO＝CO＝BO＝DO，AB∥CD，∠A＝∠B　　　　　　　　反例：長方形

条件105. 対角線等長，対角線が互いに他を二等分，二角90度
　　①仮定：AO＝CO＝BO＝DO，∠A＝∠D＝90°　　　　　　　　　　反例：長方形
　　②仮定：AO＝CO＝BO＝DO，∠A＝∠C＝90°　　　　　　　　　　反例：長方形

条件106. 対角線等長，対角線が互いに他を二等分，三角90度
　　仮定：AO＝CO＝BO＝DO，∠A＝∠B＝∠D＝90°　　　　　　　　反例：長方形

条件107. 対角線等長，対角線が互いに他を二等分，一角90度，一組の対角相等
　　仮定：AO＝CO＝BO＝DO，∠A＝90°，∠B＝∠D　　　　　　　　反例：長方形

条件108. 対角線等長，対角線が互いに他を二等分，一角90度，一組の隣角相等
　　仮定：AO＝CO＝BO＝DO，∠A＝90°，∠B＝∠C　　　　　　　　反例：長方形

条件109. 対角線直交，対角線等長，二組の隣角相等
　　仮定：AC⊥BD，AC＝BD，∠A＝∠D，∠B＝∠C　　　　　　　　　反例：等脚台形

条件110. 対角線等長，対角線が互いに他を二等分，二組の隣角相等
　　仮定：AO＝CO＝BO＝DO，∠A＝∠D，∠B＝∠C　　　　　　　　反例：長方形

条件111. 対角線直交，対角線が互いに他を二等分，二組の対角相等
　　仮定：AC⊥BD，AO＝CO，BO＝DO，∠A＝∠C，∠B＝∠D　　　　反例：ひし形

条件112. 対角線等長，対角線が互いに他を二等分，二組の対角相等
　　仮定：AO＝CO＝BO＝DO，∠A＝∠C，∠B＝∠D　　　　　　　　反例：長方形

条件113. 二角90度，一組の対辺等長，一組の対辺平行
　　①仮定：∠A＝∠D＝90°，AB＝CD，AB∥CD　　　　　　　　　　反例：長方形
　　②仮定：∠A＝∠D＝90°，AB＝CD，AD∥BC　　　　　　　　　　反例：長方形
　　③仮定：∠A＝∠D＝90°，AD＝BC，AD∥BC　　　　　　　　　　反例：長方形
　　④仮定：∠A＝∠D＝90°，AD＝BC，AB∥CD　　　　　　　　　　反例：長方形
　　⑤仮定：∠A＝∠C＝90°，AB＝CD，AB∥CD　　　　　　　　　　反例：長方形
　　⑥仮定：∠A＝∠C＝90°，AB＝CD，AD∥BC　　　　　　　　　　反例：長方形

条件114. 二角90度，一組の隣辺等長，一組の対辺平行
　　①仮定：∠A＝∠D＝90°，AB＝AD，AB∥CD　　　　　　　　　　反例：台形
　　②仮定：∠A＝∠D＝90°，BC＝CD，AB∥CD　　　　　　　　　　反例：台形

条件115. 三角相等，一組の対辺等長，一組の対辺平行
　①仮定：∠A=∠B=∠D，AB=CD，AD∥BC　　　　　　　反例：長方形
　②仮定：∠A=∠B=∠D，AB=CD，AB∥CD　　　　　　　反例：長方形

条件116. 一角90度，一組の対角相等，一組の対辺等長，一組の対辺平行
　①仮定：∠A=90°，∠B=∠D，AB=CD，AB∥CD　　　　反例：長方形
　②仮定：∠A=90°，∠B=∠D，AB=CD，AD∥BC　　　　反例：長方形

条件117. 一角90度，一組の隣角相等，一組の対辺相等，一組の対辺平行
　①仮定：∠A=90°，∠B=∠C，AB=CD，AB∥CD　　　　反例：長方形
　②仮定：∠A=90°，∠B=∠C，AB=CD，AD∥BC　　　　反例：長方形
　③仮定：∠A=90°，∠B=∠C，AD=BC，AD∥BC　　　　反例：長方形
　④仮定：∠A=90°，∠B=∠C，AD=BC，AB∥CD　　　　反例：長方形

条件118. 二組の隣角相等，一組の対辺等長，一組の対辺平行
　①仮定：∠A=∠D，∠B=∠C，AD=BC，AD∥BC　　　　反例：長方形
　②仮定：∠A=∠D，∠B=∠C，AD=BC，AB∥CD　　　　反例：長方形
　③仮定：∠A=∠D，∠B=∠C，AB=CD，AB∥CD　　　　反例：長方形
　④仮定：∠A=∠D，∠B=∠C，AB=CD，AD∥BC　　　　反例：等脚台形

条件119. 二組の隣角相等，一組の隣辺等長，一組の対辺平行
　仮定：∠A=∠D，∠B=∠C，AB=AD，AD∥BC　　　　　反例：等脚台形

条件120. 二組の対角相等，一組の対辺等長，一組の対辺平行
　①仮定：∠A=∠C，∠B=∠D，AB=CD，AB∥CD　　　　反例：平行四辺形
　②仮定：∠A=∠C，∠B=∠D，AB=CD，AD∥BC　　　　反例：平行四辺形

条件121. 二組の対角相等，一組の隣辺等長，一組の対辺平行
　仮定：∠A=∠C，∠B=∠D，AB=AD，AD∥BC　　　　　反例：ひし形

条件122. 二角90度，一組の対辺等長，対角線等長
　①仮定：∠A=∠D=90°，AB=CD，AC=BD　　　　　　反例：長方形
　②仮定：∠A=∠D=90°，AD=BC，AC=BD　　　　　　反例：長方形
　③仮定：∠A=∠C=90°，AB=CD，AC=BD　　　　　　反例：長方形

条件123. 二角90度，一組の対辺等長，対角線が互いに他を二等分
　①仮定：∠A=∠D=90°，AB=CD，AO=CO，BO=DO　　反例：長方形
　②仮定：∠A=∠D=90°，AD=BC，AO=CO，BO=DO　　反例：長方形
　③仮定：∠A=∠C=90°，AB=CD，AO=CO，BO=DO　　反例：長方形

条件124. 二角90度，一組の隣辺等長，対角線直交
　仮定：∠A=∠C=90°，AB=BC，AC⊥BD　　　　　　　反例：たこ形

条件125. 三角相等，一組の対辺等長，対角線等長
　仮定：∠A=∠B=∠D，AB=CD，AC=BD　　　　　　　反例：長方形

条件126. 三角相等，一組の対辺等長，対角線が互いに他を二等分
　仮定：∠A=∠B=∠D，AB=CD，AO=CO，BO=DO　　　反例：長方形

条件127. 三角相等，一組の隣辺等長，対角線直交

①仮定：∠A＝∠B＝∠D，AB＝AD，AC⊥BD　　　　　　　　　　　　　　反例：たこ形
②仮定：∠A＝∠B＝∠D，BC＝CD，AC⊥BD　　　　　　　　　　　　　　反例：たこ形

条件128. 一角90度，一組の対角相等，一組の対辺等長，対角線等長
仮定：∠A＝90°，∠B＝∠D，AB＝CD，AC＝BD　　　　　　　　　　　反例：長方形

条件129. 一角90度，一組の対角相等，一組の対辺相等，対角線が互いに他を二等分
仮定：∠A＝90°，∠B＝∠D，AB＝CD，AO＝CO，BO＝DO　　　　　　反例：長方形

条件130. 一角90度，一組の対角相等，一組の隣辺等長，対角線直交
①仮定：∠A＝90°，∠B＝∠D，AB＝AD，AC⊥BD　　　　　　　　　　反例：たこ形
②仮定：∠A＝90°，∠B＝∠D，BC＝CD，AC⊥BD　　　　　　　　　　反例：たこ形

条件131. 一角90度，一組の隣角相等，一組の対辺等長，対角線等長
①仮定：∠A＝90°，∠B＝∠C，AB＝CD，AC＝BD　　　　　　　　　　反例：長方形
②仮定：∠A＝90°，∠B＝∠C，AD＝BC，AC＝BD　　　　　　　　　　反例：長方形

条件132. 一角90度，一組の隣角相等，一組の対辺等長，対角線が互いに他を二等分
①仮定：∠A＝90°，∠B＝∠C，AB＝CD，AO＝CO，BO＝DO　　　　　反例：長方形
②仮定：∠A＝90°，∠B＝∠C，AD＝BC，AO＝CO，BO＝DO　　　　　反例：長方形

条件133. 一角90度，一組の隣角相等，一組の隣辺等長，対角線等長
①仮定：∠A＝90°，∠B＝∠C，CD＝AD，AC＝BD　　　　　　　反例：P.171図376参照
②仮定：∠A＝90°，∠B＝∠C，AB＝AD，AC＝BD　　　　　　　反例：P.174図384参照

条件134. 二組の隣角相等，一組の対辺等長，対角線等長
①仮定：∠A＝∠D，∠B＝∠C，AD＝BC，AC＝BD　　　　　　　　　　反例：長方形
②仮定：∠A＝∠D，∠B＝∠C，AB＝CD，AC＝BD　　　　　　　　　　反例：長方形

条件135. 二組の隣角相等，一組の対辺等長，対角線が互いに他を二等分
①仮定：∠A＝∠D，∠B＝∠C，AD＝BC，AO＝CO，BO＝DO　　　　　反例：長方形
②仮定：∠A＝∠D，∠B＝∠C，AB＝CD，AO＝CO，BO＝DO　　　　　反例：長方形

条件136. 二組の隣角相等，一組の対辺等長，対角線直交
仮定：∠A＝∠D，∠B＝∠C，AB＝CD，AC⊥BD　　　　　　　　　　　反例：等脚台形

条件137. 二組の隣角相等，一組の隣辺等長，対角線等長
仮定：∠A＝∠D，∠B＝∠C，AB＝AD，AC＝BD　　　　　　　　　　　反例：等脚台形

条件138. 二組の対角相等，一組の対辺等長，対角線等長
仮定：∠A＝∠C，∠B＝∠D，AB＝CD，AC＝BD　　　　　　　　　　　反例：長方形

条件139. 二組の対角相等，一組の対辺等長，対角線直交
仮定：∠A＝∠C，∠B＝∠D，AB＝CD，AC⊥BD　　　　　　　　　　　反例：ひし形

条件140. 二組の対角相等，一組の対辺等長，対角線が互いに他を二等分
仮定：∠A＝∠C，∠B＝∠D，AB＝CD，AO＝CO，BO＝DO　　　　　反例：平行四辺形

条件141. 二組の対角相等，一組の隣辺等長，対角線直交
仮定：∠A＝∠C，∠B＝∠D，AB＝AD，AC⊥BD　　　　　　　　　　　反例：ひし形

条件142. 二組の対角相等，一組の隣辺等長，対角線が互いに他を二等分
仮定：∠A＝∠C，∠B＝∠D，AB＝AD，AO＝CO，BO＝DO　　　　　反例：ひし形

条件143. 二角90度，一組の対辺平行，対角線等長
 ①仮定：∠A=∠D=90°，AB∥CD，AC=BD   反例：長方形
 ②仮定：∠A=∠D=90°，AD∥BC，AC=BD   反例：長方形
 ③仮定：∠A=∠C=90°，AB∥CD，AC=BD   反例：長方形

条件144. 二角90度，一組の対辺平行，対角線直交
 仮定：∠A=∠D=90°，AB∥CD，AC⊥BD   反例：台形

条件145. 二角90度，一組の対辺平行，対角線が互いに他を二等分
 ①仮定：∠A=∠D=90°，AB∥CD，AO=CO，BO=DO   反例：長方形
 ②仮定：∠A=∠D=90°，AD∥BC，AO=CO，BO=DO   反例：長方形
 ③仮定：∠A=∠C=90°，AB∥CD，AO=CO，BO=DO   反例：長方形

条件146. 三角相等，一組の対辺平行，対角線等長
 仮定：∠A=∠B=∠D，AB∥CD，AC=BD   反例：長方形

条件147. 三角相等，一組の対辺平行，対角線が互いに他を二等分
 仮定：∠A=∠B=∠D，AB∥CD，AO=CO，BO=DO   反例：長方形

条件148. 一角90度，一組の対角相等，一組の対辺平行，対角線等長
 仮定：∠A=90°，∠B=∠D，AB∥CD，AC=BD   反例：長方形

条件149. 一角90度，一組の対角相等，一組の対辺平行，対角線が互いに他を二等分
 仮定：∠A=90°，∠B=∠D，AB∥CD，AO=CO，BO=DO   反例：長方形

条件150. 一角90度，一組の隣角相等，一組の対辺平行，対角線等長
 ①仮定：∠A=90°，∠B=∠C，AB∥CD，AC=BD   反例：長方形
 ②仮定：∠A=90°，∠B=∠C，AD∥BC，AC=BD   反例：長方形

条件151. 一角90度，一組の隣角相等，一組の対辺平行，対角線が互いに他を二等分
 ①仮定：∠A=90°，∠B=∠C，AB∥CD，AO=CO，BO=DO   反例：長方形
 ②仮定：∠A=90°，∠B=∠C，AD∥BC，AO=CO，BO=DO   反例：長方形

条件152. 二組の隣角相等，一組の対辺平行，対角線等長
 ①仮定：∠A=∠D，∠B=∠C，AB∥CD，AC=BD   反例：長方形
 ②仮定：∠A=∠D，∠B=∠C，AD∥BC，AC=BD   反例：等脚台形

条件153. 二組の隣角相等，一組の対辺平行，対角線が互いに他を二等分
 ①仮定：∠A=∠D，∠B=∠C，AB∥CD，AO=CO，BO=DO   反例：長方形
 ②仮定：∠A=∠D，∠B=∠C，AD∥BC，AO=CO，BO=DO   反例：長方形

条件154. 二組の隣角相等，一組の対辺平行，対角線直交
 仮定：∠A=∠D，∠B=∠C，AD∥BC，AC⊥BD   反例：等脚台形

条件155. 二組の対角相等，一組の対辺平行，対角線等長
 仮定：∠A=∠C，∠B=∠D，AB∥CD，AC=BD   反例：長方形

条件156. 二組の対角相等，一組の対辺平行，対角線直交
 仮定：∠A=∠C，∠B=∠D，AB∥CD，AC⊥BD   反例：ひし形

条件157. 二組の対角相等，一組の対辺平行，対角線が互いに他を二等分
 仮定：∠A=∠C，∠B=∠D，AB∥CD，AO=CO，BO=DO   反例：平行四辺形

条件158. 四角相等，一組の対辺等長

　仮定：∠A＝∠B＝∠C＝∠D，AB＝CD　　　　　　　　　　　　　　　　　　　反例：長方形

条件159. 四角相等，一組の対辺平行

　仮定：∠A＝∠B＝∠C＝∠D，AB∥CD　　　　　　　　　　　　　　　　　　　反例：長方形

条件160. 四角相等，対角線等長

　仮定：∠A＝∠B＝∠C＝∠D，AC＝BD　　　　　　　　　　　　　　　　　　　反例：長方形

条件161. 四角相等，対角線が互いに他を二等分

　仮定：∠A＝∠B＝∠C＝∠D，AO＝CO，BO＝DO　　　　　　　　　　　　　反例：長方形

参考文献

秋山武太郎　著　1926『幾何学つれづれ草』訂正再増補版　高岡書店
秋山武太郎　著　春日屋伸昌改訂　1959『わかる幾何学』日新出版
岩田　至康　編　1971『幾何学大辞典　第1巻』槇書店
　　　　　　　　　1978『幾何学大辞典　第4巻』槇書店
小平　邦彦　著　1985『幾何のおもしろさ』岩波書店
　　　　　　　　1986『怠け数学者の記』岩波書店
　　　　　　　　1991『幾何への誘い』岩波書店
小林　昭七　著　1990『ユークリッド幾何から現代幾何へ』日本評論社
森本　清吾　著　1953『初等幾何学』朝倉書店
プリトゥロ　著　松田信行　訳　1962『幾何の論証とその指導』東京図書
清宮　俊雄　著　1951『作図』東海書房
　　　　　　　　矢野健太郎　監修　1988『幾何学－発見的研究法－』改訂版　科学新興新社
　　　　　　　　2001『初等幾何のたのしみ』日本評論社
　　　　　　　　2005『エレガントな問題をつくる－初等幾何発見的方法』日本評論社
清宮　俊雄　森　繁雄　共著　1961『数学Ⅰ・Ⅱ幾何の研究』旺文社
佐々木重夫　著　1955『幾何入門』岩波書店
澤田　利夫　坂井　裕　編著　1995『中学校数学科「課題学習」問題づくりの授業』東洋館出版社
竹内　芳男　澤田　利夫　編著　1984『問題から問題へ－問題の発展的な扱いによる算数・数学科の授業改善－』東洋館出版社
矢野健太郎　著　1981『幾何の有名な定理』共立出版

まとめ

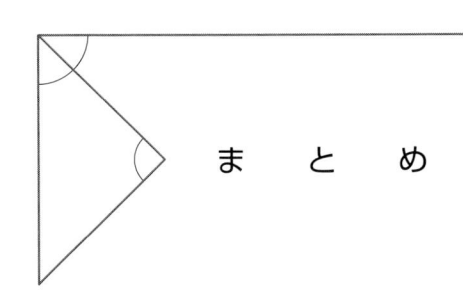

　最近では，学校数学で扱われる初等幾何に関する内容が，以前より少なくなったように思える。しかし，それでも今現在，中学，高校課程の数学科の指導内容として，初等幾何に関する内容が取り扱われていることに感謝しなければならない。それは，初等幾何に関する内容の教材としての価値が十分に認識されていることの現れといえる。その価値をより効果的に達成するためには，それなりの教材と指導方法を用意することが必要である。そのために本書を著したのであるが，果たしてその役目を果たせたのか，書き終わってみるといささか不安を覚える。しかし，普段筆者が考えていることや指導したいと思っている内容は，本書の中で十分に反映させることができたのではないかと思っている。本書を書き終わった現在，取り扱った内容を振り返ってみると，現在義務教育段階で指導されていない内容も含まれていた。そこで現状の指導内容との関連で思うことは，すべての生徒が学ぶ義務教育段階での最終的な内容を，円に内接する四角形の性質とその逆，接弦定理に関する内容までにできないのだろうかということである。かつては，その程度の内容までの指導をしていた経緯がある。授業時間数の減少とともに指導内容の見直しが必要なことは分かるが，どうにかしてその程度の内容まで学べることができるようになることを期待するばかりである。基礎・基本的な内容の指導は欠かせないが，それだけにとどまっていたり，図形イコール証明となっているとも受け取られがちな指導方法からの脱却，ここに今後の図形指導の目指すべき糸口があるのではないかと考える。特に中学生や高校生を指導されている方においては，図形教材で何を狙いとして指導しているのかを改めて考えてほしいと思う。通常の授業の中で，本来指導すべき内容と合わせて本書での内容を活用してもらいたいと思う。そのために，各章において，もとにする性質やそこから見い出した新しい性質に対して，できるだけ丁寧に証明の過程を盛り込んだり，証明で使用される根拠となる性質を掲げ，その性質がいつ頃使えるかが分かるようにした。

　特に本書で強調したことが，図形教材のストーリー化を図るために使用する「意図的な考え」である。新しい性質を見い出すための「意図的な考え」の一部は，第2章において既に取り上げたが，その後にストーリー化を図った事例においても，新たな考えを使用する場面があったことから，ここで改めて「意図的な考え」をまとめておきたい。

第2章では，次の意図的な考えを取り上げた。
　①一つの条件を二つの条件に表し直し，一方の条件をはずす
　②特定の角度を任意の角度にするなど，条件をより一般の条件に置き換える
　③結論を同時に成り立つ他の結論に置き換える
　④仮定を類似の条件に置き換え，できた図から類似の結論を探す
　⑤仮定を同等の条件に置き換える

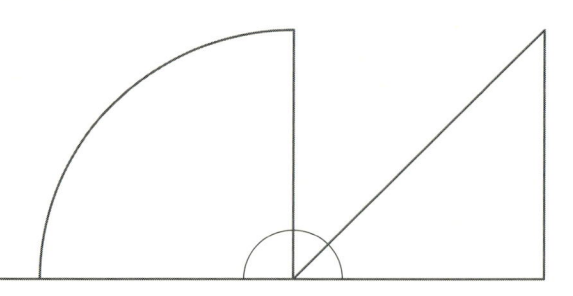

⑥仮定を結論とする他の性質に置き換える

　⑦図に線や円を追加し，できた図から結論を探す

　⑧仮定と結論を入れ換え，逆をつくる

第5章では，第2章で取り上げた考えを除くと，次に掲げる意図的な考えを取り上げた。

　⑨仮定に条件を追加し，結論を探す

　⑩二つの性質を関連づけ，新しい性質を探す

　⑪ある性質を想定し，そのための必要十分条件を調べる

第6章では，次に掲げる意図的な考えを取り上げた。

　⑫二つの性質の仮定を組み合わせて仮定をつくり，結論を探す

　⑬仮定の条件を減らし，結論を探す

　⑭成り立たない性質についての反例をつくる

　⑮任意の点を中点にするなど特殊な条件に置き換える

　⑯二つの性質に対応するそれぞれの図を重ね，できた図から性質を探す

　⑰同じ仮定でも異なる図ができるとき，それぞれの結論を探す

　⑱逆をつくり，できた図から他の結論を探す

　おおよそ以上が本書で使用されたストーリー化を図るための「意図的な考え」である。ただし，この「意図的な考え」については，本書で取り上げたストーリー化を図った事例の数も少なく，またもとにした性質も特定の内容であるため，限られた範囲での考えにとどまることは否めない。しかし，ここでまとめた「意図的な考え」やストーリー化を図った事例が，創造性と論理性を育む指導において，また，新たな図形教材の開発研究に対して，少しでも寄与できれば幸いであると考える。できることならば，本書で取り上げたストーリー化された図形教材を参考にして，同様の教材を一つでもよいから創り出してほしいと思う。本書で取り扱った内容からも，さらに新しい内容に発展させることができるものもあると思われる。また，上記にまとめた意図的な考えは，図形の学習に限らず，日常生活や社会生活においても役に立つ思考を推進する大切な力となると考える。

あ と が き

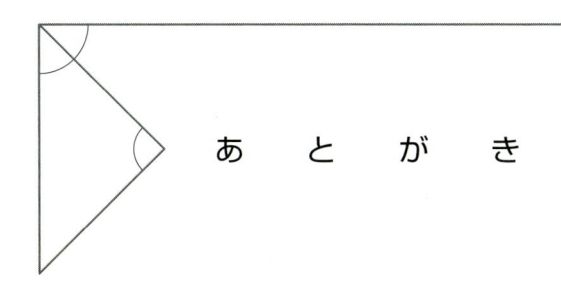

　筆者が平面幾何に興味をもつようになったきっかけは，東京学芸大学名誉教授の清宮俊雄先生による初等幾何のゼミに参加したことである。そのゼミでは毎回これまでには見られない新しい問題が事前に提出され，それを参加者が全員で解決するという時間であった。このゼミは1981年4月からほぼ毎月開かれ，新しい問題をどのように創るのか，そしてエレガントな解法をどのように工夫するのか，初等幾何の面白さを丁寧にお教えいただいた。筆者のこれまでの経験では，高等学校で初等幾何の学習は終了になっていた。大学では解析幾何や射影幾何が主流で初等幾何には出会えなかった記憶がある。その後いくつかの書物を使用して所々の知識を広げることをしたが，既にできあがっている内容ばかりであった。それ故ゼミでこれまでにはない新しい内容に出会ったことに大変感動したものである。そこでご教示いただいたことが，その後の図形教育のあり方に対する理念的な芽生えにつながっているように思われる。そして，図形指導のあり方や，指導者に向けた教材研究のあり方に強く反映しており，本書の題名の副題である「教材のストーリー化」は，その現れの一端でもあると思っている。あらためてここに感謝申し上げる次第である。

　なお，本書は第1章から第7章までの7つの章から構成されているが，第6章と第7章の内容はまったく新しく書き起こしたものではなく，これまでに論文としては発表したものに加筆をしたものであり，ここに，そのもとになっている論文を掲げることにする。

　第6章は，次の論文である。

　　第二話　日本数学教育学会誌　2004　第86巻　第5号　数学教育58-3
　　第三話　日本数学教育学会誌　2005　第87巻　第11号　数学教育59-6
　　第四話　学芸大数学教育研究　1989　第1号

　第7章は，次の論文である。

　　日本数学教育学会誌　2011　第93巻　第11号　数学教育65-6

　これらの論文も研究仲間があればこそできたもので，今論文を作成した当時を思い出すと苦しい中にも楽しさが渦巻いていたことがよみがえってくる。お互い初等幾何に興味を持ちこれまで研究をともにしてきた仲間にも感謝を申し上げる次第である。

　最後に，掲載した内容に誤りがないよう十分に検討をしたつもりであるが，思い違いなどからの誤りがないことを願い筆を擱くことにする。

2012年12月

著　者

【著者紹介】

坂井　裕（さかい　ゆたか）

1943 年生まれ
1968 年　東京学芸大学大学院修士課程修了
現在　　東京学芸大学名誉教授

著書：『中学校数学科「課題学習」　問題づくりの授業』（共編著）　東洋館出版社

創造性と論理性を育む図形教材の開発とその指導
―教材のストーリー化―

2013 年 3 月 27 日　初版第 1 刷発行

著　者　坂井　裕

発行者　小林一光

発行所　教育出版株式会社

〒101-0051 東京都千代田区神田神保町 2-10
電話 03-3238-6965　　振替 00190-1-107340

ⒸY. SAKAI 2013　　　　　　　　組版・印刷　三美印刷
Printed in Japan　　　　　　　　製本　上島製本
乱丁・落丁本はお取替えいたします。

ISBN978-4-316-80362-3　C3037